# 慈禧

## 一个外国记者眼中的大清帝国

[爱尔兰] 濮兰德◎著
John Otway Percy Bland
王顺勇◎译

YSP 北京燕山出版社
BEIJING YANSHAN PRESS

图书在版编目（CIP）数据

慈禧：一个外国记者眼中的大清帝国 / 濮兰德著；王顺勇译. —北京：北京燕山出版社，2017. 4

ISBN 978-7-5402-4465-1

Ⅰ. ①慈… Ⅱ. ①濮… ②王… Ⅲ. ①西太后（1835-1908）-传记 Ⅳ. ①KK827=52

中国版本图书馆 CIP 数据核字（2017）第 055874 号

慈禧：一个外国记者眼中的大清帝国

作　　者　濮兰德　王顺勇

责任编辑　王　迪

设　　计　张合涛

责任校对　史小东

出版发行　北京燕山出版社

地　　址　北京市西城区陶然亭路 53 号

电　　话　010-65243837

邮　　编　100054

印　　刷　北京圣夫亚美印刷有限公司

开　　本　710mm×1000mm　1/16

字　　数　189 千字

印　　张　17. 25

版　　次　2018 年 5 月第 1 版

印　　次　2018 年 5 月第 1 次印刷

定　　价　48. 00 元

# 出版说明

慈禧，作为晚清最高的统治者，一直备受世人争议。作为女人，她是同治帝的生母、咸丰帝的妻子，早年丧夫、中年丧子。作为晚清最有权势的太后，她立了一个皇帝，还废了一个皇帝，并在近半个世纪里，一直以妻子、母亲和女人的身份管理着摇摇欲坠的帝国。她虽试图励精图治、大胆改革，但大清国风雨飘摇，帝国几无宁日：英法联军洗劫北京，太平军占据半壁江山，捻军等起义军不断起事。后人大多认为她的统治祸国殃民，但她却以一个女人的智力与才能，力图让大清这艘破船驶向风平浪静的港湾，即使最终功败垂成。不过，既然她一心要当掌舵者，就得为晚清这段屈辱史，背上千古骂名……

慈禧究竟是怎样的一个人？晚清为什么选择了她？她的一生是慈悲为怀还是残忍嗜杀？世人各执一词，莫衷一是。

本书作者作为驻华英国记者，由于长期在中国工作和生活，精通汉语，曾亲密接触过数十位晚清重臣，掌握了大量的内部材料，并阅读过部分“宫廷秘档”和私人信札，因此对晚清时期官场生活乃至“宫闱内幕”都有着比较详尽的了解。所以我们有理由相信，从第三方了解慈禧其人其事，会具有很高的权威性。

事实上，这部传记一经出版，就在西方世界引起强烈反响，仅在出版后最初的18个月里就重印了八次。此后百余年间，一直成为颇受中外史学界关注的经典之作。

此次重新出版，我们请专家进行了重新翻译，同时考虑到当前读者的需要，我们做了部分调整：①改正了个别明显的错误；②对原书中当时翻译的人名、地名，按照现在的阅读习惯进行了修正；③书中的公历日期，均改用阿拉伯数字形式。

在编者看来，研究晚清名臣，都绕不过这个女人，而晚清名臣的建树，也离不开这个女人的拔擢与支持。因此，如果读者能从这本书中了解叶赫那拉氏作为一个弱质女人的善变、虚荣、爱玩、贪财、节啬、记恨，又深刻了解这个女强人精神层面上的男性气质，如热爱权力、冷静沉着、果决明快、熟稔历史、擅长对洋人玩障眼法等，那我们的目的就达到了。而对于慈禧备受争议的问题，如她究竟是慈悲为怀还是残忍嗜杀，究竟是放荡不羁还是恪守传统美德，究竟是愚昧无知还是熟读诗书、热爱文艺，究竟是仇洋还是媚外，究竟是迷信还是轻信人言，究竟是保守透顶还是有意维新等，虽然作者给出了自己的见解和佐证，但请读者擦亮眼睛，自行甄别。

编　者

# 目 录

# 第一章
# 叔嫂联盟

## 爱新觉罗与叶赫那拉

长白山地区与朝鲜相邻，是满洲人的发祥地，古老的叶赫那拉部族世世代代居住在那里。清太祖努尔哈赤娶了叶赫那拉部族首领杨吉砮的女儿（孟古哲哲）做妻子。当时，满洲的很多部族都听命于大明王朝。身为部族首领的杨吉砮能征惯战，经常带领自己的部下和邻近部落打仗，最终于 1583 年在奉天被杀。清太祖从中看到了发展的机遇，就占领了叶赫那拉部族领地。杨吉砮的女儿生下清太宗皇太极，还获得皇后封号。周围臣服于大明王朝的部族慢慢被清太宗收服，满洲得到了统一。清太宗在 1626 年继位后金可汗，年号改为天聪。

1835年，叶赫那拉氏西太后出生，她在中国独裁统治将近50年，垂帘听政达三次之多。西太后父亲出身八旗子弟，名字惠征，官职没有超越道台就殉职于安徽任上。当时，叶赫那拉西太后刚刚3岁。得益于亲戚钮祜禄穆扬阿的照顾，孤儿寡母得以生存，叶赫那拉氏才得到教育的机会并长大成人。后来，与慈禧西太后一起垂帘听政的东太后慈安就是钮祜禄穆扬阿的女儿。曾经有很多宫中人或者一些皇族人士出于妒恨，就造谣说西太后出身卑贱，目的是羞辱西太后家族。然而，这些伤人的言论也由此引起了多数读者的愤怒。康有为的文章记录下了这方面的一些点滴，比如：

> 曾经有一位皇族郡王（醇亲王）说西太后父亲殉职于安徽宁国府，留下孤儿寡母生活困苦，几乎难以生存，没有回京的路费，无奈之下想沿路乞讨。恰巧有位官员准备资助朋友，结果错误地将钱财交付到了西太后母女的乘船上。最终，此人发现当时的西太后母女可怜，心生怜悯，就将这笔钱财都交给了西太后母女。25年后，这位官员觐见垂帘听政的西太后，西太后记起了当年的事情，于是赶紧让这位官员起身并感谢他当年的资助。实际情况是，西太后父亲过世时家人都没有在身旁。醇亲王之所以这样说，就是因为他在1875年曾经想让自己儿子继位皇帝宝座，结果遭到西太后强烈反对，二人由此产生隔阂。

接下来简单介绍一下叶赫那拉氏家族及其与皇族（代表人物有溥伦、恭亲王）的关系，这是中国近代史的重要资料。当初，西太后挫败载垣、端华等得到了最高权势，皇族一脉就对叶赫那拉家族怀恨在心，到了1898年的戊戌变法时期，双方的关系非常紧张。尽管西太后有至高无上的权威，可背后的分裂在所难免。西太后去世之后，端方就担心因为拍摄西太后出殡而被罢官，从中可以发现八旗官员的分裂和大清政府在西太后权威丧失后的险境。作为外人，谈及宫廷内部的事困难很大。增加人口、婚娶大事、确立皇位继承人，我们难以了解。所知道的有：清太祖的后辈分镶黄和镶红两个派别，都属于显贵的皇族。叶赫那拉氏尽管不是皇族，可最近时期势力膨胀，出了三个太后，其中西太后威望至极，足见其家族势力的显赫。假如西太后临终没有遗诏，叶赫那拉家族的长辈也会让隆裕太后出面像西太后那样垂帘听政。远见卓识的西太后立醇亲王载沣之子、荣禄外孙（溥仪）做皇帝，原因是她了解这个小皇帝，即便是他亲政也不会背离自己的策略。

叶赫那拉家族与皇族之间的矛盾长期存在。宣统皇帝溥仪继位后，摄政王佐政，准备追封老醇亲王奕譞与皇帝平级的谥号。这种事在欧洲屡见不鲜，可在中国就违背礼法。此前，老醇亲王已经考虑到这些情况，所以极力阻拦，担心后患无穷。可是，宣统皇帝继位后，祭祀老醇亲王的礼仪越来越隆重，官方称之为“二阶”。在当时朝廷官员的眼里，如此礼遇已经可以和皇上相提并论了，并且，关注这种事情的人非常多。一些汉族人感觉宣统皇帝亲政后，会把自己祖父封为“三阶”，还要放入太庙里祭祀。中国人向来重视此类事情，所以如此一来影响非常之大。

作为叶赫那拉家族的精英人物，西太后非常喜欢照顾本家族的人，因此也遭到一些人的妒恨，当时，叶赫那拉家族和皇室宗亲在一些茶馆里时常爆发冲突。西太后另一个癖好就是喜欢欺负皇族人士，为此她曾经下过一道命令，严禁皇族人士在市场繁华之地居住，原因居然是这些人行为有时不检点，所以，皇族人士对西太后又恨又怕，感觉自己应有的一些权益遭到了西太后的剥夺。

西太后对待皇族人士的厉害手腕可以从下面一件事看出来。一位王公在皇城根修筑了一座宅院，因为地势较高，所以能够看到皇宫内城的一部分。房屋建好之后，西太后了解到了情况，就以胆大妄为、试图偷窥皇宫为由将那座房子充公没收，但随后就赏赐给自己弟弟去居住。

从西安回宫之后的第三年，西太后增设巡警部，徐世昌被任命为尚书。徐世昌清楚这个职位必定会与皇族人士发生冲突，算不得好职位。西太后的三弟弟桂祥本来就是无赖之徒，他的奴仆因为做过很多犯法的事遭到巡警的拘捕。徐世昌了解情况后，即刻传令放人。可是，即便如此还是激怒了桂祥。桂祥强烈要求巡警部尚书登门道歉。徐世昌连续三次登门都被拒之门外，无奈之下只得直接到府内叩头谢罪，此事才算了结。

有人在北京放出话来，说徐世昌能升职到东三省总督、邮传部尚书、军机大臣，所有这一切离不开桂祥的暗中相助。这个消息传到了西太后耳朵里，徐世昌的军机大臣职务就被免了，但依然到奉天任职。从中不难看出西太后的偏袒照顾，根本不会顾及地方政府的困难。

西太后母亲多年守寡，一直在公使馆附近锡拉胡同居住。女儿册封成为了皇后，这位老妇人就得到了公爵夫人的册封。西太后母亲很有教养，才华过人，去世后和丈夫合葬于城西跑马场附近。为了表示自己的孝心，西太后为父母修建了牌坊。西太后在 1902 年从西安乘火车回京路过正定县，准备走京汉路。朝廷大臣纷纷上奏规劝，说西太后不下车路过父母墓地就是不孝敬。西太后无奈之下绕路往南走，大臣们这才称赞其圣明。

## 西太后的发迹

早年的西太后并没有留下值得记载的事情，唯一值得提及的就是她的一个亲戚荣禄。荣禄是西太后最重要的亲信之一，辅佐西太后很长时间，与其同甘共苦。有个说法是，早年的荣禄曾经与西太后有过婚姻约定，但这种说法错误性很大。不过，值得肯定的是，荣禄深受西太后的信任并且权势很大。西太后思维缜密、天资非凡、性格刚毅，具备丰富的人生阅历，热衷于追逐权势，尝遍人间酸甜苦辣，以此成就了她伟人的风姿。16 岁时，西太后就熟背《五经》，通读《二十四史》，满文应用自如，吟诗作画样样精通。西太后时常让史官念诵《二十四史》，以此来了解古人治理国事的策略。想要长时间掌握政权，也只有这样聪慧的人才可以做到。

在道光皇帝旻宁去世的 1850 年，皇四子奕访继位，即咸丰皇帝。等到 27 天国丧期限一过，朝廷就下令所有到了入选年龄、容貌端庄的满族秀女，都必须到内务府登记，做好选聘的准备。登基之前的咸丰就已经迎娶了穆扬阿的长女，可惜对方过早就去世了。咸丰二年（1852）6 月14 日，当时的太后康慈从满旗贵族60 个秀女里选中了 28 名，共分为妃、嫔、贵人、常在四等。穆扬阿次女钮祜禄与西太后都被选中，钮祜禄属于嫔，西太后当时属于贵人。选聘秀女的名额最多能够达到 70 人，但一般不会如此之多。另外还有 2000 多名满族妇女在宫中宦官的指导下做各种活计。宫内的事情都由太后做主。选嫔妃时，尽管皇帝也亲临现场，但一般不会干预。

从北京锡拉胡同的家里走进宫中之后，西太后就和家人隔离了。笔者有一位老仆人曾经回忆，西太后进宫后只回过一次娘家。老仆人说得很风趣，笔者将其中一部分摘录下来。咸丰七年（1857）1月，即同治皇帝出生9个月之后，西太后回过一次娘家。那天早晨，有宦官来到西太后家里通知了西太后来到的具体时间。西太后的家人和亲朋好友听到这个天大的好消息后都高兴得发狂。邻居和看热闹的人群阻塞了道路，家人和亲朋好友都在院内排列，等待宦官和侍卫们簇拥着的黄轿子来到。宦官来到内院落轿后，西太后被请到正堂主位坐下。这时候，除了西太后母亲和长辈之外，其他人都要行跪拜大礼，接下来进入宴席，西太后身旁由母亲陪坐。西太后尽管已经在宫内生活了很长时间，可性格没有怎么改变，言谈举止没有丝毫盛气凌人的姿态。她非常关心妹妹的读书情况，和家人问叙家常。西太后温和的神态让大家称赞有加。然而，冬天夜长昼短，不知不觉一天过去了。宦官恳请西太后回宫，西太后恋恋不舍地对家人说："我现在的地位导致不能和家人随便见面，我很悲伤。希望皇帝能够有时间再赐降龙恩，或许有机会能够让我母亲到宫中去。"随后，西太后就赏赐了家人一些东西，即刻回到了宫内。自此，西太后再也没有得到回家的机会，她的母亲反而时常去宫内探望女儿。

来到宫内之后，西太后经过一番苦熬终于博得了当时太后的宠爱，接下来她又充分发挥自己的聪慧才干，很快得到了皇帝的喜欢。咸丰六年（1856）4月生下皇子同治，稳固了自己的地位。当时，中国南方太平天国的运动正在向许多省份蔓延，大清为此也不断拉响警报。西太后经常协助咸丰皇帝审批奏折，对当时事态的发展有一定的了解。她劝说咸丰皇帝重用曾国藩，统领军队，还要努力让湘军的后勤有所保障。曾国藩恳请朝廷遵守传统礼法，西太后认为守制很有必要，可时下国家处于多事之秋，要懂得变通，事事应该以国家为重。曾国藩之所以能够平定运动，离不开西太后的支持。西太后早年就已经显露出非凡的才干，的确是一位天生的君王。

咸丰五年（1855）老太后去世后，西太后由贵人升为嫔，钮祜禄被立为皇后。当时，全国上下人心惶惶，都感觉大清皇朝很快要灭亡，很多高级官员都对咸丰皇帝不满意，感觉他是顺治皇帝之后最差劲的皇帝，25 岁了还没有皇子。所幸，西太后在咸丰六年（1856）4 月为咸丰皇帝生下皇子。当时的清朝官军已经渐渐占领了湖南、江西等省份，人心正在回暖。咸丰皇帝身体时常不佳，西太后就以未来皇帝母亲的身份慢慢得到了最高权力。当时的皇后忠厚温和，不热衷于权势。西太后升职妃子后，京城的人们都称她“懿贵妃”。在外交方面，西太后时常给咸丰皇帝出主意，并且手段强硬，这很正常。西方人士了解西太后的早年经历，可是皇亲国戚不了解西方人，所以也主张用强硬手段对付西方，于是就发生了英军占领大沽的事件。朝廷派耆英到天津严令英军撤出，结果是碰了一鼻子灰。西太后非常不高兴，下旨让耆英用白带子上吊自杀。中英开始交涉广州开辟商埠的事宜，西太后就向咸丰进言，不让姓叶的钦差（叶名琛）和英国商量经贸的事。次年，外国军队攻入广州城。从这个事件可以看出，西太后自尊心非常强。

笔者通过阅读中国当时官府和民间的一些书籍后发现，西太后独揽大权，她的话语权已经超越了皇帝。中国传统女人专政的例子不多，西太后是其中的一个特例。尤其是当时才 20 多岁的她，竟然以小小的贵妃身份就权倾朝野，的确非常罕见。西太后更改姓名的事情有三次。刚刚进宫时用娘家叶赫那拉氏的名字，后来升为妃子，人们称她“懿贵妃”。西太后和东宫太后共同垂帘听政时期，人们尊称她为“慈禧太后”，老百姓称她“皇太后”，京城都称她“老佛爷”。等西太后去世之后，北方依然在流传“老佛爷”的称谓。

## 比丈夫强势的妻子

大家都了解英法联军入侵北京的事情，这里就不再叙述了，可是，咸丰皇帝尚未到热河和到达热河之后西太后的情况，旁人是无从知晓的。翰林院侍读学士吴可读的日记《罔极篇》（原名《悲恸录》）主要记录的是其对母亲的孝心，但内容涉及了当时英法联军和西太后的一些情况，现在读起来非常有趣，下面摘录一部分：

> 庚申年（1860）7月，从母亲生病开始就有传闻说，外国人已经抵达海口，内外所有的一切奏章都不发抄。如此一来导致谣言四起，人心纷乱。不过，当时还没有人逃离京城，皇上当时刚刚生病，计划准备离开京城。懿贵妃和僧王（僧格林沁）极力劝阻，他们断定洋人不会进入北京城。
>
> 此后几日，有人开始逃离京城，因为有信报说我军在大沽口遭敌重创，总兵也遇难身亡；北塘守兵溃退，炮台已经落入夷军之手。皇上下诏，命僧王不得与敌正面交锋，于是我军只能坐守观望。百姓民众不知事情缘由，以致惶恐不安。7月13日，慈母病重，我当即请假十日。尽管我一直向母亲隐瞒时局，劝她宽心静养，但战局却每况愈下，众人纷纷迁离京城。
>
> 母亲自觉不久于人世，命我为她准备棺椁。所幸八年前我

已在奉天购置寿木，于是取回来叫木匠在院中当场制作，很快于7月20日便做好了。不久，我又派人购置衣料，请来六七位裁缝为母亲缝制寿衣。

7月25日夜间，裁缝们先做好了貂皮长袍，而次日母亲病情似乎稍有起色，我便命人暂停缝制蟒袄霞帔的活计。这时候，城内纷纷传言洋人已经抵达通州，准备在27日进攻京城。数以千计的老百姓都已经开始转移了。

27日，母亲寿材刷第二遍漆，用黑灰布裹了一遍。当天，大清官军捉拿到巴夏哩（巴夏礼）等九名外国军队将领，马上拘押到刑部监牢。当时，京城人心纷乱，都传言皇帝要离开京城。西太后说服一些朝廷大臣上奏折挽留，结果奏折都被皇上扣留不发放下来。在京城内的满汉大小官员都在将亲眷财物向城外转移。不过，布巷、前门一代的大店铺生意还没有闻风而动。母亲这几天的病情没有好转，无奈只得在24日又续了十天假。

8月1日，母亲寿材上第三遍漆。8月5日清晨，蟒袄霞帔做成，但母亲觉得被子稍微有些重，我忙命人做丝绸被一床。母亲又觉得自己担当不起如此贵重奢华之物，说我祖父祖母安葬时也未用过这么贵重的装殓。此时，北京局势日趋混乱，众人纷纷成群结队离开这是非之地。为了防止夷兵进入，除城南的彰义门等几个城门之外，其余都已关闭。

8月7日当天，我军在齐化门外和洋人军队作战。我军的马队都是蒙古兵马，从来没有上过战场。他们在队伍前方出战，听到洋人的枪炮声都跑了回来，随后将后面的步兵冲散，我军溃败并自相践踏。随着洋人军队的步步逼近，亲王和御前大臣首先奉劝皇帝离开京城，皇上也感觉应该这样。可是，西太后却敦促几位老大臣极力劝阻皇上留下来，皇帝并没有下达离开京城的旨意，依然在鼓舞大家抗击贼寇。西太后又亲颁御旨，重奖杀寇立功之人。因此，许多人感觉皇上已经取消了离开京城的计划。

8 日早晨，齐化门被攻破的消息传来，皇上仓皇间离京到北方巡视，随行的王公大臣都狼狈不堪，似乎身后有数十万洋人在追杀一样。其实，当时洋人还比较远，圆明园内并没有丝毫的警报，不知道为什么出现了这样的状况。皇上快要离开的时候，西太后极力劝阻说：“皇帝在京城能够震慑一切。如果皇上走了，社稷没有了主人，恐怕要遭到洋人的毁坏。当初周朝王室向东迁移，天子蒙上阴影，成为后代人永远的羞愧。现在如果马上放弃京城逃走，屈辱太大了。”

眼看母亲病情日益加重，8 月 12 日清晨，慈母已无法吞咽，我当即命人找来李裁缝缝完寿衣最后几针，并准备鸡鸣枕及被褥等物。当夜亥时，慈母撒手人寰。无奈，我们强忍悲恸，为母亲穿衣。次日清早，我用红缎铺在棺底，周围上下垫上干草，以免晃动。下午三点，请慈母入棺。

此时京城已乱作一团，一位好友登门，劝我将母亲暂时安置于城外一座庙内。他说，即便将母亲安葬于府院中也不太安全，因为夷军天生多疑，一待攻入京城便会挨家逐户搜查。如若他们发现母亲灵柩，大肆亵渎，后果令我不寒而栗。以前夷兵占领广东省城，也是如此，不可不虑。

8月14日一早，彰义门刚开，我便到城外那所庙宇，挑选一间位置极佳的正房，住持也愿意租给我用。返回家中，我当即命家眷前往霸州一个门生那里安身，自己则守候慈母灵柩。此时，只有京城两个西门仍然开放，由于前三门已关四日，顺治门人潮拥挤。所有小商小贩均已离京，而大商铺则仍旧开张。8月19日，我护送慈母灵柩前往城外寺庙，城门口几乎水泄不通。费尽周折来到庙宇，发现此地却寂静安谧。

8月23日出城门之后，看到大街上行人稀少只有三五一群在小声说话，并且非常繁乱。到了中午之后，西北方向火光冲天而起，都说洋人已经进攻到海甸（海淀）圆明园一带了，我军数十万人马竟然没有一人能够抵挡。只有三百马队的洋人竟然在中国境内如入无人之境，太不可思议了。僧邸（僧格林沁）胜帅（胜保）的兵马已经撤退到德胜门外。

8月24日下午，西北方上空狼烟四起，据查夷军的确已经攻占圆明园。他们在园内大肆掠夺，将其中物品抢劫一空，然后把宫殿付之一炬。对此卑鄙的强盗行径，夷军借口说部队失控，乱兵纵火。此后，夷军四处张贴告示，宣称如若29日正午前双方未能达成和平协议，他们将开炮攻城。警告所有不愿玉石俱焚的居民早日远离是非之地。

当日，圣驾已安然抵达热河，但圣上却受惊过度。他发布圣谕，言称敌军攻陷京城，自己未能自刎以谢天下，深感悔恨。又传言皇上染病，亲王载垣与端华费尽心思想入军机处。万岁一旦归天，懿贵妃定为皇太后，但她素与二位亲王不和。因此，载垣与端华在皇帝面前多进谗言，诋毁懿贵妃。

26日，我在九天庙打听外边夜里的情况，都说平安无事。不过，天天都会有兵马通过，九天庙却没有驻扎军队，免去了骚扰。29日夜里，仆童荣儿来到城里，说九天庙里已经住满了天津的兵马，全家人都恐慌不安。我马上赶到庙里查看，发现都是我大清的人马后才放下心来。当时，只有僧邸和胜帅在西北一代驻扎，距离九天庙很近。如果炮火一开寺庙都会被打烂，所以母亲的灵柩在那里非常不妥，于是和杠房说好在9月2日出发回省。我来到刘医生的药铺，发现有很多辆小推车，并且每辆六两白银就能拉到保定府。于是我就定了四辆推车，将行李装了上去。当天，洋人在中午时分进入安定门，随后驻防在城门楼并在城门洞安置了一门大炮、四门小炮，炮口都指向南边，上面插着五色旗子。北京城中的一二品高级官员都是在当天就转移出去，留在城内的只是当事的部分人。当天，有大臣已经把巴夏哩（巴夏礼）等洋人以礼相待送回洋人军营。洋人尚未抵达军营，热河就传来了紧急诏书，命令恭亲王将这几名洋人全部杀死，以此向洋人示威惩戒他们擅闯皇宫。西太后就是主张提前杀死洋人的人之一，而这个诏书，也是西太后的主张。

9月2日，母亲的灵柩和一家老小踏上回程，洋人军队当天就进入到北京城内。谣言四起，人们都惶惶不可终日。内城有些还没有转移的旗人，到了这时候都把一家老小转移到南城客店里居住，以免遭凌辱。颠沛流离的凄惨景象，惨不忍睹。有一位御史上奏给热河的皇上说，有奸臣惑乱朝廷，让朝廷仓皇北逃，放弃宗庙社稷和人民，让都城沦陷，恳请皇上即刻返回北京。自从洋人进城那天开始，几乎每天都能听到和洋人讲和不成的消息，要不就是恭亲王不愿意接见洋人，要不就是洋人提出的条件难以接受，总的来说是大局难定，老百姓都惶恐不安。

6日，英国人发来照会，说大清国做事太无礼，导致英国5人被残害致死，要求赔偿50万两白银。当时，俄国人听说英国人要索赔50万两白银后，也发来了照会说愿意从中调解，让我们少赔偿一些。恭亲王感觉这事即便是调解成功，也不过能少赔十万八万两的，还要领俄国人的情面，就假意答应了俄国人，还说一定感谢他们。等俄国人再来照会时，大清国已经答应了赔偿50万两白银，这件事就不用调解了。俄国人提醒恭亲王，起初英军打算索赔200万两，是俄国说服他们应该算上烧毁圆明园所造成的损失。这样，英国人焚烧圆明园的损失，他们按理也应该赔偿100万两。从200万两里面去掉100万两，只需要100万两就解决问题，这事就此了结。恭亲王答应在9日这天先支付人家50万两。

当时，洋人提出的十六条没有一条被拒绝的，当事人唯一的请求就是让洋人马上退兵。洋人就嘲笑中国没有人才。西太后听说恭亲王与洋人讲和，感觉受到了莫大的屈辱，规劝皇帝再次和洋人开战。碰巧当时皇帝病危，不愿意离开热河，因此报复洋人的事情也就不了了之。

从以上的日记可以发现，英法联军攻进北京城的时候，咸丰皇帝对这些大事根本没有决断的能力。因此，西太后在咸丰十年八月初三（1860年9月6日）下了一道严厉的命令，诏书的核心意思是："严肃整顿统领大军的大臣准备和洋人决战，附近之州县，组织军马拦截，犒赏杀敌的勇士，通晓中外。"要求全国上下一心，坚决抗击英法联军。

下达圣旨后的第三天，咸丰召见了一些军机大臣，西太后列席参加了这次会议，决定拒绝英国人来北京城递交国书、让僧王退却到张家湾的无理要求。这时候，僧王打了一个胜仗，正在八里桥坚守，于是，朝廷就下旨军队拼死严防敌人上岸。7日，咸丰皇帝祭拜了孔庙。8日，皇帝撤销了钦差大臣载垣的职务，将全权代表的大任交付给了恭亲王。当时，因为敌人已经逼近了北京郊区的木兰围场，咸丰皇帝被迫仓皇逃离京城。走了十八英里后，皇帝一行人在一座小庙里歇息，此间顺便下了一道圣旨，大意是："之前调集的吉林、黑龙江军马，如果已经进入到了山海关，马上让春佑即刻通知带兵的将军，整顿之后调转方向到热河保护皇帝。"

第二天皇上就接到了恭亲王的汇报，报告说英法联军已经进入北京城，咸丰皇帝告诉恭亲王，皇帝已经远离京城，遥控指挥困难太大，让恭亲王见机行事。11日，皇帝一行人在密云县的行宫内居住。根据中国一些书籍记载，咸丰皇帝当时病情加重，已经不能商议事情，让西太后代替自己召见军机大臣。西太后下了一道旨令，大意是说：

> 洋人侵犯我京城，各位王公大臣都要想办法调集各省的军马增援。等大批军马来到，就可以稳操胜券。洋人的优势在军火上，假如和他们短兵相接，他们绝非中国人的对手。蒙古、满洲的骑兵和洋人作战，丧失了自己的优势。湖广的兵力，身体轻便像猿猴一般，可以利用偷袭的办法对付洋人军队。命令湖广总督精选三千兵力，四川总督精选几千兵力，马上赶到北京。僧格林沁已经打了好几次败仗，京城非常危险，所以一刻

也不能耽误。朝廷正在期盼各省的援军一起过来增援，马上打下敌军的嚣张气焰。如有杀敌的勇士，一定不惜重金犒赏……

当皇帝一行人来到长城附近的巴克什行营一带时，皇帝接到僧格林沁的奏折汇报，北京城周围已经发现了外国军队的奸细，不过洋人还没有架炮攻城。于是，咸丰皇帝就下了一道圣旨，其大意是：

洋人遇到抵抗会显得更为凶悍，我朝应尽快与之议和。法国人送来照会，准备在京城和恭亲王会面和谈。现在让恭亲王留在京城主持议和的事宜。如果洋人军队进入京城，就让僧格林沁切断敌人的后路。如果京城危急落入敌手，马上让蒙古骑兵来长城保护皇帝……

8 月18 日，皇帝一行人抵达热河。20 日，一些大臣依然主张和洋人开战。于是，朝廷又下了一道圣旨。大意是：如果洋人军队胆敢进入圆明园，只要被我军捉到，恭亲王一律不许释放。恭亲王这样回复皇帝：洋人已经攻占安定门，北京城很快就要沦陷。咸丰皇帝被迫依从各位大臣的建议与洋人和谈，并最终于 9 月15 日在合约上签字。

## 肃顺的阴谋

按照咸丰皇帝的计划，准备在咸丰十一年（1861）回京城，而且已经下达了命令。可就在这年 1 月，咸丰皇帝病情加重，不能动身启程。此刻，咸丰皇帝的弟弟怡亲王载垣与郑亲王端华、肃顺密谋勾结，控制了朝政大权。郑亲王端华是清太祖的分支嫡系，是八大铁帽子王之一，而主谋肃顺是他的远房表弟。肃顺本来是市井里有名的混混，阴险狡诈，是怡亲王和郑亲王把他推荐给了咸丰皇帝，并很快得到了咸丰的宠信，本来只是一个部内小官的肃顺从此迅速飙升成为了军机大臣。这时候，肃顺阴险的本性开始显露。向来以敢于直言著称的公正廉明的大臣柏葰，因为之前曾经得罪过怡亲王、郑亲王，肃顺就假借江南科考案胁迫咸丰皇帝除掉了柏葰，引起了公愤。西太后发现肃顺借助皇帝的信任权倾朝野，就想解救柏葰以打压肃顺的嚣张气焰。结果，还是让肃顺得逞，由此让他的地位更加稳固，而朝中大臣也都敢怒而不敢言。

有一次，户部发生了舞弊案件，肃顺为此罢免了许多官员。当时，官场内营私舞弊事件非常多，大家都习以为常，肃顺这么做并不是以整顿官场为目的，他是假公济私，借机报复仇敌。这次案件里牵涉了一百多名富商，肃顺对他们刻意盘剥，从中谋取了巨额贿赂。他以此结交怡亲王、郑亲王，为自己升迁铺平了道路，但同时也为自己后来的身败名裂埋下了种子。拘押肃顺之后，其家产都被西太后秘密藏了起来。义和团进入北京时，这些财宝藏在密室内。当初，英法联军向北京进攻的时候，是肃顺提议让咸丰皇帝向热河逃跑。当时，西太后和很多大臣提议让咸丰留在京城，结果遭到咸丰的拒绝。肃顺还建议咸丰不要让大臣们跟随左右，以此方便自己的阴谋。他的计划非常周密，令人称畏。所幸西太后有智有谋，最终挫败了肃顺的阴谋。

咸丰皇帝还没有在热河病逝的时候，肃顺并没有采取阴谋活动。咸丰帝驾崩之后，西太后就秘密联络了恭亲王奕䜣，让他昼夜兼程赶到热河，然后一起谋划最终将肃顺一伙一网打尽。西太后掌握了朝廷大权后，命令宗人府严加审讯肃顺一伙，此刻，肃顺埋怨怡亲王和郑亲王说：“如果你们早听从我的建议，我们怎么能落到现在的地步?”开始，怡亲王发现咸丰皇帝对西太后很宠信，就想削夺西太后的权势，为自己夺取大权铺平道路。于是，怡亲王就向咸丰皇帝进谗言说西太后和荣禄图谋不轨，建议把西太后打入冷宫，这样就铺平了政变的道路。东宫太后一向性情温和，从来不关心朝廷的事情，也不过问肃顺一些人的行为。肃顺一些人就妄图在热河政变，担心回到北京后不好控制，更担心大权最终落入借助宦官势力的西太后手中。因此，肃顺经常向咸丰皇帝进言乾隆时期的一些事（乾隆时期，一名妃子被终身囚禁就是因为不孝敬母亲），妄图囚禁西太后。不过，咸丰皇帝没有听信他们的话，只把西太后儿子交付给怡亲王夫人抚养（怡亲王夫人应诏来到热河，正是为了此事）。接下来，肃顺开始谋害恭亲王，说他阴谋联合洋人制约朝廷，一定要严防控制恭亲王的权力。

肃顺还谋划要除尽北京的洋人和咸丰的兄弟们，起码要将他们囚禁起来。三人写好了诏书，准备等咸丰病逝之后宣布。令他们没有想到的事情发生了，西太后已经设法掌握了皇帝的玉玺。按照大清制度，新皇帝继位的第一道圣旨必须要加盖这枚刻着“世传受命之宝，凡嗣皇帝继位，首次谕旨，必盖此印”的玉玺。怡亲王不敢贸然夺取玉玺，这也让他最终不能成就大事。三人阴谋加害西太后和荣禄的言论传到咸丰耳朵里，加之热河天气炎热，致使咸丰皇帝病情加重，以至于还要让恭亲王代替自己到太庙祭祀祖先。

## 回京后大权在握

6 月5 日是咸丰皇帝的30 岁生日，大臣们都来朝贺，西太后却没有参加。接下来，咸丰皇帝病情开始不断加重。到了 7 月7 日，西太后秘密派人回京向恭亲王汇报了这件事，期望他能带一支人马（多数是西太后家族的人）前往热河。16 日，载垣带领依附自己的军机大臣、各部的大臣来到皇帝的寝宫，强迫咸丰在预先写好的圣旨上签字，让载垣、端华、肃顺三人辅佐政权。当时，按照大清礼数，皇后以及嫔妃们都回避了。17 日凌晨，咸丰皇帝驾崩，下达的遗诏说让载垣等人辅佐政权，没有提及后妃和恭亲王一丝一毫。此刻，新继位的小皇帝刚刚 5 岁，而遗诏中竟然没有提及他的母亲，这不符合礼法。三人担心再生事端，加之当时热河的军队都拥护同情西太后，三人自然顾忌。第二天，又有一道圣旨下来，尊奉东宫和西太后二人为太后。

此时的京城还没有安排稳妥，行动有些不合适，三人就准备回到京城后再处理西太后一些人。感觉一日不铲除西太后，三人似乎一日不得安宁。于是，载垣就借助辅政大臣的身份代替小皇帝连续下了几道圣旨，大意是：辅政大臣的职责就是辅佐新皇帝，应该从辅政大臣和皇帝的叔伯兄弟里选取一位监国领班。圣旨下达到京城后，许多大臣和都察院的官员纷纷上奏折，恳请两宫太后垂帘听政。恭亲王没有参与此事，只是秘密联络了西太后。恭亲王劝说西太后马上催促王公大臣送先帝的灵柩回京城，避免落入孤立无援的境地。当时，先帝的很多妃子已经和载垣密谋，取得了调动侍卫的权力。因此，恭亲王劝西太后要慎之又慎，万万不可操之过急。

此刻的北京已经在洋人的占领之下，南方还在发生太平天国战乱，国家濒临危机状态。肃顺一些人借助权势和金钱四处笼络人心，飞扬跋扈，所幸有荣禄和另外的忠臣协助，朝纲才稳定下来。接下来，曾国藩又收服安徽，捷报频传，西太后的位置渐渐稳固下来。

西太后的果敢和机智可以从对曾国藩的重用上看出来。西太后凭借果敢，最终战胜了肃顺，掌握了朝中大权。可是，依照大清祖宗家法，太后不能干涉朝政。顺治、康熙两朝，辅佐朝政的都是大臣，这些成为了西太后垂帘听政的最大障碍。可是，大臣辅政也曾出现过很多问题，之前两朝辅政的大臣很多因为干涉政权遭到罢官或赐死。因此，恭亲王极力鼓励西太后垂帘听政，目的就是想掌握朝廷大权，但是他太小看这位嫂子西太后了。

有一位贴身随行到热河的满族人给我们讲述了那天发生的情况：西太后性情刚毅，非常受人拥护，侍卫们都愿意听从她的指令。危急时刻，西太后和荣禄密谋时非常谨慎，担心肃顺一些人生疑。安德海是西太后的亲信，他每天都会给恭亲王送信。西太后和恭亲王之所以能在北京、热河不断通信，都是安德海的协助。西太后非常尊敬怡亲王一些人，原因就是担心他们起疑心。御史董元醇下达咸丰皇帝的遗诏，奏请两宫皇太后垂帘听政。8 月 11 日，辅政大臣会议之后，肃顺一些人下圣旨严加训斥董元醇奏请垂帘听政一事，又以幼帝名义下令在 9 月 2 日护送先帝的灵柩回京城。这件事一直是西太后热切盼望的。

从热河行宫到京城大约 240 千米，辅政大臣一路护送。因为灵柩很重，需要 120 人来抬运，途中多半是山路，因此每天停停走走，一天大约只能走 24 千米，行动非常缓慢。因此，辅政大臣回京时间大约需要十天，假如遇到下大雨，时间还要推迟。依照大清的礼数，新皇帝和后妃可以行礼祭奠之后先回到京城恭候先帝灵柩。当时，假如坐快轿的话五天就可以抵达北京。如此一来，西太后和恭亲王就可以得到充分的谋划时间。载垣一些人清楚推迟回京造成的后果，因此下令让怡亲王的侍卫护送后妃们先行回京，准备在中途将两宫皇太后除掉。如果荣禄没有事先得到消息，两宫皇太后说不定就会被杀了。荣禄带领一支人马昼夜兼程，在古北口（能够通到蒙古）追上了两宫皇太后。载垣原来就准备在这里谋害她们。

两宫皇太后从热河出发之后就遇到了倾盆大雨，泥泞的道路难以行进，被迫在峡谷里避雨。她们一行人距离皇帝的灵柩大约有16千米。西太后以东宫太后的名义派亲信问候灵柩事宜，怡亲王则以皇帝的名义作答：已经平安到达第一站并开始歇息。西太后对使者重加赏赐，以此感谢他的辛苦。怡亲王一些人非常清楚时局的危机，两宫皇太后只要存活一天，他们就有一天的危险。可是，他们依然上了奏折，以此感谢两宫皇太后眷念灵柩的心思。西太后写了一封回信对他们的忠心表示嘉奖。礼尚往来，将杀气遮盖得严严实实。从中可以发现满人和汉人的不同之处，即便是在危急的情况下，外表的礼遇丝毫不能马虎。在太平天国战乱时期也是这样。

大雨终于停了下来。荣禄保护着两宫皇太后顺利通过了山口，在9月29日平安到达京城，他们比灵柩到达的时间提前了三天。接下来，两宫皇太后马上召开了秘密会议，咸丰的兄弟和皇族里依附两宫皇太后的人都参加了。西太后尽管掌握玉玺，可是贸然拘捕护送灵柩的大臣，这明显是对先帝的大不敬，何况新皇帝刚刚继位。开了很长时间的会议，最后还是决定要谨慎，表面依然还要奉行礼节。等到灵柩到达北京后，首先撤销辅政大臣的职务，随后再见机行事。

## 风云变幻的北京

10 月 2 日早晨，先帝灵柩抵达北京西北城门。恭亲王已经在前一天晚间加派大批人马驻防。新皇帝和两宫皇太后以及大臣们都身穿孝服迎接。神主仪仗队走在灵柩的前面，后边是一队八旗骑兵。灵柩进城的时候，周围的人都跪地行礼。怡亲王等一些大臣到北京之后就来到了事先准备好行礼的巨大营帐里。两宫皇太后和咸丰的兄弟们，还有军机大臣桂良、周祖培都赶到了。西太后面色平静，用太后的神色问候怡亲王："东宫太后和我对您和您的同僚如此尽职尽责护送灵柩深表感激。如今已经到达京城，监国的名号可以撤销了。"怡亲王厉声回答："先帝遗诏是让我监国，两宫皇太后没有过问此事的权力。如今皇帝年幼，没有我的允诺，不管是太后还是其他大臣都没有监国的权力。"西太后说："我们走着看。"随后下令侍卫拘捕了怡亲王三人。接下来，参与密谋的皇族们马上进入宫内，在皇宫大门恭候先帝的灵柩。不管遇到什么样的情况，中国人都是以死者为重。仪式一如既往进行，肃顺一些人的同党发现路旁都是忠诚于西太后的卫兵，都无可奈何。西太后用镇定赢得了胜利，随后将大权牢牢掌握在手中。

到了东华门，两宫皇太后对灵柩施礼，恭敬地目送灵柩在殿里安放。西太后看到北京人心稳定，军心忠诚，就以两宫太后的名义下了一道圣旨，将肃顺三人转交宗人府从严审判。主审官恭亲王撤销了这三人的职务。

肃顺在三个人中作恶最多，西太后因此最恨他。在热河，肃顺的夫人就得罪了西太后，这更加让西太后憎恶他们。肃顺的家产超过了亿万两白银，西太后全部没收，这些成为西太后权力的重要保证，也为她好大喜功埋下了伏笔。

10月6日，恭亲王已经审理完肃顺三人案件，然后奏请西太后最终怎么处理。西太后最终恩准载垣、端华自尽，肃顺马上处斩，景寿、穆荫、匡源、杜翰都被削去职务，但没有被流放。

1864年，朝廷镇压太平天国时，西太后在收复南京后下诏恢复了二位王爷的爵位。不过，怡亲王、郑亲王的后人依然被上苍所遗弃。1900年八国联军入侵时，怡亲王的后代因为参与义和团的合谋被赐死。其实，八国联军要求处分的黑名单里没有怡亲王后代的人名。当时，国家蒙羞，西太后心情非常不好，就导致了严重的后果。在那场作战中为国捐躯的，还有郑亲王的继任，他这样忠诚于国家，成为了皇族的好样板。肃顺死后第三年，西太后下了一道圣旨，但凡是肃顺的后代，永远不能录用。当初，肃顺掌握大权时，对曾经得罪自己的人，都是永不录用，如今这样的待遇又回到自己后人身上。

# 第二章 垂帘听政

## 首次听政

挫败载垣的阴谋之后，西太后的位置更加稳固了，她已经掌握了中国最高权力（这里只说西太后，东太后为人性情温和，对政治没兴趣）。

西太后初次听政的时候非常谨慎，不敢独揽大权，而是谨小慎微，这样方便从中得到政治经验。当时，大臣们都尽力辅佐，都是用新皇帝的名义下达各种诏书。因此，西太后此刻的权势还没有她归政光绪、退居幕后的时候显赫。西太后首次垂帘听政（同治元年到同治十二年，即 1862—1873 年），基本上是试验阶段，从表面上难以看出西太后的独揽大权。到了第二次垂帘听政（光绪元年到光绪十五年，即1875—1889年），诏书中开始出现西太后的名字，所有录用人和赏罚等一些事情，都由西太后做主，恩威并用，因此，大臣们都听从西太后的指令。第三次听政（光绪二十四年到光绪三十四年，即1898—1908年）时，西太后已经独揽大权，稳固的地位加之丰富的经验，天下没有人能够匹敌。她每天都要登宝殿，坐宝座，召见大臣，皇帝就像木偶一样坐在一旁，以至于大臣只知道坐在上面的西太后而不知道旁边还有皇帝。西太后掌握政权后，清楚女人摄政不合乎传统和民心。中国历史上著名的有吕后、武后，尽管才能过人，可到最后还是要遭到人们的嘲讽。西太后博览群书，非常清楚太后摄政的结果，但她太喜欢掌握大权了。莫非要重走历史的老路？叛逆的肃顺三人已经被彻底挫败，大臣和御史们都认为载垣三人是罪有应得。可是，恭亲王却非常焦虑，但凡咸丰皇帝晚年信任的人，他都会派人秘密盯梢。不过，恭亲王如此，根本不是从报复的心理出发。

西太后肚量宽阔。刚刚开始摄政时，只是处理了载垣等一些辅政的八位军机大臣，其他人没有问罪，这么做可以避免扩大打击面，所以得到了所有人的赞成，得到了大度的美名。有两个实例。有人举报，当初奉劝咸丰皇帝向热河逃亡的还有礼部尚书陈孚恩。当时，咸丰皇帝驾崩后，载垣一些人召见一名要员去热河，此人就是陈孚恩。西太后就罢免了陈孚恩的职位，尽管铁证如山，但并没有治罪。还有一个实例。协助载垣谋划的还有内务府大臣，他曾经奉劝咸丰皇帝不要回到京城，在热河办事比较方便。同样在铁证如山的情况下，西太后在1861年春天只是将此人罢免了职务。当时，北京的官员都想依附权势，借助当权者大兴报复之风，所以误入歧途，可朝廷丝毫没有大兴监狱的意思。西太后下了一道手谕，只处理首要罪犯，其他不过问。猜测西太后的心思，既然已经达到自己的目标，稳定了地位，宽容做事也无所不可。西太后心里清楚，载垣得不到北京要员的协助不敢这样大胆。可是，西太后尽管知晓很多人参与了这件事，假如不是很大的罪行，她还是愿意将铁剪刀藏在手套里。西太后的恩威并用，在京城人心目中得到了慈善圣母的美名。西太后性情本来就是严宽都有，得到这样的称赞也并不都是吹捧。因此，西太后处理完载垣等一些人之后，就警告大臣们必须各尽其责，公平执法，不要效法陈孚恩等一些人的坏习惯。

太后再一次下达指令说明，尽管没有饶恕犯罪的人，但是，假如有人胆敢隐藏这些人，不去揭发这些人的作为，就会和这些犯罪之人一样获罪。西太后的这些言辞是让一些没有揭发载垣一伙叛逆作为的王公大臣听的。西太后还说，朝廷清楚这些大臣并非图谋不轨，只不过是心中担忧，没有胆子和学识去告发他们。假如今后再遇到此类事件，了解情况的人必须马上上报，不得迟缓。西太后还向那些王公贵族交代说，让他们以载垣事件为戒，假如再发生类似事件，绝对不会饶恕，必会严惩不贷……

时下最迫切的事情就是新皇帝的年号需要定下来。“祺祥”是载垣等一些人选定的年号。西太后博览群书，清楚这两个字意思并不好，但又想让人们永远铭记载垣叛乱的事件，于是，“同治”就成为了新年号，目的是平息叛乱，以此求得国家的安定。假如从皇帝的角度考虑，无论用什么年号都没关系，从一些事情可以发现这一点。改变年号的诏书下达后，两位皇太后在当日又下了一道指令，说明了自己控制政权的理由。指令的语气，主要是想谋求众人的谅解，大意是：奉两宫皇太后的懿旨来垂帘听政，并非本人本意，只是感觉皇帝年幼，臣下不得不有所秉承，所以需要安抚大家的情绪，暂时摄政，等皇帝典学有成之后就会让其亲政。但凡我朝廷中大小臣子务必尽心尽力，大家共同治理国事。另外，在通告中还有让外国知晓的话，等等……

接下来，西太后又以皇帝的名义下了一道诏书，大意是：感谢两宫皇太后的热心，等皇帝亲政后，一定会勤奋谨慎处理国政，以此回报太后的恩惠。在旁殿，两宫皇太后还召见了群臣，免去了一些必要的大礼，皇帝叔父以及同辈四人都免去叩头礼数。经过商议，最终决定给予两宫皇太后显贵的尊称，每年从宫中财政里拿出十万两白银作为两宫皇太后的费用。尊称东宫皇太后为“慈安”，西宫皇太后为“慈禧”，今后凡是遇到大型典礼，都会在两宫皇太后尊号前加两个字。在西太后七十大寿的时候，其尊号有十六字之多。慈安太后的尊号也有十个字。两宫皇太后三十岁生日时，都加了两字；同治皇帝登基时又加了两个字；同治皇帝驾崩大礼之前，为了表达太后功绩，再次加了两个字；两宫太后四十大寿时加了两个字；西太后五十大寿时又加了两个字；光绪皇帝大婚之时又加了两个字；西太后六十大寿时再次加了两个字。西太后最完整的尊号，即“慈禧端佑康颐昭豫庄诚寿恭钦献崇熙皇太后”。

## 叔嫂暗斗

西太后刚刚执政的时候比较温和，还能听从恭亲王的劝告，联合慈安太后任命恭亲王担任摄政王职务，并下令，摄政王世世代代能够沿袭王位。恭亲王极力回绝这次任命，两宫皇太后就极力坚持，最终在恭亲王再三恳求下，两宫皇太后收回了任命。其实，有两宫皇太后辅政，根本用不着其他人再来辅佐。西太后一直挂念着恭亲王在热河曾经协助自己的大恩，就加封恭亲王女儿为大公主，还特许可以用黄色轿子，所以恭亲王一度权势很大。在西太后开始执政时，因为许多事情还比较生疏，且北京城里派别林立难以掌控，又不擅长外交事务，担心局面不好控制，所以恭亲王就成为了西太后的亲信。恭亲王摄政时间比较长，历经很多大事，犹如西太后的左膀右臂。时间一长，西太后渐渐熟悉了朝中的国家大事处理方法，刚毅的性情渐渐显露出来，她不喜欢别人干涉自己的事情。西太后非常聪慧，加之博览群书，在用人做事方面非常得民心。对之前信任的大臣，慢慢开始疏远，西太后开始独揽朝政。

西太后性情本来如此，可恭亲王本身不甘心退居幕后，其性情野心和西太后难分上下。西太后慢慢对恭亲王开始疏远冷遇，恭亲王渐渐感觉到难以容忍，所以，二人的关系再也不像之前那样亲密了。接下来，西太后就鼓励慈安遇到一点事情就给恭亲王“小鞋子”穿，和谐相处的境况难以恢复到从前。恭亲王在用人时，无论升迁还是罢免，都不会和西太后商议，自己一人决定。各个省份的大事，恭亲王都一人操作。后宫和朝堂之间的矛盾慢慢滋生起来，开始互相掣肘。

当时，人们都感觉恭亲王如此对待两宫皇太后有些过分。恭亲王感觉自己已经掌握了大权，开始操控所有，骄横是难免的。

西太后在一次召见恭亲王时，恭亲王居然对她们说：你们之所以有今天的地位，都是因为有我。西太后绝对不会容忍这样的话。西太后召见大臣的时候，都会坐到大殿的宝座上，面前还要隔着黄色的帘子，被召见的人是不会看到太后的。召见时，人要分开进入。恭亲王借助议政的理由，时常先进朝堂。宝座周围就有殿前的宦官，出现大臣失态，宦官都能看到。没有总管宣旨，无论什么人都不能擅自进入。但是，恭亲王多次没等宦官们宣旨就直接进入大内，感觉自己能够超越这些宫禁制度。

执政时间一长，西太后渐渐感觉到恭亲王和制度背离，妄图蔑视君王。大臣的奏折要经过西太后问询后才可以回答。有时候，西太后已经说完，恭亲王就假装没听见，要求西太后重复一遍。西太后说完话，恭亲王回答时常用大嗓门，骄横的态度让西太后难以容忍。

在宫廷之外，恭亲王和国内外的官员自由来往，恣意妄为，根本没有拿西太后的旨意当回事。西太后密令宦官监视恭亲王，随时汇报他的行踪。西太后渐渐失去了对恭亲王的信任，这一切从情理上讲都很正常。

西太后感觉到恭亲王的权势非常大，经常妄图超越自己的权威，因此就决定警告他一下，让他清楚国家体制是不可以随便超越的。人事方面的权力，必须要西太后决断。假如不是西太后的意思，立即就会被罢免。

西太后开始寻找机会，准备报复恭亲王。到执政的第四年，即1865年4月，机会终于来了。这天，恭亲王在回答西太后的问话时，竟然不守规矩地擅自站了起来，这种做法绝对违反了朝廷制度。朝廷制度规定：被召见的大臣，绝对不可以忽然站起身，这项规定主要是避免大臣有非常举动而威胁到皇帝安全。宦官向西太后做了禀报，西太后大声说："恭亲王忽然起身，唯恐有其他用心，这样对两位太后有危险。”侍卫们听到喊声进入大殿，将恭亲王拉了出去。西太后随后下令，大意是：恭亲王侵扰朝廷皇权，轻举妄动，罢免其摄政王、军机大臣以及其他宫廷所有职位，撤销其总理衙门的职务。

诏书中另外还附加说明：恭亲王辜负了朝廷的恩惠，妄加用权，随意用私人，所以被罢免所有职务……

一个月后，国内外的一些有关处理恭亲王事件的言论传到西太后耳朵里，她感觉凭借自己的地位，不应该让人们随便议论，于是就以自己和东太后的名义下达一道指令，对这件事情做了解释，目的是维护自己，掩盖了当时的行为。

从当时的实际情况来分析，这次处罚恭亲王在某种程度上说不是坏事。七天之后，西太后又以两宫皇太后的名义下达一道诏书，大意是：如今恭亲王能够领悟其中含义，且能悔过自新，朝廷内外臣民，取舍进退，都大公无私，没有丝毫成见。何况恭亲王是朝廷亲信重臣，才干过人，辅佐朝政，不可以中途改变，让其在家贪图安逸。恭亲王继续在军机大臣职位上做事。不用另外商议，以此表示对其栽培。希望恭亲王能够不要忘记那天悔过的心思，一心辅佐朝政，努力报答朝廷恩惠，不要心存疑虑，以此推诿，让朝廷失望。

同治四年（1865）秋天，举行了咸丰皇帝的葬礼。当时，修建陵墓达四年，埋葬咸丰的同时，还把孝德皇后也随葬了。孝德皇后在咸丰皇帝登基前一个月去世，其灵柩暂时安放在城西大约 11 千米的一个庙宇里，距离现在已经 15 年时间了，就是为了能和咸丰皇帝合葬。修筑陵墓和出殡的所有费用加起来数字巨大。当时，筹集款项困难很大。南方各个省份因为农民战乱，军费开支巨大，很难再担负这笔开支。皇帝的陵墓费用需要数千万两白银。地方政府无法承担这笔钱，内务府和各部官员被迫捐献承担。

先帝大葬之日，小皇帝和两宫皇太后都来到了东陵，恭亲王也一路随从，他另外还要负责修筑皇陵的任务，还有筹集款项的事宜。此时，西太后对恭亲王并没有过多的苛责。皇帝的棺椁用梓木做成之后，还要涂抹厚厚的漆，上面还要写“佛”字。放到陵墓中之后，底座还装饰了很多的珠宝。陵墓是用上等的石料修筑。之前，皇帝葬礼需要嫔妃和宦官来殉葬，现如今都使用木头和纸张做成的人来代替。让这些假人跪在棺椁前边，点起巨大的蜡烛，接下来，和尚们开始念经。金圭、玉笏、成串的珍珠，都放到了棺椁上面，其他所有贵重的摆设都放在陵墓中。所有这些仪式结束后，随后就关闭陵墓大门。第二天，两宫皇太后下了诏书，对恭亲王一些人进行了嘉奖。可是，四年之后，恭亲王和东太后密谋铲除了西太后的宠信安德海，此举极大地伤了西太后的心。

## 重用湖南曾国藩

两宫皇太后一起执政的时候，南方的农民起义渐渐被镇压了。自1850年即道光末年，太平天国起义之后，农民军在国内造成了巨大破坏，老百姓被迫离开家园。现在国家安定，人民安居乐业。这段时间，正是西太后扩充自己势力、排斥东宫太后慈安的时期。中国很多的历史学家将评定战乱、拯救人民的大功算到了曾国藩总督身上，这很中肯。曾国藩、左宗棠等，都是勇士。中国儒学文化有其合理的地方，所以才在几千年之后还能出这样的人才，平定叛乱，拯救人民，这是儒学文化的动力。

曾国藩的名字应该说家喻户晓，他之所以能够成就大事业，很大程度在于西太后善于用人、赏罚公正。在国家平安无事的时候，朝廷聚集了很多人才，不过能够从这些人的言行举止中挑选真正的人才绝非易事。对于曾国藩的才干和忠心，西太后很信任，这也是曾国藩成功的原因之一。在西太后心目中，国内外的高级官员，除了荣禄外，无人能够和曾国藩相比。荣禄是满人的贵族，而曾国藩充其量不过是湖南的一个地主。中国历史学家非常详细地记录下了太平天国的事情，从中可以了解曾国藩的人品和性格。值得肯定的是，只要西太后掌控朝廷，曾国藩的地位就不会动摇。有几件与平定太平天国有联系的事情，可当时的奏折、诏书都没有提及，让人顿生疑心。

咸丰皇帝于1861年在热河驾崩，英法联军烧毁了圆明园。在合约签订之后，两宫皇太后开始垂帘听政。恭亲王是摄政大臣，他首先倡导依靠外国军队平定内乱。当时，长江流域被农民起义军占领，政府非常忧虑，所以不惜借助外国的军队，这难道不奇怪吗？不过，这正是当时中国政府的高明之处。原因是，长江流域属于通商地区，外国人很清楚这一点，所以英法两国早就想出兵干预太平天国运动。这里不再详细叙述“常胜军”的历史。常胜军于1862年在江苏和农民军开始作战。英国政府在1863年2月任命戈登到中国率领常胜军，协助中国政府平定战乱。此后，官军重振声势，曾国藩这才平定了战乱，中国才恢复太平。在清政府平定叛乱事件中，戈登功不可没。苏州于1863年12月被收复，南京在第二年7月被收复，直至洪秀全去世，战乱才平定。事件刚开始时，外国政府纷纷保持中立，到了后来都在协助清政府和农民军作战。西方人为了协助大清政府付出了许多生命代价，其中就包括战死在中国的法国海军提督，这是一份非常重的情谊。

收复南京之后，曾国藩给大清朝廷的奏折以及清朝廷下达的诏书中，都没有提及戈登的“丰功伟绩”。在奏折里，曾国藩按照中国的传统将功劳戴在去世的咸丰皇帝头上，感觉皇帝神圣无所不能及。如此的心理，不光在中国，日本也是这样。打败俄国之后，一些将领都归功于天皇，做法和中国如出一辙。在中国，所有为了国家而死的人，政府都会给予一定待遇，是活着的人无法比拟的。假如外国人有了功劳，那就更难以攀比。曾国藩智勇双全，可在此等事情上态度的变化让人感到心凉。戈登将军尽管协助官军平定叛乱，可也曾跟随英法联军进攻北京，并参与了烧毁圆明园的劣迹，所以，曾国藩奏折里对其功劳只字不提。

西太后听到收复南京的消息心里非常高兴，就以皇帝的名义下了一道诏书，从中可以领会其性格。诏书大意是：这次洪秀全在两广作乱，到现在已经 15 年了。他们占领南京也有 12 年。践踏十几个省份，致使几百座城市沦陷。这次能够平定战乱，铲除恶首，是领兵的大臣顶风冒雨、不畏艰苦的结果，应该给予特殊的待遇犒赏他们的功劳。钦差大臣、协办大学士、两江总督曾国藩……筹划缜密，智勇兼备，用人得当，调度有方。加赏曾国藩太子太保衔、一等侯爵，并且世代可以沿袭，另外赏赐双眼花翎。浙江巡抚曾国荃……吃苦耐劳，公而忘家。加赏曾国荃太子少保衔、一等伯爵，并且世代可以沿袭，另外赏赐双眼花翎。

其他的人都各有封赏。西太后随后又下一道指令，提议皇帝应该亲自到太庙和其他地方祭祀，感谢上苍、列祖列宗、山河神灵的保佑。

在上报朝廷的奏折中，曾国藩汇报了掘出伪天王洪秀全尸首一事。对于伪天王洪秀全，官军将士愤怒万分，都想得到他的尸体才甘心。到了6月27日，在天王宫殿里挖掘出了尸体，28日抬到了大营中，曾国藩与其弟曾国荃一起查看。另外还有曾经担任刑部秋审处的靳方锜、庞际云、孙尚绂等，包括各种文武官员，一起验尸。洪秀全信奉邪教，所以尸体不用棺椁，只用绣龙黄色绸缎包裹，包括裤脚用的也是龙缎。秃头无发，胡须还保存着，但已经白了。腿和肩膀上的肉还没有脱落。验尸完毕后开始践踏尸体，接下来是用火烧。有太平天国当官的女婢，是道州姓黄的女子，是用手埋的洪秀全尸首。曾国藩亲自审问她，她说洪秀全一直到死都没有见过自己。官军在4月27日攻城激烈，洪秀全服毒身死，秘密没有发丧。城内的农民军和城外的官军已经知晓，到十几天后才开始向外公布。

## 君臣之间

太平天国祸乱平定以后，担任两江总督的曾国藩在任已经四年，至今湖南人依然感觉两江总督是曾国藩世袭的职务。在这四年里，曾国藩只是在和捻军作战时去过一次山东，但时间很短。同治七年(1868)，曾国藩升职担任直隶总督，在正式就职之前，他先行来到京城接受朝廷的召见。一位王公贵族领路，来到大内。面向西边坐着的是小皇帝，其后坐着的是两宫皇太后，左边是慈安，右边是慈禧。这次召见的过程被完整地记录了下来，非常有趣，从文字中可以了解西太后当时的神情。慈安从来不关心国家大事，所以态度有点冷漠，因此问答的言辞，都在西太后和曾国藩之间进行，慈安没有参与。当时，曾国藩走进宫殿后跪下，屈膝向前挪动几尺后说：

“微臣曾国藩叩请圣安。”说完，曾国藩摘下帽子，叩头谢恩，随后站起身来，再往前走几步跪到龙座前面的垫子上面，距离皇帝很近。

他和西太后之间的对话大致如下：

西太后问：“你在江南的事，是不是都办好了？”

曾国藩答：“办好了。”

西太后：“湘军都撤了吗？”

曾国藩：“都撤下去了。”

西太后：“有多少人被遣散？”

曾国藩：“遣散了两万人，还有三万人留下来了。”

西太后：“哪些地方的人较多啊？”

曾国藩：“安徽人最多。湖南人也不少，但只有几千人。”

西太后：“遣散顺利吗？”

曾国藩：“顺利。”

西太后问完作战的事情后，另外还询问了曾国藩之前的一些事，包括他的家庭情况。过了一会儿，曾国藩叩头告退。在这次召见之前，西太后已经细心看过其奏折，因此召见的言辞简洁明快。曾国藩退出之后，西太后赏赐给满汉大臣一些肉食品，还邀请这些人看戏。

曾国藩曾经提议扩建直隶海军、陆军，西太后都细心看了。在直隶，曾国藩总共待了一年多时间，当时直隶总督府在保定。1870年6月的天津教会案件，曾国藩难脱干系，不过难说都是曾国藩的过错。这一年8月，南京两江总督马新贻遭遇刺杀而亡，朝廷下令让曾国藩赴南京担任两江总督，另调李鸿章担任直隶总督。在直隶总督职位上，李鸿章待了24年。当时，曾国藩岁数大了，恳求辞去两江总督的职务，西太后没有答应，还下了一道诏书，大意是：两江总督空缺事件非常重要。曾国藩之前在两江总督任期内，所有事情处理妥当，非常合适。最近虽然得了眼病，但是在任职期间掌握大局即可，没有必要去处理一些琐碎小事。

在北京，曾国藩六十大寿时，西太后赏赐给他很多礼物，并且专门为曾国藩写了一首诗，以此显示对其的恩宠。后来，西太后又赠送给曾国藩一块匾额，上写“国之柱石”，另外还有佛像一尊、玉如意一把、花衣服一件、江南绸缎十卷、纱十匹。曾国藩向西太后请示何时赴任时，他们曾经有一段对话：

西太后：“你何时从天津启程?”

曾国藩：“微臣准备在23日动身。”

西太后：“天津事件的首犯是不是已经伏法?”

曾国藩：“尚未行刑。原因是，外国领事传话说，俄国公使最近要来天津，法国罗大使派人要来天津查验，所以不能马上对罪犯行刑。”

西太后：“李鸿章计划何时对罪犯行刑?”

曾国藩：“23日夜里，微臣接到李鸿章来信，他说计划在25日处决罪犯。”

西太后：“天津城的老百姓是否喜欢闹事，难以管理?”

曾国藩：“时下，天津百姓都安居平静，没有闹事的迹象。”

西太后：“事发之后，天津府和县级官员都跑到了顺德，他们是怎么想的?”

曾国藩：“这些府县刚开始逃跑时，微臣尚没有给他们拟定罪名，所以他们才有胆子逃跑。微臣后来派人转告他们，决定将他们革职后转交有关部门处理，这些官员才害怕，逐渐从顺德、密云一些地方赶回天津。”

西太后：“现在，你右眼视力如何？能看见东西吗？”

曾国藩：“微臣右眼没有一丝光线，什么都看不到。不过，左眼还可以。”

西太后：“其他的病情如何？”

曾国藩：“微臣其他病情明显好转。”

西太后：“我发现你站起、下跪一系列动作都很好，精神也好。”

曾国藩：“微臣尚未恢复元气。”

西太后：“马新贻的事件有些奇怪，是吗？”

曾国藩：“对，这件事情就是有些怪。”

西太后：“马新贻处理事情怎么样？”

曾国藩：“此人办事比较稳重，也比较认真。”

曾国藩过了一会儿就退下了，后来还有一次被西太后召见。

西太后：“在直隶，你练了多少兵力？”

曾国藩：“微臣练了三千兵力。前任总督练兵四千，加在一起到了七千之多。计划再训练三千，达到一万人。微臣和李鸿章商议好了，计划按照我汇报的办法处理。”

西太后：“南方练兵的事情也很重要，洋人不得不防备。你们要尽心办理这件事。”

曾国藩：“微臣也感觉必须防备洋人。时下我们在海上无法和洋人抗衡，只能想办法防备。微臣计划在长江险要之处修筑炮台，严防洋人的战舰。”

西太后：“最好能够防住他们。这些洋人的教堂时常搬弄是非。”

曾国藩："最近几年，洋人教堂到处惹事。教徒总是想办法欺负不信教的老百姓，传教士就包庇这些教徒，而领事官员就袒护传教士。明年法国准备和我们换约，我们要在传教事情上细心整顿。"

曾国藩在1870年10月离开了北京，之后再也没有回来。一个月后，曾国藩接任两江总督大印，首先处理刺杀马新贻案件，凶手张文祥被稍加审讯后就判定了死刑。第二年夏天，曾国藩到各地巡视，借机在各处名胜游玩。平定太平天国之后，国家兴旺，人民平静生活。曾国藩来到秦淮地区，看到很多游船，并且歌声不断，他非常满意："我一生中终于又看到太平盛世，真是太高兴了。"12月，曾国藩到新总督府办公，府邸即洪秀全的宫殿。

曾国藩重回江南，但任期时间不长。1872年过年时，曾国藩曾经晕倒一次。几天之后，京官苏赓堂河帅来到，曾国藩出门迎接，就在轿子里读书的时候，忽然间用手指着随从说不出话来。回家后亲手写日记，大意是：我得病后不能再用心思。当初在道光二十六七年期间，我每次作文章和诗词，身上就会起癣，以至于夜不能寐。近几年来做文章也感觉心里不踏实，难以自如。因此，头晕目眩肝风等一些病，都是心肝血虚造成的。不能快速死去，但又不能重振精神，做一些应尽的事情。这样苟活在人间有什么意思呢?

第二天，曾国藩再写日记，大意是：我的精神已经散漫了。但凡应该了解的事情，长时间不能完成；应该处理的案件，长时间不能处理。时下满山的枯枝败叶，没有归宿。进入仕途30年，官升到最大，但学业没有什么成就，品德也没有什么进益。年老心伤，心中非常惭愧。

到了第二天，曾国藩看了一个奏章，又晕倒了一次，随后就叮嘱儿子曾纪泽准备后事，丧事要依照之前的规矩办理，不许办道场。次日，曾国藩又看了乡试里的一篇文章，下午来到花园里闲游，忽然感觉不适，被抬到屋里后坐下就去世了，时年62岁。当时有记录说，南京城内的百姓听到曾国藩去世的消息后都哭了。据传言，曾国藩去世时，天上有明亮的星星在城楼上落下来。朝廷里大小官员知道后，都很伤心，文武百官三天没有上朝。西太后下指令，追述曾国藩的忠心和做出的贡献，让每个省份都建立祭祀曾国藩的祠堂，以此来表示朝廷上下对他的怀念。

## 在西太后头上动土

中国近代历史学家和评论家都认为，明朝的衰落和亡国，原因在于宦官集团太骄横，权倾朝野，操控朝政。几百年以来，所有大臣都明白不能通过宦官来和皇帝接触。那些宦官时常陪伴在皇帝左右，长年累月，想方设法迎合皇帝的心思，被宠信的可能性非常大，权势也很大，几乎可以操控大小官员官职和升迁。不过，有一些官员敢于痛斥宦官，这也时有发生，是中国义利观的显示，和其他国家有所不同。

西太后掌握大权后，宦官的弊端日渐显露。大臣们的提议，西太后也能听取；有关宦官专权的害处，西太后心里非常清楚，可是她居然也纵容宦官。西太后经常说宦官的危害，可是，在她当政的50年里，依然没有处理那些宦官。想革新可又舍不得除宦官，其实毫无用途。光绪二十四年（1898）的政变，李莲英是一个关键人物。光绪皇帝新政，首先就提出要铲除宦官制度。李莲英因为担心所以怨恨皇上，这很正常。义和团崛起，其实就是这些宦官们和一些旧贵族联起手来排外的体现。八国联军列出的黑名单上第一个人就是李莲英，但是保护他的竟然是俄国公使，谁也不清楚其中缘由。有关李莲英的事情，可以发现朝廷上的高级官员对宦官的痛恨。各个省份官员都对他们有看法，维新派和报纸上的舆论也在感叹这件事。因此，皇帝新政后，非常清楚其中的利害关系，但无力铲除宦官，并且还因此带来危险。光绪三十二年（1906），朝廷实施新政，泰晤士报社的北京职员都感觉铲除宦官是新政的措施。可是，当时出现两种倾向，一是守旧派，他们感觉宦官制度是几千年来的传统，不可以改变，就像中国的一夫多妻制一样，成为了中国的习惯，不足为患。另一种意见认为，这种宦官制度说是自古就有，可夏商周就没有宦官制度，到周朝末期才出现。当时，孔子就指出了宦官的危害。这些都可以说明，铲除宦官是可以的。

大清在 1644 年进入关内，占据中原，采取了一些限制宦官的制度。到顺治皇帝继位后，立即召见大臣，讲明宦官的主要职责是打扫卫生，不可以作为心腹重用，还制定了几条法规，后来被看作是经典制度。如今，这些制度的具体条款主要限制了宦官的级别，最大不可以超越四品。因为明朝魏忠贤的教训，因此清代的法令不允许宦官擅自离开京城。康熙、乾隆二位皇帝非常尊重这样的规定，所以 200 年以来，宦官集团不曾出现胆大妄为的事情。到了近代情况有所不同，咸丰皇帝未曾严加管教，宦官们时常公然犯法。西太后掌握大权之后，明朝末年的一些弊政，诸如贪污受贿、阴谋诡计、独断专行等，都开始显露了出来。以至于到了后来发展到把持朝纲、诽谤朝廷的地步，西太后竟然还庇护他们，所以宦官就越发胆大妄为、肆意横行。西太后当政后期，根本不顾及外界的议论，此举让宦官更加狂妄。1898 年，李莲英总管曾经说过“罢免升迁官员，我说了算，皇帝也无可奈何”的话，根本无所顾忌，狂妄可见一斑。但凡外界传说的有关宫内的暧昧之事，并没有证据，御史们的记录以及广东人撰写的小说里涉及的丑事，都是少见传闻而已，不能全部相信。比如，康有为一些人的污蔑就是出自愤恨的心理，其言辞不合乎常理。所以，有关西太后和荣禄的一些事，的确不可以相信，也没有价值可言。不过，每一种谣言都有其存在的缘由，加之传播后，很可能被夸大。中国如此，世界其他国家也一样。所以，外界的话，不可以都相信，可也不能一点也不信。何况，北京人都敬重西太后，但说起宫内的奢侈生活、宦官的罪恶行径，都是一样愤恨。这些宦官发现皇帝软弱，就开始欺负皇帝，的确让人悲哀。前人记录了同治皇帝的死因，很多看法说是谋害，有人认为咸丰皇帝和光绪皇帝也是被宦官谋杀的。

在最近 70 多年的清代宫廷历史中，宫内宦官作恶多端已经成为无可争辩的事实。西太后掌管政权的 50 年里，宦官势力非常大，李莲英就是其中的领袖人物。

李莲英，外号“皮硝李”（李莲英在 16 岁之前还不曾进宫，在河间府拜一位皮匠为师傅），是中国最有名的恶棍之一，残忍至极。但凡清宫廷里悲惨事件，大部分都跟李莲英有关系。西太后去世之后，李莲英尚在宫内，权势依然很大，除了被召见之外，其他一些事都归他处理。西太后非常宠信李莲英，允许他敛财。除了荣禄，其他大臣以及西太后的亲属都不能和李莲英相提并论。

当初，咸丰皇帝在热河生病时期，西太后就发现宫内有一位名叫安德海的宦官，非常聪慧，做事干练，就把他留在了身旁。西太后和荣禄商议的有关事宜，基本都靠安德海传递。西太后主政之后，安德海就成为西太后的心腹。好大喜功、反应灵敏是西太后的性格，其中不乏安德海的协助，因此，安德海依仗西太后的势力从中获利。安德海曾经协助西太后修筑戏院以及另外一些娱乐设施，以此向西太后献媚。安德海长得英俊且很有才华。在两宫皇太后权力还不稳定、载垣等一些人阴谋不曾败露的时候，曾经有几位御史认为宫内非常奢侈。西太后知道后心里不高兴，可在表面上还要得体，就夸奖御史们是在为朝廷办事。

年轻的叶赫那拉氏刚愎自用，此时已经开始听不进批评之言，同时她深信身边人对自己忠心无二，不会犯错，于是毫无改正之举。太后当政最初几年，经常可以看到此类语言得体的诏书，但其中的诚信度却令人深表怀疑，实际上也从未有人把诏书所言当真。如1864年颁布的一份诏书，非常具有典型性。有趣之处在于，其中提到了宦官的偷窃行为，但直至今日，情况依然如故。

京城的老百姓都清楚西太后喜爱京剧，这道圣旨只不过就是掩盖的托词而已。当时，几位御史总是想办法弹劾安德海，说宫廷里花费巨大，户部都受其影响，开支受损，因此才征收各省份的款项。同治五年（1866），有两个御史一起上了奏折，诉说宦官的危害。西太后以皇帝的名义给予御史嘉奖，但宫廷内部依然照旧。安德海身为总管，权势慢慢增大。西太后时常身穿戏装去西苑游玩，安德海总是寸步不离。曾经有传闻说，西太后赏赐给安德海一些皇帝御用的龙袍、玉如意等，几乎妇孺皆知。这样的传闻，多半都是爱好瞎编的人编造出来的。不过，咸丰末年宫廷风气败坏，太后宠信宦官，共同造就了这种传闻的土壤。

其中最著名的一件事，莫过于背叛祖宗规定宦官不可以出宫的制度。同治八年（1869），安德海领西太后的指令去山东处理事宜，但此事没有和恭亲王商议，东太后也不知详情。来到山东之后，安德海借助西太后的名义四处索贿。当时，安德海曾经得罪过几位王公大臣，恭亲王就是其中之一。因为安德海权势太大，非常骄横，所以让恭亲王难以接受。一次“小安子”（名为《中国朝廷的秘密》，1910 年出版，称安德海为“小安子”，正如李莲英外号“皮硝李”一样）正在和西太后说话，恭亲王前来拜见，西太后竟然闭门不见，让恭亲王非常气愤。此类事也为安德海之死埋下祸根。安德海来到山东后敲诈勒索，强取豪夺，无法无天。当时，山东巡抚丁宝桢发现安德海冒充西太后的名义对地方官府和老百姓大肆侵扰，大动肝火，他将安德海的所作所为马上向恭亲王做了汇报，并请求处理办法。文书抵达北京时，西太后正在看京剧。恭亲王拜见慈安太后，拟定谕旨，还请求慈安太后在上面签下自己的名字。

谕旨下令丁宝桢在山东将安德海处死，而不是将他押往北京。慈安清楚如此肯定要得罪西太后，但恭亲王这头压力很大，身不由己。据传闻，当时慈安对恭亲王说：“西太后会杀死我的。”这是慈安太后在恭亲王递交的谕旨上盖印时说的一句话。丁宝桢有胆有识，在和太平天国作战时就很有名气，他得到谕旨后，马上将安德海处死了。

西太后不知道安德海的危险处境。事情的原因就是其骄横不法，难得人心，所以恭亲王与慈安太后的谋划可算完美无缺。事已至此，已经无可救药。十天之后，慈安受恭亲王所迫又下了一道谕旨，大意是：本月初三，丁宝桢上奏，根据德州知州赵新禀报，有一个姓安的宦官坐着大船说是钦差，为朝廷置办龙衣。大船两侧插着龙凤旗子，还搭载了很多男女，一路招摇过市，居民无不惊骇。当时，谕令直隶、山东、江苏各位总督派人员查看，依照法令行使。根据丁宝桢的奏本，已经在泰安抓获了安德海。遵照法度，其他随从人员，当天已经谕令丁宝桢严办。我大清王朝家法代代相传，整治宦官做事，有犯法者一定严惩。严令法纪，凡遇到在外惹是生非的人，全部治罪。这个安德海竟然如此胆大妄为，横行不法，真是罪有应得。经过这次严惩，宫内宦官无不吃惊。随后，让总管内务府大臣对宦官严加管理，所有当差之人，只要有违法事情，除了将惹事者严办之外，还要追究管理者的责任。通令各个省份以及各位总督巡抚，看好自己的部属。遇到宦官冒充奉令办事的，不管是否犯法，一律捉拿。奏明圣上，绝不姑息。

慈安太后的这道谕旨口气比较委婉，有点担心西太后的怒火，和西太后下达指令给人定罪的语气根本不一样。西太后下谕旨，正如笔中有刀一样，柔中有刚，这也正是西太后一生掌控大权的关键所在，也是其过人之处。在山东，跟随安德海的另外几名宦官也被绞死了，还有六个人逃走了，其中五人再次被抓后立即被处死。安德海家属都被充军发配到了西北军队里。有一个宦官逃回了北京，将事情经过告诉了李莲英，李莲英向西太后做了汇报。西太后起初不相信，感觉东太后做事没有这样的胆子，不和自己商量就下达上谕。慈安太后性格温和而宽厚，西太后一直感觉她不会有出格的举动，没有将她放在心上。等西太后了解事情的经过后，这场风波就在所难免。宫廷内这类事情比较多，大家都习以为常了。西太后了解实情后的第一件事，就是立刻来到仁寿宫怒气冲冲地询问慈安：

下达如此谕旨不和自己商议的原因是什么。慈安心里胆怯，就妄图将责任推卸到恭亲王头上，可这难以让西太后平息下来。西太后发誓今后一定要复仇。此前，西太后对待慈安太后都是态度温和、彬彬有礼，尽管一直掌控大权，可在表面礼数方面都和慈安平起平坐。至此，西太后对国家大事更加操心，担心大权落入他人之手，努力巩固自己的地位，避免让慈安摄政。西太后第二天在大殿厉声斥责恭亲王，还用免职、削去爵位的言辞恐吓恭亲王，不过后来都没有落实。其中原因无非是很多国家大事还需要恭亲王料理，不能治恭亲王的罪。还有，西太后非常喜欢恭亲王的女儿，认作了干女儿，爱屋及乌。但是，西太后一直铭记处死安德海的事件，随时做好了报复的准备。同治皇帝驾崩后，西太后没有让恭亲王的儿子继位，而是让光绪坐上金銮殿宝座，很可能就是因为那件事。

## 厚道的李总管

处死安德海之后，李莲英继任总管。对于此人，前面已经有所介绍。李莲英是西太后掌管政权后 40 年时间内中国政治活动中非常重要的人物之一。很多人的生杀大权，还有朝廷内外官员的罢免，都掌控在李莲英手里。他还将 18 个省份的财富据为己有。李莲英入宫时才 16 岁，人长得非常英俊，态度也比较端庄，西太后非常喜欢他。根据比较可靠的资料记载，早年的李莲英就得到了西太后的宠爱，和其他人相比，西太后格外偏袒李莲英。李莲英可以坐在西太后面前，也可以随意和西太后谈话。到了后来，李莲英可以参与所有的国家大事，并且讲话很管用。到了晚年，李莲英和其他人谈及太后时，时常使用“咱们”一词。如此的称呼，中国传统上只有家人可以使用，要不就是非常亲密的朋友才可以如此称呼。李莲英手下人称他为“九千岁”，而他只在朝廷大型活动典礼上才遵守宦官制度礼数，其他时间就异常骄横。李莲英为人处世往往在一些小事上斤斤计较，在财务方面很刻薄，有仇必报。可是，李莲英在西太后面前则是忠实的奴仆。危急时刻，李莲英不顾自己安危苦难，一定想办法让西太后平安。他和满族贵族官员交往上也很讲交情，所以很多贵族高官都时常低下身份到李莲英家里交往。

李莲英为人平和，喜欢开玩笑，对于化妆打扮很在行（有传闻说西太后扮作观音，李莲英扮作韦驮，可以证实）。他有个癖好，就是喜欢做东道主请客吃饭。1909 年 11 月，宣统二年，李莲英给西太后送葬，一路步行。偌大的一把年纪，让人看见顿生怜悯之心，都会忘记他多年以来干的坏事。李莲英当时年老多病，不长的一段路途，他走起来非常困难。送葬的人非常多，只有李莲英看起来很忧心，步履艰难。人们不禁疑惑，在李莲英神秘莫测的头脑里，当时不知在考虑什么事情。西太后掌控大权的 50 年间，李莲英自始至终是她的心腹。李莲英年轻时候，但凡西太后出行，他肯定会在轿子左右伺候。等到年老时，李莲英也时常陪伴在西太后身边。尽管岁数大了，可李莲英做事依然勤奋，反应机敏，灵活多变。因为安德海的原因，李莲英向来不会到各个省份搜刮，更不会谋取高位。他就戴着四品的顶戴，非常遵守规定的宦官最高官位级别。对于西太后的性情，李莲英了如指掌，所以他擅长迎合西太后，被西太后宠信。李莲英给自己定了一套制度，但凡收了大臣的贿赂，必须上交西太后，自己从中牟利。1900 年，西太后西逃时，李莲英就是这样表现的。

李莲英没有西太后的运气好。庚子国变时从京师向西出逃，李莲英将自己的积蓄藏在自认为的安全之地，除了亲属，外人都不知道那个地方。八国联军进入京城，竟然有人将这个机密告诉了法国部队，于是都被劫走了。回到北京后，李莲英第一件事就是请求太后处死这个人。当时，京城的金融家估计李莲英的家产约有 200 万英镑，大半都放在了当铺、钱庄，这些都是庚子年后 8 年时间的积蓄。如此显赫，无不让人称奇。

许多高官向李莲英送的买官的活动经费，我们了解的有 32 万两白银之多，大约能够折合英镑 4 万。对于此类交易，李莲英在自己书信里记录得非常详细，从中可以发现他聚集钱财的原因。对于官场上的一些事情，李莲英非常清楚，因此就按照官员的权力来索取贿赂。一个不用争辩的事实是，李莲英平常生活奢侈，他经常将国家财产据为己有，损害国家利益。有一件事能清楚地说明这一点。光绪二十年（1894），中国对日作战失败。原因固然很多，但最大的原因莫过于挪用海军经费修建颐和园。在这项工程里，李莲英和其属下获取了不少钱财。光绪十一年（1885），醇亲王掌管海军处，庆亲王、李鸿章和曾侯协助管理。曾侯去世后，就让没有一点海军经验的亲王贵族管理海军事务。光绪十五年（1889），皇帝亲政，首要事情就是下令重修颐和园，原因是英法联军在咸丰十一年（1861）进入京城放火烧毁了圆明园，所以西太后很想重修一下。但是，开支巨大，钱款无处筹集，李莲英就提议挪用海军军费，后来被采纳。自此，海军部就成为内务府开支的一个部门。等中日战争打响后，西太后又下达撤销海军处的指令，招致一些人的非议。说实话，海军处只不过是为了修筑颐和园而设立，西太后感觉颐和园已经完工，海军经费也使用完毕，那海军处被撤销就理所当然，所以西太后就下达了这样的诏书。一些人说这笔款项从颐和园再次回到了海军处，这绝对是不可能的事。

李莲英和醇亲王在光绪十五年（1889）一起到威海卫、旅顺等地方巡视北洋海军情况。当时，几乎所有官员对李莲英都非常敬重，几乎超越了醇亲王。从海军提督丁汝昌到其下的北洋海军将领，都在努力取悦李莲英。这次出行，李莲英得到了隆重的招待和大量的贿赂。甲午年间，中外人士几乎都期望李鸿章能支持对日作战，这其实是不了解形势的表现。李鸿章心里非常清楚，他是不会主张作战的，因为海军经费绝大多数已经到了李莲英名下，已经变成了修筑颐和园的资金并进入了某些人的私囊。因此，当国家出现危机的时候，海军将士不愿意以死相拼，并且大炮设备也不够完善。

细看英国的历史，就会了解之前英国也曾经发生此类事件，但海军官兵的士气并未受到影响。李莲英痛恨光绪皇帝。在戊戌变法时期，李莲英在其中发挥的作用巨大。平时，李莲英在皇帝和西太后中间挑拨是非，让其双方的矛盾不断加深。皇帝驾崩，外界人士纷纷揣测和李莲英有关系。他担心皇帝的革新威胁到自己，同样也痛恨广东的维新改革派，所以才极力劝说西太后再次掌控大权，这属于正常的想法。

政变发生的时候，李莲英是西太后的密探。庚子年间，假如李莲英没有支持义和团，而是抵制他们，那肯定能够让西太后的想法改变，足可以化解那场战火。即便出现暴乱，充其量也就是山东边界的小事情。细心考虑中国这段时期的政治，这种小人物出身的人成为宦官之后，竟然如此巨大地影响了国家局势，难以猜测其心里在想什么。看到李莲英给西太后送葬时的情景，清楚他心里难过。岁数大了，私吞了国家财产，将那么多的不义之财放进棺材里，实在是国家的大祸害。

当初，义和团势力鼎盛时，李莲英的权势也在巅峰期。端亲王每当在西太后、军机处面前发表支持义和团的言论时，都要加上一句“李莲英也赞成这样做”，按理说应该利用上谕支持自己的想法，可是，只要李莲英这样说，那事情就会好办。端亲王这样说的原因，是了解凡是李莲英的意思就不会有人敢反对，反对派也不会说什么。西太后对义和团表示了支持，又给了很多的钱财支持他们杀洋人，所有这些都出自李莲英的心思。八国联军到了，杀死了义和团的头领，李莲英担心起来，担心自己当了西太后的替罪羊。西太后的性情从来都是生了气就拿别人撒气，这一点周围人都清楚。李莲英向来对义和团非常支持，而此时西太后又怒又怕，拿他开刀是很正常的事情。当八国联军进入北京时，端王之弟澜公匆匆来禀报说洋鬼子进城了。西太后说：“我感觉洋鬼子都逃跑了。两天前，你曾经说我军获得巨大胜利。如今我们看到，直隶总督和李秉衡怎么都死去了？”李莲英一旁伺候着，听到西太后的话，立即出去告诉外边的宦官：“老佛爷现在非常生气，可没有一点办法。我们只能逃到陕西去，在那里等待援兵，再剿灭洋鬼子。”

到西太后和皇帝向西行进的时候，李莲英在途中的艰难和害怕比西太后要严重很多。抵达西安之后，李莲英心中稍安。有一名随从官员给他朋友写信时讲述了当时的情况。

岑春煊来到山西边界迎接皇帝和西太后，轿子里的西太后拉开帘子，对岑春煊说：“你了解我们在北京的经历吗？”岑春煊回答：

"不很清楚。"西太后满脸怒火，指着李莲英就说："都是他们这么做，害得我到如此地步。"李莲英旁边听见了，低头不语。后来，李莲英属下到乡下去抢劫。岑春煊向来非常正直，不畏强势，他马上向西太后做了汇报。西太后表面勉强答应将三名案犯就地正法。岑春煊原本想将李莲英也算进去，可后来发现西太后对李莲英非常倚重，就收回了自己的想法。此时，李莲英处境艰难。

后来，朝廷恢复了原来的制度，李莲英得力于荣禄的协助，重新成为了西太后的心腹。为了报复岑春煊，就把他调到山西做巡抚，原因是李莲英感觉八国联军即将进入山西，形势危急，妄图借此机会将岑春煊置于死地。另外一个原因是，岑春煊管理宫廷的费用时，渐渐成为了西太后的心腹，李莲英因此就想铲除他。当时，以正直公平著称于世的岑春煊管理行宫的费用，非常节俭，他首先禁止了宦官的勒索行径，并对宦官的收入也做了具体的规定，损害了宦官的利益。之后，岑春煊还取得了西太后的宠信，这肯定犯了李莲英的大忌，因此李莲英总想铲除他，最终在荣禄的协助下将岑春煊调到了外省。接下来，李莲英来管理宫廷费用。可是，一个月以来，西太后每天需要和岑春煊商议国是，还将宫廷的一些事务交给他处理，如此下去，正好能够削弱宦官集团的势力，再说，岑春煊对这些非常在行。

等岑春煊调任山西巡抚离开陕西后，李总管更加无所顾忌，公然积压岑春煊的奏折，还避开皇帝和西太后的耳目。李莲英恢复了之前的样子，再次得到西太后的宠信，态度比之前更加骄横。有时候在召见大臣时，李莲英竟然胆敢拒绝传达西太后的谕旨，说自己很累，要不就说公事太多。南方各个省份进贡的东西，都需要先放到李总管那里，以至于他家里放满了贡品。上贡的银两，西太后只拿一半，宦官们取其五分之一，剩下的交给荣禄作为饷银发放给大伙。在皇帝和西太后身居西安和开封时，宦官集团获利很大，所以李莲英不希望西太后回京，就利用洋人要复仇的瞎话恐吓西太后。

李莲英不愿意让西太后回京，不光是为了敛财，更重要的是因为各国使馆列的黑名单里有李莲英的大名。他让属下一个姓蔡的宦官每天汇报北京发生的事情。后来，庆亲王给李莲英去信，确保回京没有问题。李莲英这才放下心来，不再劝阻西太后回京。

当时，各个省份送到西安行宫的银子有500多万两，都要交给李莲英处理，另外还有一个姓孙的宦官协助料理，此人也是西太后的心腹。孙效仿李莲英作威作福。一次，湖北的银两来到，竟然都是银元宝。孙就用宫廷的秤称了一下，随后就说数目有误差。湖北官员回答："湖北的元宝质量非常好，不会出错。"孙马上大动肝火，斥责说："你才送过几次贡银啊，知道啥？"随后要动手打那位官员。屋里的西太后听到后就走了出来，让孙将银两搬进去，自己过秤。西太后说："我感觉最近银两不够量。我属下的亲信需要复查，避免吃亏。"那位湖北官员非常伤心地走出来，遇到了当时内务府大臣继禄，说起了方才发生的事。继禄说："我清楚你们心里很委屈。最近老佛爷严格防范宦官，他们没办法赚钱。你就宽恕他们吧，他们的积蓄都遗失在了北京。"广东进贡有24种物品，宦官们勒索红包，退回了9种。官员们心里担忧，担心西太后怪罪下来，最终被迫向宦官们行贿，这就是宦官赚钱的窍门。他们有的就假借西太后的名义买了东西不给钱，如此让西安老百姓吃了很多苦。当时，陕西遇到了旱灾，老百姓生活更加艰难。从岑春煊担任陕西巡抚时的报告上可以看出，当时的白面 105 文钱一斤，鸡蛋 34 文钱一个，猪肉 440 文钱一斤，即便有钱也买不到鱼，物价比南方要高出六倍。有的宦官非常坏，时常以欺负皇帝来取乐，有时故意将皇帝激怒。当时有传闻说，皇帝时常耍小孩子脾气，喜欢和宦官捉迷藏玩耍，可是西太后来到后，马上就退缩到屋内角落低头不语。有时候，皇帝发了脾气就拿起瓷器砸身边的人。此类言辞，基本上都是李莲英和一些宦官的谣传，目的就是诋毁皇帝名誉，不可相信。

皇帝和西太后回到北京后，李莲英的势力更加膨胀，宫廷里的所有事，基本上都归他管理，他可以随着西太后的心意随时改变自己的初衷。刚开始拥护维新，军机处制定的预备立宪的有关法案，李莲英时常表示拥护。他常常笑着跟西太后说："老佛爷，现在，我们也要变成假洋鬼子了。"李莲英之前的势力范围以及买卖官衔的做法，他依然努力想坚持下去。光绪二十七年（1901），两广总督陶模上了一个奏折，说如今的嫔妃们数量相比从前少了很多，可宦官竟然还和原来一样多，需要裁减大部分。宦官的工作，应该让宫女替代。李莲英看到这个奏本，就私自藏起来不上奏。等到了解西太后不会答应这个奏折时，感觉时机成熟了，这才将奏折递上去。

自此之后，关于裁减宦官的奏本不断上奏朝廷，裁减宦官的小道消息也不断疯传，可是，宦官的权势依然很大。何况中国真正忠正廉洁的官员非常少，表面准备实施新政，可涉及利害关系的弊政，根本不会有丝毫的改变。实在没办法就推到将来去办，无休止地推延下去。国内的报纸，刚开始还有一两家大着胆子说一说，但很快就被官员们压了下来，慢慢就不敢说话了。

# 第三章 我来决定皇位

## 皇帝的母爱

同治十二年（1873）11 月，两宫皇太后一起下达了一道诏书，解释了垂帘听政的缘由。后来又说皇帝已经成年，按规定应该让皇帝亲政。于是，传令钦天监择选良辰吉日作为皇帝亲政的日子。钦天监回复，正月二十六是一个好日子。两宫皇太后就在当天下达谕旨，准备还政给皇帝。谕旨最后还按照原先的惯例，嘉奖了北京内外的官员们尽职尽责的忠诚。

西太后很讨厌同治皇帝，同治皇帝从小就因为不顺从母亲没有得到西太后的喜欢。这也难怪，同治从小就喜欢慈安太后，可是，慈安和西太后有隔阂。这一点，同治皇帝心里也清楚。17 岁时，同治皇帝亲政了。他的性情比较刚毅，和咸丰皇帝、西太后很像。同治的皇后是贵族大家闺秀，岳丈崇绮本来就是皇帝的师傅。皇帝小时候刚刚掌控大权，不通晓世态的险恶，皇后也如此。不过，皇帝和皇后很快就发现了这些情况，清楚反抗西太后是徒劳的事。假如要博得西太后的喜欢，唯一的办法就是依从她。但是，最大的困难还在后边，皇帝不想告诉西太后国家大事，不让她阅览奏章，如此一来双方的矛盾越来越大。等同治皇帝去世后，如果立嗣的话，同治皇后就会成为皇太后，西太后的大权就会失去。西太后为了独揽大权，不惜破坏祖制家法，即便毁坏一切也在所不惜，于是，就立光绪为皇帝。

对于西太后的这种做法，当时舆论的反应尽管没有很大的反对声音，可有关同治皇帝没有皇子、同治皇后殉情事宜，舆论都倾向于西太后贪图大权所致。有私人的书籍上说，西太后故意放纵同治皇帝酒地花天，以此让其得病，接下来又对其漠不关心，最终致使同治皇帝病重难治。内务府有一个人叫桂庆（端方叔叔），感觉皇帝年轻好色，唯恐其难以长寿，所以恳请驱逐那些整日蛊惑皇帝玩乐的宦官，处死首恶警告其他人，还希望皇帝生活有度，珍惜自己的龙体，言辞非常中肯。可是，这些话传到西太后耳朵里后，西太后非常不喜欢，皇帝听到后也很讨厌，于是，桂庆被迫辞职离开了宫廷。

另外，诸如文喜、桂宝这些内务府官员，都是一如既往地迎合上面的意思，以此巩固自己的位置，非但不告诫，反而怂恿皇帝沉迷酒色。当时，北京内外都清楚皇帝常常和一些人到城南声色之地玩耍。皇宫的规矩被破坏了。皇帝常常去喝酒，整夜不归，到第二天召见军机大臣时，皇帝竟然还没有回来，有时候回来也是醉醺醺地说胡话，偶尔还有淫秽言辞。因为连续沉迷酒色，所以皇帝不久就得了重病，很快就去世了。同治十二年（1873），外面的人不断谣传说皇帝快死了。到第二年的十二月，皇帝得了天花，无法上朝，两宫皇太后就代替皇帝处理政事。到了月底，皇帝下诏，大意是：朕在这个月得了天花，承蒙两宫皇太后精心护理，悉心照料。并且，还委屈自己身体，替朕处理各个衙门的奏折，朕心里非常欣慰，谨遵两宫皇太后尊号，以此表示大恩大德。其他所有的典礼，有关衙门尽职尽责办理。

皇帝身体消耗得非常厉害，病情不断加重，在 1875 年 1 月 13 日晚 8 时驾崩。当时，两宫皇太后和王公大臣共 20 余人在皇帝身旁。有一位御史上奏折，弹劾内务府的两个官员，说他们曾经引诱皇帝沉迷酒色，让皇帝过早离世，希望能够罢免他们的职位。太后答应了，依然准备启用桂庆，以此嘉奖其忠心。不过，桂庆已经厌倦了政治生活，不愿出任任何官职。

## 感谢姨妈的选择

同治皇帝过早离世，没有皇子，有传闻是因为西太后太热衷于权力。不然的话，假如皇后能怀孕，或许能生下个皇子（同治皇后有身孕的说法很难确定）。如此一来，皇帝有了后人，那皇后就会成为皇太后，而西太后就要丧失大权。当时，皇族的嫡系里痛恨西太后的人相当多。同治皇帝驾崩后，大家提议让道光皇帝长子的长孙溥伦继位。这样的提议非常有说服力，主张这种论调的王公贵族都感觉这样做合理合法。但是，西太后已经决定要掌控大权，她即便冒天下之大不韪违背祖训家规也无所畏惧。西太后要为自己掌控大权铺平道路。

当初，因为处死安德海，导致西太后和慈安有了隔阂，对恭亲王也失去了信任。能够和西太后商议继位大事的人，只有醇亲王。醇亲王是道光皇帝的第七子，非常有才干，他的夫人是西太后的妹妹。如此，西太后决定让醇亲王的儿子继位。当时，醇亲王儿子还小，西太后可以继续掌控大权。还有，小皇帝生母是自己的亲妹妹，今后即便皇帝长大成人也会听自己的话。西太后不愿意让恭亲王的儿子继位，首要原因是恭亲王处死了安德海，这件事她一直铭记在心；另一个原因是恭亲王的儿子已经 17 岁了，如果他做了皇帝，不长的时间就会亲政，对自己掌权非常不利。西太后清楚，假如恭亲王儿子继位的话，按照祖宗法制，必须还政。假如要违背的话，众人就不会信服自己。之前跟自己有隔阂的一些人，肯定会借机反对自己，所以决定不能让恭亲王儿子继位。西太后非常迅速且不动声色地压制了反对的论调，挫败了主张立溥伦和恭亲王儿子的两派势力，随后又将李鸿章的淮军调过来驻防北京。所有这一切稳妥之后，西太后就在养心殿召集王公大臣商议立新皇帝事宜。

养心殿地处皇宫西部，距离同治皇帝过世之地只有 2 千米左右，当时参加这次重要会议的共有 25 人。其中，有坐在殿上的两宫皇太后，还有军机大臣和各位大员。另外，里面包括 5 位汉人官员和溥伦的父亲载淇以及恭亲王。皇宫里沿途站满了宦官，布置得非常严密，关键区域都加派了军队驻防，其中多半是荣禄和叶赫那拉氏的亲兵。西太后传令不许同治皇后参加这次会议。因此，他们在商议立新皇帝时，皇后只能守在同治皇帝的尸首旁边痛哭。同治皇帝身穿龙袍，已经做好了入殓的准备。

两位皇太后对面坐着，其他参加会议的大臣都在下面跪着。西太后首先说："皇后尽管有了身孕，但不知道何时才能将皇子生下来。皇位不可以长期空缺，应该商议立新皇帝的事宜。"恭亲王首先提出了反对的建议："皇后很快就会生产，因此应该秘不发丧。假如生下来的是皇子，理应让他继位；假如生下来的是公主，再商议立别的新皇帝也不迟。"恭亲王的提议得到了很多王公大臣的支持。西太后说："时下南方还尚未平定下来，假如朝廷上皇帝空缺，风险太大，唯恐国本动摇。"参加会议的三位汉族军机大臣都强烈支持西太后的提议，都说南方依然在发生战乱，假如皇位长时间空缺，国家的局势就会不稳定。此刻，慈安说："我感觉，恭亲王之子能够继位。"恭亲王一听马上叩头说："不敢当。"慈安又说："依照继位的程序，应该让溥伦作为同治皇帝继子。"溥伦的父亲载淇听到后马上叩头说："不敢当。"西太后跟载淇说："这些事其实都没有关系。不过，你是奕谌（道光皇帝的第九子）的继子，大家说之前有过这样的先例吗？"西太后看着恭亲王，要他说出答案。恭亲王迟疑了一会儿，说明朝英宗曾经这么做。西太后精通历史，她辩驳说："这个例子不恰当。明英宗曾经让蒙古军队俘虏，后来回国发现其弟弟已经做了皇帝。八年之后，明英宗发起政变抢回了皇位。"说到这里，西太后转身对慈安说："我认为，立醇亲王奕谖的儿子载湉比较合适。你们抓紧时间确定下，不要再推诿了。"慈安太后没有表示反对意见。大家经过一番商议，醇亲王支持溥伦继位，有三位大臣支持恭亲王之子继位，其他人有支持西太后的主张，让醇亲王儿子继位。慈安皇太后向来做事比较退让，这次也支持了西太后的主张。

当时，时间已经过了9点，夜里很冷，风也大，还有漫天的黄沙。然而，西太后没有放松，她马上派出一支军队来到城西醇亲王府邸，然后用一顶八抬的黄色轿子将小皇帝抬进了宫廷。这段时间，西太后担心恭亲王再生事端，就派他在同治皇帝尸体旁边留守，其实是对他的羁押。宫廷内外，荣禄都严加看管，这都是西太后一手操持，由此才在不动声色的状态下挫败了反对的派别。尽管有很多反对的人，但他们的才干和西太后相差很远。有人称西太后的胜利是命运太好的缘故，其实不然，西太后手段强硬，堪称“东方拿破仑”。时间还没到午夜，小皇帝就已经到皇宫中了，他不停啼哭，似乎已经预感到自己在宫中不好的命运。小皇帝生母是西太后的妹妹，也一起进了宫廷。另外还有几位奶妈。刚刚登基的小皇帝按照祖宗法制就要到同治皇帝尸首前跪拜。此时的小皇帝不过四岁，于是两宫皇太后继续垂帘听政，随后用两宫皇太后名义下了一道谕旨。大意是：因大行皇帝没有皇子，无奈只得用醇亲王之子载湉入继文宗皇帝，承袭大统。今后皇帝再生皇子，即可继承大统为大行皇帝……

对于同治皇后肚子里的孩子，再没人过问，自此大家都清楚皇后彻底绝望了，但她无能为力。接下来，王公贵族们依照之前的规矩一起上奏，恳求两宫皇太后继续垂帘听政。两宫皇太后下诏应允，理由是皇帝太小，国家艰难，无奈只得依从大臣的提议，继续垂帘听政，期望国家大事能顺利，言辞间都是外在形式之类的东西而已。

西太后随后下达诏书，修筑颐和园的工程暂停，说在国家大丧时期已经没有这样做的心情。实际情况是，西太后此时不可以离开宫廷。西太后之所以能随便破坏祖宗制度立醇亲王之子，原因是她平时的威信服众，处理事情得当，大多数人听从。

刚刚立的小皇帝身体瘦弱，众人都感觉即便是他长大之后也不会有皇子继承大统。有人劝过西太后，但西太后不以为然，其实就是西太后贪权造成的。一直到1908年，即光绪三十四年，皇帝和西太后驾崩之前，外界舆论时常说皇帝登基时没有好兆头，寿命不长，不如西太后长寿。皇帝亲政前，西太后肯定要长寿。假如再历经废立皇帝的大事，西太后完全可以继续掌控朝纲，不过，这样的情景后来没有出现。西太后后来确实撤掉了帘子，准备将大权交给光绪皇帝。可此时发生了戊戌政变，还有南方不断发生的革命让人害怕，没有这些事的话，说不定废立皇帝的事情还会重现。

用光绪作为年号，主要是因为新立的皇帝是道光皇帝嫡系子孙，并且期望咸丰、同治两朝的忧患能到此为止。此刻，西太后再次下诏，加封号给同治皇后，可这都是形式上的东西，难以阻挡皇后殉情的决心。最终，皇后在3月27日吞金自尽。皇后之死首先是因为殉节，可其中不乏是因为心中的怨恨。对于这件事，有人感觉是因为西太后的嘲讽导致了皇后自杀。不过，为西太后辩护的一方认为，当时皇位已经确立，大势已定，没有再这样抗争的必要。在事情最要紧的时候没有自杀，如今反而这么做了。皇后殉节的事件让外界人士大为关注，众人纷纷议论，假如没有这件事，当然不会这样。皇后殉节后，御史和各个省份都上了奏本，都指出醇亲王之子继位不合适。此事影响巨大，以至于影响了西太后在国家人民中的地位。四年之后，吴可读在蓟州同治皇帝陵前自杀，以此向不给同治皇帝立子嗣的做法提出抗议。西太后了解情况之后，也感到了压力，为此专门下了一道谕旨，解释了事件的前因后果，并表示，假如新继位的皇帝将来生了皇子，一定按照制度让他继位。

新继位皇帝的父亲醇亲王上奏本，请求免去自己的所有职务，并在朝堂上也向皇帝下跪。其实，作为皇帝之父，他没有在朝堂上下跪的道理。醇亲王在奏折里这样说，听到儿子被选继位的消息，心里非常震惊，不知道应该怎么办。回家之后，心里非常紧张，精神紊乱，加之最近犯了肝病，更加茫然若失，唯恐去日无多。西太后看了之后就和大臣们商量，后来答应醇亲王辞去各种职务的提议，另外准许他可以不参加朝贺等大型典礼。遇到国家大事，醇亲王应该咨询两宫皇太后；遇到皇太后生日，不用随着众人朝拜，只在偏殿行礼即可。醇亲王的爵位，可以世袭。醇亲王掌管的军队，转交给惇亲王。醇亲王将自己的经验和训令都告诉惇亲王。此时，大清军队已经非常腐败，军队里充斥着许多无赖恶棍，将领什么都不会，都是摆设。联想到西太后在同治登基时期第一次垂帘听政的情景，时下是她第二次垂帘听政了。

## 吴可读的遗书

同治皇后殉节自尽事件，让皇帝的继嗣问题和西太后破坏大清继承制度的行径一度成为朝野上下议论的焦点。有一位满族官员首先上疏说，朝廷关于继承的问题，应该按照制度向天下人公开。

从此以后，许多朝廷内外的官员都纷纷上奏本提及这件事，不过都极力回避继位的敏感问题。尽管一时议论纷纷，但时间都不长。因为当时大局已定，这些人都已经表示了服从，别人也都无话可说了。中国的事情历来如此，从来没有发生过官员们团结在一起和君王对抗的事情，大家都是各做各的，不互相商议，绝对不会众人一心做成什么事情。然而，在全国上下都平息下来的时候，有一个人站了出来，他勇敢忠诚且很执着，做出了令举国上下都震动的举动，一度感染了当时的人们，让历史永远铭记。此人语言修养水准很高，鲜有人能够超越。这个人是谁呢？他就是前面提到的御史吴可读。

诸如中国、日本等一些东亚国家，那里的人们性格都是这样，每当心里遇到不平静、感伤、愤怒及冲动也无法解决的问题时，往往会用死来证明自己的节操，进而得到社会的尊敬，让历史铭记，即便是专权的君王，也只得重视他们的想法。这种人常常能力挽狂澜，建立功勋。他们的过世，是他们忠心赤诚的表现，英勇就义，走得非常从容，根本不属于匹夫之勇，而是赤诚的热血，是君子仁士具备的道义。这类人对于正义的追求，对光明的向往，都会让人们惊叹。中华民族珍爱和平，崇尚关老爷（三国的关公）式的道义，无所畏惧。这种美德之所以产生，根源在儒教思想。当我们看到一些杀身成仁、誓死拥戴儒教的君子，很自然就会想起古罗马绅士的品德。吴可读，勇敢而正直，属于中国官员的楷模。在遗书里，他这样说："皇帝驾崩已经四年了，希望国家的士大夫们能够对国家大事表示点什么。两宫皇太后关心一下臣民的请求，下一道旨意，皇帝将来肯定会有后人，以此告慰同治皇帝的灵魂。我等这一天时间太长了，心里充满了绝望。为了表示对先帝的尊敬，所以在他的陵墓边自杀，期望用古代勇士尸谏的方式，来引起两宫皇太后的重视。"

1879 年在同治帝大葬之时，吴可读在其陵墓附近自尽。吴可读去世之后，西太后让光绪继位的错误似乎更加明显。吴可读留下的遗书非常有力量，西太后清楚这是民心所向，就立即表示同意吴可读的请求，为此下达一道谕旨，说明了将来为同治皇帝选子嗣的愿望。西太后也被吴可读的做法感动了，并且后来时常提起这件事，尤其是在庚子年西逃时不断提及此事。吴可读的话让西太后为之前做的事感到了悔意，并以此导致了庚子年的国难。笔者是外国人，但也很敬仰吴可读的精神，非常想仔细考察一下这个人，记载他一下。吴可读从容赴死的精神，确实是儒家学者的精神。他自杀的地方是一座小庙，叫作马伸（神）桥，旁边就是同治皇帝的陵墓。细看吴可读的遗嘱，去世后的一切都交代得很清楚，事事都很详细。他舍不得家眷和朋友，可去世时依然镇定而从容。下面摘录吴可读遗书以及他送给寺庙住持的信件，大意是：

> 周老道，你不要惊慌害怕。我并无害你之心，只是不得已借贵庙一方宝地，成全我清白之身。你要立即禀报州官，并将我随身折匣连同其中的奏折呈上。另外，请你给我买一口薄棺，二十两银子足够，然后用沥青刷里。我的衣冠都已备好，入棺前只需将我鞋底的皮掌割去即可。我身上的血迹是因为无意间割破手指所致，州官想必不会盘查。待查验过后即可封棺，外面涂上油漆，接缝处也要细心封好，等待太后懿旨发落。然后，请在大行皇帝陵墓附近置地一块，将我速速下葬。天下黄土，何处不可葬身，为何非要归于乡里呢？
>
> 我随身匣内有纹银四十五两，除棺木安葬费用之外，其余都赠与阁下。你一定要照顾好我的遗体，不要令其受损。待我儿前来，定会感激你代他办理我的后事。你不必担心官差会为难于你，切记不要擅动折匣内我写给太后的奏疏。
>
> 明日清晨你们会发现我的遗体，将我身体解下来，放置于阴凉处。恐怕你无意进来发现我悬梁，事先我已经服下鸦片，

断无生还之望。过去几日你总是干预我的私事，我死后你千万不要插手，否则悔之晚矣。你唯一要做的事就是速速禀报州官，不要让妇女小儿进来看我的遗体。对我来说，死是我的责任所在，没有奇怪之处。只要那些理解我的人洒几滴怜悯之泪足矣。吴可读至嘱。

## 慈安太后遭到谋杀

同治皇帝的葬礼过去后，其金棺椁也选择良辰吉日安放了，至于他将来子嗣的问题，也伴随着吴可读事件进行了解释和允诺。这样一来，国家局面渐渐平静下来，两宫皇太后依然按照之前的惯例垂帘听政。很快，光绪皇帝渐渐长大了，而且和慈安的关系非常好，当时的宫里人都感觉到了。究其原因，无外乎慈安太后性情温和，不似西太后那样冷面严肃，所以小皇帝才敬爱慈安太后。光绪小时候活泼好动，时常跑到东宫去玩耍，不和西太后接近，此举让西太后心情不爽，感觉小皇帝内心倾向慈安太后，心里难以承受，并且，此时有人在西太后耳边进谗言，说慈安太后暗地蛊惑小皇帝反对西太后。这样一来，两宫皇太后之间的隔阂不断加大。

西太后对小皇帝和慈安太后亲近感到恼火，还担心慈安如此一来会得到皇帝的喜欢，因此，西太后严密监视着小皇帝的一举一动。西太后非常清楚慈安的性情，了解她并非自己的对手，可真要联合皇帝的话，就会蛊惑皇帝跟自己作对，那么自己的处境就危险了。随着皇帝的渐渐长大，西太后的防备心理也不断加深。之前，乾隆皇帝曾经有个妃子非常奢侈，并且还喜好游玩，结果遭到了母后的冷落，到后来被赐死。西太后非常担心自己将来也遭遇这样的下场，所以才加强戒备。后来发生了一件事，导致两宫皇太后之间发生了很大的争执。光绪六年（1880），两宫皇太后去东陵祭祀，当时皇帝刚刚九岁。恭亲王认为，慈安皇后应该在西太后前面进入祭祀，慈安也是这样的想法，因此两人在咸丰皇帝的灵柩前开始了激烈的争吵。慈安认为，西太后在咸丰皇帝在世时只是一名嫔妃，到咸丰皇帝驾崩之后才升级成为了太后。既然身为嫔妃，那祭祀时理所当然排在自己后面。慈安还准备将左边更加尊贵的位置留给已经过世的咸丰皇后。咸丰皇后尽管去世在咸丰驾崩之前，可在名义上依然是咸丰皇帝的正牌皇后。西太后感觉此事肯定是恭亲王挑拨，所以坚决不退让。最终，祭祀依然按照西太后的想法进行。这次在祖宗陵墓前，当着众大臣的面发生争执，西太后感觉非常有失大体，并且也是对先人的诋毁和不尊重。此事非常明显是有预谋的，所以对慈安太后更加抵触。（到皇陵来祭祀的活动中，此类争执事件经常发生，这能够引起人们的注意。其实，后宫妇女长时间在宫内，倍受压抑，往往都会借此机会发泄。宣统元年即1909年时，同治、光绪的嫔妃和隆裕太后也是因西太后的安葬爆发了巨大争执，以至于不肯回宫，准备永远留在陵墓，最终在王公大臣的劝说下才回京。）

此时，作为步军统领的荣禄有保护銮驾的责任。回京之后，荣禄也因为一件事情让西太后生气了。西太后本来非常宠信荣禄，可这次并没有饶恕他。当初，咸丰皇帝驾崩在热河之后，西太后在挫败载垣集团、同治皇帝驾崩后新皇帝继位一系列事情上都得到了荣禄的协助，所以非常宠信荣禄，让他做内务总管，可以随便进入宫内。光绪六年（1880），荣禄与同治皇帝的一个嫔妃出现了暧昧事件，光绪皇帝的老师翁同龢将此事告诉了西太后。当时，宫内都在传说，西太后在这个嫔妃的屋内看到了荣禄，这个罪名非常大。荣禄因为这件事情被罢免了职务，此后的7年间总是赋闲在家。性情刚毅的西太后在这方面很公正，即便是自己的心腹，犯法也不会饶恕。可事情过后不久，西太后就蒙生了悔意，荣禄如此忠诚的奴仆，是没有人能够替代的。智勇双全的荣禄非常忠诚于西太后，西太后对他也非常依赖。如今失去了，尽管不习惯，可罪行非常大，根本不可以立即起用，不然就会在朝廷上有失尊严。并且，对于荣禄不能轻易放过的问题，主要原因就是要推翻自己当初的决定。可是，西太后总感觉此事有点蹊跷，猜疑是慈安在背后谋害荣禄。

1881年3月间，两宫皇太后又因为总管李莲英的骄横发生争执。慈安感觉，李莲英是西太后的心腹，眼里只有西太后，根本没把自己放在眼里，瞧不起自己，于是其他宦官也开始学习李莲英的做法。另一个原因是，李莲英权势很大，很多人称呼他"九千岁"，位置仅次于万岁爷。两宫皇太后为此发生激烈争论，几乎无法调解。有人猜疑因为西太后无法容忍这次的怒火，最终导致了慈安太后的死，还有传闻说慈安太后是中毒而死。在中国宫廷，产生这样吓人的传闻很正常，尽管无法让人信服，可也不是凭空捏造。值得肯定的是，但凡遭到西太后猜疑的人，或者威胁到她权力的人，都没有长寿。这不得不让人起疑心，不可能都属于巧合。不然，人们绝对不会相信这样的传闻。起初并没有有关慈安太后生病的消息，忽然间就过世了，确实非常奇怪。依照当时的朝廷谕旨，慈安太后过世时间是三月初三。大丧的期限，按照惯例从27个月减为27日。

## 别了，恭亲王

按照惯例，慈安临终前留下一份遗诏，其中对当时的政事只字未提，即使在弥留之际，她也一如既往把国家大事留给做事果断的西宫。慈安太后遗诏里有一处好像能够说明西太后没有干涉这道上谕，上面说自己向来崇尚节俭，看淡虚荣，办理后事不允许铺张，应该符合节俭的水准，等等，这种意思和西太后喜欢奢华的行径是相反的。谨小慎微的慈安太后生前和西太后不和睦，可势力不大。如今去世以后，西太后可以独揽大权，掌控国家。不过，西太后还有一个小小的障碍，此人就是当时任职于军机处的恭亲王。慈安太后过世之后，恭亲王无法安下心来。当初，安德海被处死，西太后非常怨恨恭亲王，不过，恭亲王当时权势很大。西太后妄图削弱恭亲王的名号，可当时难以寻找能替代恭亲王在军机处的位置的人选。恭亲王处理国事经验很丰富，外交方面也很强，不得不重用恭亲王。西太后没办法，只能一直容忍着。1884 年，西太后感觉自己能够专权了，可以不用恭亲王的协助，时值中法战争，就开始寻找机会罢免恭亲王以及军机处拥护恭亲王的官员。通过发布上谕，将马江作战失败的事件推到了恭亲王头上，但太后真正的意思，是觉得恭亲王心里有反抗的意愿。当时有几位御史上奏，批评太后奢侈的罪过，以及其他的过失，西太后猜疑是恭亲王指使人做的，就迁怒到恭亲王身上。

恭亲王无奈只得退出政坛，在家里赋闲。十年后，1894 年，光绪二十年，中国对日作战失败。聪慧的西太后想起用恭亲王，期望他能辅佐自己，但无法像同治初年那样信任他了。光绪二十四年(1898)，恭亲王在任上过世。恭亲王对国家做出了巨大贡献，尤其得到了外国人的信任。西太后尽管内心讨厌恭亲王，但在外表上依然对他非常尊敬。

恭亲王过世后，接替他职位的是礼亲王世铎。礼亲王作为八位亲王之首，是太祖皇帝小儿子的后人。张之洞的兄长张之万和礼亲王一同进军机处任职。另外，一起进入军机处的还有孙毓汶一些人。此人做高官已经很长时间了，到1894年12月，皇帝因为翁同龢的原因将孙毓汶罢免。当时，西太后已经不干涉政坛，正在颐和园看戏游玩，所以孙毓汶处境非常艰难。孙毓汶和皇帝老师翁同龢有仇，西太后用人从来如此，目的是让军机处大臣之间不和睦，自己进而掌控大权。

1884年3月14日西太后下达诏书，大意是：军机处如果遇到紧急的事情，要和醇亲王奕譞商议。等皇帝亲政之后，再另行下懿旨。

西太后的这道谕旨破坏了朝廷制度，让皇帝父亲成为行政首脑，必定和光绪元年（1875）允诺要为同治皇帝立嗣的说法完全背离。众人都担心醇亲王或许会劝儿子无视为同治立嗣一事，断其正统，而以醇亲王一支另立皇权。假如皇帝给自己父亲加封皇帝尊号，那同治皇帝正统位置就会彻底消失，这么做肯定会给今后的工作留下无尽的隐患，会引发很多的阴谋诡计。比如，英国历史上著名的红白玫瑰之战，约克家族和兰开斯特家族的争斗，都是如此。

这道诏书下达后，盛昱、锡钧、赵尔巽等人纷纷上奏折，请求西太后收回这份指令。

西太后看了那些奏本，很快下达谕旨：

钦奉慈禧端佑康颐昭豫庄诚皇太后懿旨：本日据左庶子盛昱、右庶子锡钧、御史赵尔巽等奏，醇亲王不宜参与军机事务各一折。并据盛昱奏称：嘉庆四年十月仁宗睿皇帝圣训，本朝自设立军机处以来，向无诸王在军机处行走等因，钦此。

> 对于先帝的圣明决策，朝廷诚然理应谨遵为佳。然而，自垂帘听政以来，国事繁多，本宫迫不得已数次请亲王辅政。诸位臣工应该清楚，本宫之所以有此举动皆因时局紧急，非我本意。本月十四日，下谕命醇亲王与军机处议政，本为商议国家紧急事件，而非寻常诸事。本宫从未打算给醇亲王任命正式职务，而对此他也再三推辞。正是由于醇亲王恳请，本宫才同意皇帝亲政之后重议此事，所以目前的安排只是权宜之计。国家政务繁忙，本宫日夜勤政，无奈一人之力怎可独当千面，其中原委诸臣怎知？军机诸臣处理政事，不准以醇亲王之故推卸职责。总之，惟望诸位臣工体恤主上圣意，不可妄加指责。盛昱等人所奏之事不准。

细看西太后发的这道上谕，再看看英国女王伊丽莎白批示大臣类似请求时的言辞，纯属巧合。天下真是无奇不有。

## 醇亲王的忠心

光绪十三年（1887），皇帝已经十七岁，到了亲政的岁数，这是祖宗定下的章法，不可以更改。所以，西太后任用的官员都深感不安，担心皇帝亲政后自己的位置难以保存。所以，当西太后下诏准备让皇帝亲政后，很多官员纷纷上奏请求西太后延长垂帘听政的期限。到了 1889 年 2 月，即光绪十五年，皇帝大婚后（迎娶了西太后弟弟桂良的女儿做皇后），垂帘听政才暂时告休。

西太后这年 55 岁，近 30 年以来一直掌控着中国的大权，是真实的皇帝。退下来是西太后本身不愿意的事情，可当时形势很不利，和外国交涉困难非常大。处于那个位置非常难过，而且不管是谁都一样。因此，西太后准备将重任放下来安度晚年，于是就开始修筑颐和园，以此作为今后隐居的处所，从一位日理万机之人向娱乐闲坐之人转变。如今，光绪皇帝已经成年，再不亲政，肯定会招惹大量的非议。有人感觉，此时的西太后尽管在外表上不理朝政，可并没有失去权力。她人在颐和园，精神却都放在了紫禁城。这种说法有一定的可信度。不过，总体上说，西太后退下来到颐和园的时间共10年。期间，西太后除了敛财之外，并没有参与朝政，可也不是一点也没有过问政事。她在颐和园修养，依然依靠自己的势力对皇帝进行监视，对自己任用的官员加以保护。诸如李莲英一类的人，依然在朝廷里保存着权势。

西太后选自己的侄女做皇后用意非常深远。之前，她为同治皇帝选智勇双全的阿鲁特做皇后，结果时常和她对着干，最终到皇后死了才算消停。因此，西太后这次有了经验，她给光绪皇帝选皇后，都是利用自己的心腹，以此监视皇帝的行径，随时报告。皇后果然正如西太后希望的那样，表面上似乎与世无争，但性格和西太后非常相似。皇帝和皇后发生不愉快是家常便饭，这一点大家都清楚，可每次发生争执，皇后都会占上风。如此一来，皇帝很宠爱珍妃和瑾妃。皇帝亲政时，叶赫那拉氏家族里几位有势力的贵族提出，此时应该巩固自己家族的位置，请求西太后给予皇帝的父亲醇亲王更高的名号，基本上就是皇帝的名号。西太后没有答应这样的要求，其实是照顾了醇亲王的想法。从这件事可以发现，中国的政坛时刻都在暗流涌动。

河道总督吴大澂此时也上了奏本，他首先将醇亲王治理海军的大功说了一遍，随后称赞醇亲王忠心平和的品行，还说醇亲王是皇帝父亲，理应得到尊崇，符合以孝道治理国家的意图。在这个奏折中，吴大澂还引用了孟子的名言“圣人人伦之至”，还举了历史上的例子。在宋朝的濮仪（宋仁宗没有后代，去世后以濮王赵允让的儿子赵曙继位，即宋英宗。继位之后，宰相韩琦等一些官员提议讨论新皇帝生父的名分问题，因此引发了一场朝野党派的论战，历史上称“濮仪”）、王珪、司马光等一些人与欧阳修的观点有明显差异，宋高宗赞成欧阳修的提议。明世宗提起追封自己父亲皇帝的名号的想法，朝廷大臣就开始发生争执，乾隆皇帝亲笔书写予以批驳，同意加赏称号。清高宗的言论成为后代的金科玉律。所以，奏本上引用了上面的言论来证明自己观点的正确性。奏本末尾有这么几句，大意是：本年（1889）二月初三，在皇太后归政时期，想请求下谕旨召集大臣开会，商议醇亲王名号礼节问题，详细情况已经写在奏本上，希望皇太后下诏，向天下人宣示，以此向天下表示皇帝孝敬情怀，不要让臣民失望……

奏折上如此内容，肯定是在其他人的授意下写出来的。西太后正好借助这个奏折表示了自己的心意，抓住机会赐予醇亲王名分和恩惠。

1875 年，醇亲王曾经上过奏折，他在奏折中猜疑有些无耻献媚和图谋不轨的人妄图借助西太后赏赐给自己的名分事件结党营私，还表达了自己的态度，表示不愿意接受这份名分，还奉劝西太后今后要防备一些无耻之人乘机献媚钻营，欺骗朝廷获取高官厚禄。这就是醇亲王原来奏折的意思。这些问题，现在尚不能说已经解决。后来，摄政王载沣参政之后被再次提及，结果不得而知。

西太后归政之后没多长时间，醇亲王得了重病，终于在光绪十六年（1890）过世。在前一年时，就有人上奏，期望西太后和皇帝亲自去探望病重的醇亲王，结果遭到西太后的痛斥。此类事件在西方也有，伊丽莎白也处理过同样事情。西太后尽管反对这样的做法，可依然时常到醇亲王府上去探望。醇亲王自始至终是西太后的心腹，待遇高于其他王爷很多。去世之后，西太后很痛心。醇亲王活着的时候时常做西太后的参谋，西太后为此非常思念其才干。醇亲王性情刚烈，曾经在中法作战期间的朝廷会议上说："即便是将天下拱手交给洋鬼子，也不愿意让汉人得到。"这种言辞被人们永远铭记在脑海中难以忘怀。这些话传到广东人耳朵里，人们都非常痛恨，排满思想更加强烈。醇亲王去世后，西太后下达诏书，赞扬醇亲王管理水军、陆军非常到位（醇亲王管理的水军和陆军水准，在三年之后得以"验证"，中日作战就是铁证）。在这份谕旨中，还非常详细地说明了醇亲王葬礼如何办理，还用西太后的名义赏赐醇亲王陀罗经被，并赐予"皇帝父亲"的称谓。隆重的葬礼成全皇帝的孝敬心理，还说明不要太奢侈，以免损害醇亲王一生崇尚节俭的品德。西太后的这些指令，正如她日常主政那样公正无私，既预防了过分的做法，还可以让皇族的人了解醇亲王并没有得到过分的荣耀。依照乾隆朝的先例，醇亲王的府邸被下令分成两处，一处供奉醇亲王的列祖列宗，一处是光绪皇帝出生之处。

## 比打仗更重要的事情是寿诞

光绪二十年（1894）是西太后的六十大寿，这是中国传统礼俗中最大的事情。西太后的权势非常稳固，国民非常拥戴她，因此，她准备在颐和园里花费大量的精力和时间去筹备这个非同一般的庆典。这年是整岁，所有典礼和装饰的隆重性都要超越往年。光绪皇帝下旨将颐和园装修一遍。从1889年开始，海军经费和另外一些费用都被挪用去装修颐和园，但颐和园至今还没有彻底完工。各个省份的大员都奉命来京，准备参加西太后的六十大寿。荣禄被再次起用，做步军统领。之前的三年，荣禄一直在西安做将军，是闲差。此时，荣禄来到京城，再次受到宠信。国内大员，都将自己俸禄的大部分捐给西太后做寿礼。典礼的一切都非常隆重，还准备在北京颐和园里修筑大牌楼作纪念。没想到的是，此刻爆发了中日战争，中国军队失败，西太后被迫下谕旨撤销庆贺，还用皇帝的名义下达了一道激动人心的上谕：

> 朕钦奉慈禧端佑康颐昭豫庄诚寿恭钦献崇熙皇太后懿旨：本年十月予六旬庆辰，率土胪欢，同深忭祝。届时皇帝率中外臣工，诣万寿山行庆贺礼，自大内至颐和园，沿途跸路所经，臣民报效点缀景物，建设经坛。予因康熙、乾隆年间，历届盛典崇隆，垂为成宪，又值民康物阜，海宇乂安，不能过为矫情，特允皇帝之请，在颐和园受贺。讵意自六月后，倭人肇衅，变乱藩封，寻复毁我舟船，不得已兴师致讨。刻下干戈未戢，征调频仍，两国生灵，均罹锋镝，每一思及，悯悼何穷？前因念士卒战阵之苦，特颁内帑三百万金，俾资腾饱。兹者庆辰将届，予亦何心侈耳目之观，受台莱之祝耶？所有庆辰典礼，著仍在宫中举行，其颐和园受贺事宜，即行停办，钦此。朕仰承懿旨，孺怀实有未安，惟再三吁请，未蒙慈允，敬维盛德所关，不敢不钦遵宣示。各该衙门即遵谕行。

中国被日本人打败之后，感觉受到了莫大的屈辱，于是，维新变法开始兴起，最终发展至戊戌政变。因为这次政变，又发生了庚子年间的义和团运动，前后因果衔接。假如没有甲午战败的屈辱，或许后边的事情不会发生；假如中国能忍让一点，或许能够避免甲午中日的开战。当然，这些都是猜测，无法确定。西太后非常聪明，不许皇帝讲话，更不让他担负责任。她清楚，这些年的海军军费被挪用到修筑颐和园了。当时，了解这件事的人不多，即便是国内的大员，大多数也蒙在鼓里。

当时，李鸿章是直隶总督，众人都把用中国军队维护在朝鲜的主权、主张作战的希望寄托在他身上。可是，根据当时的情况，李鸿章受制于舆论，直到关键时期才开始了作战的冒险。李鸿章清楚，作战将会导致惨痛的后果。有关这件事的所有文件，在光绪二十七年（1901）义和团运动中毁于天津督署和北京税务署，毁掉了各种文件，以至于让后人无法知晓这次作战的详情。日本人欺负了中国两次，中国被迫忍让，这一点李鸿章非常清楚。第一次在 1874 年，最终用赔款结束；第二次在 1885 年，最终以出让在朝鲜的主权而结束。两次的忍让，导致了这次被迫开战。李鸿章清楚将朝鲜的主权送给日本（当时，朝鲜只是中国附属国，并没有相关的真正利益），充其量只能和好一段时间，接下来满洲就会进入危险境地。所以，在光绪三十一年（1905），日本和俄国就将东三省的命运押在《朴次茅斯条约》上面，中国被迫听之任之。

日本侵占中国土地，在外交上属于突然挑衅，并没有道理可言。李鸿章清楚，日本为此已经准备了很多年，中国海军、陆军很难与之匹敌，可他的同僚们都如庚子年间那样，妄自尊大，蔑视日本。

当时，在朝鲜驻扎的袁世凯还在曾经给李鸿章的报告中说：日本胆敢挑衅，英国肯定会帮助我们国家，汉城的英国领事的态度可以作证。（1908 年，袁世凯曾经指派华特希惹来北京参与谋划。后来，日本军队进入汉城时，袁世凯在一支蓝衣兵的保护下逃脱。）

有很多历史学家认为，当时是李鸿章鼓励朝廷开战，其实不然。李鸿章只是主张派军队帮助朝鲜平定叛乱，并不愿意和日本开战，他心里清楚日本人早就有了和中国作战的准备。后来，有一名德国人给李鸿章做军事参谋，此人热衷于打仗，主张和日本开战，李鸿章受此感染，就改变了原来稳重的做法，加派“高升”号载一支水军到了朝鲜。此事是和朝廷商议后做的决定，也是开战前的热身。后来，“高升”号沉没了，陆军遭到惨败，李鸿章开始奋力推卸自己的责任。外界很多人批评李鸿章不自量力，轻易和日本作战。中国人说李鸿章是汉奸帮助日本，后来还批评他将满洲卖给俄国。李鸿章很有才干，这一点西太后非常清楚，但不相信他。甲午战争之后，李鸿章遭到御史的攻击，有时波及西太后，西太后开始极力袒护李鸿章。光绪二十一年（1895），有一位叫安维峻的御史上了奏本，就指出因为西太后和李鸿章的错误致使中国受到了屈辱。

这份奏折遭到皇帝的痛斥，可下达的谕旨一看便知是西太后的意思。西太后的心腹李莲英也遭到了人身攻击，西太后为此非常不高兴。西太后当时非常关心皇帝的行径，但凡有了奏折都会认真查看。

说实话，中国被日本人打败，西太后也感到非常屈辱。中国和日本的很多士大夫都认为，日本文化的根源在中国。因为担心日本军队入侵直隶，西太后被迫答应签署屈辱的条约。尽管条约的款项非常苛刻，可还是同意了。李鸿章跟朝廷说，俄国和西方列强肯定会出面干预，不会让日本侵占满洲的妄想得逞，西太后这才下决心和谈。李鸿章的处境相当艰难，这一点西太后很清楚。此次作战不可能属于一个人的责任，所以她不想让任何一个人感到委屈。不过，这次战争正好遇上自己六十大寿，这让西太后非常恼怒。她非常严厉地斥责皇帝竟然在没有得到自己允许的情况下擅自和日本开战，让国家蒙受巨大屈辱。为此，西太后和皇帝之间的隔阂越来越大，矛盾不断加深，由此发展成为 1898 年即光绪二十四年的宫廷政变，双方都妄图将对方置于死地。但凡了解宫廷内部事情的人，都清楚这件事。1894—1896 年，即光绪二十年到光绪二十二年，表面上尽管很难发现皇帝和西太后之间的矛盾，可实际上矛盾已经非常深了。那段时间，正遇上皇帝的生母即西太后的亲妹妹去世了，西太后和皇帝之间就少了一位能够调停的人，所以巨变由此开始酝酿产生。

# 第四章
# 光绪皇帝想变法

## 翁同龢就是天生搅局的人

光绪二十四年（1898）初，军机处官员包括恭亲王、礼亲王(其子迎娶了荣禄的女儿，和荣禄成了儿女亲家)、刚毅（此人是顽固派头领，是挑动义和团动乱的人物之一。此人的一句话一直让中国的青年人铭记在心：“开办学堂，不过能让汉人的智慧和见识增强，让我大清朝廷增加危险。只要发现能读书识字的人必须铲除，斩草除根，不可以放掉一个。”）、廖寿恒、翁同龢。这一年，西太后依然在颐和园居住，且有两个人相伴，一位是荣禄的夫人，另一位是继嗣的公主。据说，这段时间，西太后在颐和园内有时划船，有时看戏，有时写字画画解闷，日子过得非常清闲自如。不过，宫廷内部的一些事，到时候都会由刚毅、礼亲王二人向西太后汇报。西太后偶尔也去宫内居住一两天，而皇帝也会在每月抽出五六次机会去颐和园向西太后问安。表面上，皇帝和西太后的相处非常融洽，每逢遇到国家大事，皇帝一定会向西太后禀报，西太后下达谕旨。西太后的神色平和而喜悦，可有时候也会对皇帝发脾气，尤其是对待手下人非常不好。所有这些，都是李莲英让宦官给西太后说的，中间故意夸大事实，以便自己从中牟利。时间一长，皇帝也清楚了西太后的性情。西太后每次回宫的时候，皇帝肯定会在大门口跪着迎接，小心翼翼地按照礼数行事，丝毫不敢怠慢。假如皇帝要去颐和园请安，肯定会跪在门外等候西太后传令，绝对不敢直接走进西太后的卧室。所有这些，都是大总管李莲英一手操持，他时常让皇帝在西太后门外跪很长时间，有时甚至能达到半个小时才让进去，故意不给皇帝传令。皇帝每次去颐和园，也会像一些大臣一样必须给宦官们送银子贿赂。有一些狠毒的宦官根本不把皇帝放在眼里，对其态度还不如另外一些满族贵族大臣。在外面，皇帝的地位非常尊贵，可外人真不知道皇帝在宫中是这种情况。因此，了解内情的人都认为他并非天子。所以，光绪二十四年（1898）变革的时候，皇帝决心之果断让宫廷所有的人无不惊讶，众人这才知道皇帝的性情并不懦弱，他也有叶赫那拉氏的血统。

翁同龢是大臣里面皇帝最信任的人，也是皇帝的师傅。在中国和日本作战正激烈之时，皇帝罢免了军机处的其他人，翁同龢进入军机处。光绪二十年（1894）之时，身为皇帝师傅的翁同龢，因为在皇帝 5 岁时进入宫中而成为南方维新党在北京的领袖人物。翁同龢是江苏人，而江苏正是近代文学最兴盛的地方。翁同龢学问很深，属于当时的泰斗级别，他没有把浅薄而顽固的满族王公大臣放在眼里。同样，汉族官员里守旧迂腐的人，翁同龢同样瞧不起。当时的朝廷内部分为了两派，北派有两位领袖，徐桐和李鸿藻。徐桐学问很深，尽管是汉人，可思想和满族人非常接近，曾经做过同治皇帝的师傅。李鸿藻是直隶人，曾经和翁同龢一同进入军机处工作。南派的大臣中也有两位领袖，其中之一就有翁同龢，另一位叫潘祖荫，也是江苏人，二人学问相差无几。朝廷中的两派此长彼消，关系举足轻重，最终成为戊戌变法的主要诱因，也成为西太后重新执掌大权的主要因素。后来的义和团动乱，根源也在这里。

这四个人20年来在北京都身居高位，并且还时常在一起争论问题，成为北京城里官员们茶余饭后的谈资。不过，这四人名气很大，且廉洁奉公，后来的一些官员有许多都出自他们四人门下。相对来说，依附翁同龢和潘祖荫门下的人比较多，所以，徐桐和李鸿藻非常妒忌。光绪二十五年（1899）的殿试，李鸿藻是主考官，潘祖荫是副主考。潘祖荫想让江苏人得状元，遭到李鸿藻的拒绝。结果，李鸿藻将状元给了直隶的一个人。潘祖荫感觉这是李鸿藻心怀私心，所以更加嫉恨他。

俄国人在光绪六年（1880）占领伊犁，当时徐桐和翁同龢都是尚书，翁同龢力主对俄作战，徐桐也赞成。到了朝廷上决议之时，翁同龢就将主张同俄国作战的想法提了出来，感觉徐桐肯定会支持自己。令他没有想到的是，徐桐忽然改变了之前的主张，孤立了翁同龢，此举造成双方的矛盾更深，以至于后来发展成了仇敌。翁同龢和荣禄也有隔阂，原因是翁同龢曾经在光绪六年（1880）揭发过荣禄的私事，致使荣禄被罢免职务，所以遭到荣禄的记恨。荣禄是满族人，所以和北派的关系搞得很好。

朝内两派存在矛盾的时间已经很长了。1894 年，即光绪二十年，翁同龢与李鸿藻一起来到军机处工作，导致暗斗更加激烈，以至于扩大到宫廷里边。北派有西太后的袒护，而皇帝则对南派偏爱有加。当时，很多大臣都被冠以“本党”、“翁党”的称谓，后来则直观地改称“太后党”和“皇帝党”。其中，“太后党”也有一个别名叫“老母党”，“皇帝党”的别名叫“小孩班”。潘祖荫和李鸿藻在光绪二十三年（1897）先后得病去世。随着李鸿藻的离世，徐桐就将矛盾的焦点对准了光绪皇帝，还一度将皇帝称作汉奸。徐桐曾经是同治皇帝的老师，还在西太后面前有着非同一般的势力，皇帝对其恨之入骨，想将徐桐逐出军机处。在光绪十三年至光绪二十四年，即 1887—1898 年，皇帝只召见过徐桐一次。徐桐与刚毅关系不错，而刚毅则对汉人充满了敌意，并且不管是南方人还是北方人。宫廷里边矛盾重重，其实都是刚毅挑拨的原因。1897 年，刚毅请求皇帝下达谕旨，加紧对满洲军的训练。皇帝说：“我感觉你似乎认为满洲军队擅长作战。我告诉你，他们没有一点用途。”刚毅碰了一鼻子灰，找机会就将这些话转告给西太后，还给很多满族贵族都说了，言辞间还添油加醋，说皇帝是满族的仇敌，将很多重要职位都给了汉人。那些王公大臣听了，很快就对皇帝心生怨气。

朝廷内的矛盾不仅影响了内部工作，而且还让外交工作困难加大。西太后属下的宗亲贵族、满族大员们都力主和俄国结盟，皇帝、翁同龢以及南派一些人则主张和日本友好，认为日本国在明治维新之后国力不断增强，中国应该效法。作为主管外交事务的重臣，李鸿章此刻在朝廷中的影响已经今非昔比。从甲午中日作战之后，李鸿章的言辞在国民面前遇冷，而李鸿章则主张和俄国结盟。亲贵中领袖人物恭亲王见多识广，处事干练，即便是西太后有时候也不得不向他请教，满族贵族里只有恭亲王和汉人能够相处，还和南派关系很好，比较欣赏翁同龢的文采。已经在家里赋闲14年之久的恭亲王和中日甲午战争没有丝毫关联，后来才和翁同龢一同进入军机处。当时曾经发生了一件外人都无从知晓的事件，翁同龢因为对某些问题的看法而得罪了西太后，心中非常不踏实，就妄图通过领差去俄国祝贺其国王加冕而回避西太后。大约在1895年，即光绪二十一年，翁同龢在毓庆宫的相关职务被一道谕旨罢免，导致翁同龢失去了向皇帝秘密进言的机会，而这样一来，翁同龢的宿敌就可以随时进宫中伤他。甲午中日战争后，恭亲王主政军机处，可他于1898年在心肺上得了重病，皇帝陪同西太后亲自到恭亲王府邸探视三次，还传令御医前去医治，但最终没能挽回恭亲王的性命。恭亲王在四月初十病逝，西太后为此降谕旨：

> 谕，朕钦奉慈禧端佑康颐昭豫庄诚寿恭钦献崇熙皇太后懿旨：恭亲王奕䜣，谊笃亲贤，久襄密勿。溯自同治初元，予与孝贞显皇后垂帘听政，其时东南未靖，国事多艰，恭亲王翊赞谟猷，削平大难，论功行赏，特命以亲王世袭罔替。三十余年，恪恭奉职，殚竭忠忱。其间养疾家居，旋复起膺机要，朝夕从事，力任其难。二月之杪，旧疾举发，予率皇帝节次亲临探视。方冀安心调理，可即就痊。不意本月初十日，遽尔长逝。时事方殷，失此良弼。予怀震哀，曷可胜言！本日临邸奠醊，追维畴昔，眷念勋劳，恭亲王著赐谥曰“忠”，入祀贤良祠，守卫园寝，添设丁户，四时祭祀，官为经理。伊孙溥伟著即日承袭亲王，用示笃念宗亲，怆怀贤辅至意。

仔细阅读这份谕旨，从中可以发现，尽管西太后已经不再垂帘听政，可军政大权依然掌控在手中。光绪皇帝也下达了一道谕旨，充其量只不过是西太后谕旨的附庸。西太后后来还下达了一道谕旨，勉励群臣学习恭亲王对朝廷的忠诚。在谕旨的末尾有句重要的话，言说恭亲王的遗折中曾经劝告皇帝“凡事都要谨遵太后谕旨行事”，还说“应该整顿吏治、整练陆军”等。恭亲王的过世给朝廷造成了很大的影响，让宗室亲贵丧失了一位经验丰富的领导者，这里说的是皇族内部。就国事来说，很多满族贵族宗室们愚昧无知，不仅排斥汉人，还敌视西方，唯有恭亲王能够利用威信遏制他们。在道光皇帝的儿子里唯一健在的就是恭亲王，因此更加显示其地位的尊贵。恭亲王才干过人，为国家立下了汗马功劳。朝廷中能够反抗西太后指令的只有恭亲王，这一点其他王公大臣都难以做到。假如恭亲王健在，庚子年间的义和团运动肯定不会发生。皇帝事事都需要跟恭亲王商议决定，如今他去世了，这才贸然信服康有为的言辞，最终发生了戊戌变法。恭亲王并不顽固守旧，主要是康有为所提倡的政策一多半都是恭亲王难以接受的，所以他要排斥。翁同龢丧失了自己能够倚重的人。恭亲王在世时，的确非常实诚地袒护翁同龢。恭亲王过世不长时间，翁同龢就向皇帝举荐了康有为，还说康有为有超越自己十倍的才能，妄图让皇帝信任康有为，以此协助南派对抗满族亲贵大臣，对抗自己的宿敌刚毅、徐桐二人。可令他没有想到的是，康有为得到皇帝重用之后就谋划对抗西太后。实际上，翁同龢举荐康有为就是想巩固自己的地位、扩充自己的权势而已。

## 康有为的野心

翁同龢的奏本得到了皇帝的采纳，光绪皇帝就在这年农历四月二十八（即公历1898年6月16日）召见了康有为。翁同龢曾经给自己朋友廖寿丰说："此次召见的结果可以决定我本人的去留。假如康有为能够迎合皇帝的意愿，我就可以留任，否则我只能辞职。"还说："假如龙舟节依然例行赏赐，那就用不着担心，危险就消除了。"从中可以发现，翁同龢清楚自己已经得罪了西太后，唯恐自己也会面临张荫堂的处境。当时，张荫堂也曾因为政见不合而引起西太后不满，随后被罢免官职。康有为应召之后，光绪皇帝非常高兴。康有为就恳求皇帝保留张荫堂的职务，以至于到了后来变法实施过程中，张荫堂颇受光绪皇帝的器重。不过，西太后非常厌恶张荫堂，正在寻找铲除他的机会。翁同龢在当月请了几天病假，估计是他已经预料这几天会出现大变动，所以才请了假，回避几天。光绪皇帝在下达决心变法的谕旨之前，还特意来到颐和园向西太后做了禀告并进行了商议，还特别召见了荣禄。西太后给皇帝说："只要在不违背大清祖宗法纪、不损害满洲势力的情况下推行新政条款，我是不会干涉的。"另外还说："翁同龢必须铲除，不能再犹豫了。""此人最近不断蛊惑人们排斥满族人，恐怕要危及朝廷。"荣禄向光绪皇帝举荐了一位维新人物：湖南巡抚陈宝箴之子。这件事似乎很风趣，荣禄在开始并不是极力反对变法的人，后来是因为形势所迫，以至于到后来势不两立，即便是前边自己举荐的人，他也被迫当作仇敌。走到这一步，荣禄并非是忽然间改变政治立场，真实原因是当时维新派已经将他们逼到了危险境地，而他们的所作所为太超乎人们的预料了。

殿试将在第二天公布，正如皇帝所说，这是旧科考制度下的最后一次科考。初始考定的状元是一位江苏人，西太后却换成了一位贵州人，足见西太后对翁同龢的憎恶，以至于牵涉到了翁同龢的故乡。为此，皇帝又下达了一道谕旨，勉励皇族子弟出国留洋，鼓励亲王、贝勒出国游历，去考察外国的政治制度。满族王公看到这阵势都非常震动，感觉“这样等于破坏了中国的礼数，将满洲人的势力推到危险境地”。这道谕旨下达后的次日，翁同龢的假期就到了，他回朝和军机处同僚去接受太后召见，等他接过一份上谕来看，竟然是罢免他职务的谕旨。这是光绪皇帝亲政后西太后首次公然干涉朝政，意图袒护满族人，也想保全皇帝。谕旨内容是：

> 谕，协办大学士、户部尚书翁同龢，近来办事都未允洽，以致众情不服，屡经有人参奏。且每于召对时，咨询之事，任意可否，喜怒无常，词色渐露，实属狂妄任性，断难胜枢机之任。未应查明完办，予以重惩，姑念其在毓庆宫行走有年，不加严谴。翁同龢著即开缺回籍，以示保全，特谕。

从另外一道谕旨中能够明显看出皇帝在西太后权势之下。谕旨中称：“凡是二品以上官员，受任之初，要亲自到太后那里谢恩。”这道谕旨有些奇怪，大约从中日甲午战争之后，西太后除了万寿日和有特别重要的军机大事外从来不召见大臣。另外，那天还有一道谕旨，内容是提拔荣禄做直隶总督。皇帝在次日召见了荣禄和康有为，指令荣禄训练天津陆军，还特意说：“朕希望你能够忠心协助推广新政。”皇帝让荣禄退下后，随后召见了康有为，时间长达几个小时。如此召见，朝廷档案记录只有这一次。其实，皇帝后来还类似召见了康有为很多次。

康有为非常憎恶西太后，可心里也害怕西太后，所以就在皇帝面前极力诋毁她，说："西太后并非真正支持新政的推广，只不过是假装附和而已。"还说："西太后生活奢侈，不顾国家民生，只顾娱乐。南方民心生变的原因就在于此。"康有为还攻击西太后的隐私，将其和武则天相比肩。他还奉劝光绪皇帝将西太后打入冷宫："太后如果插手，将会是新政推行的最大障碍。"光绪皇帝被康有为的言辞所打动，因此将很多变法谕旨都让康有为起草。有人认为，康有为并非真正忠诚于皇帝，他就是妄图得到皇帝的信任，以此得到大权。假如真的铲除了西太后，柔弱的皇帝更加容易掌控，康有为就可以大权在握了。因此，康有为极力诋毁西太后和荣禄，并非全部出自忠心，而是他隐藏在背后的野心。康有为估计也清楚只要西太后一日控制朝廷，他的野心就难以实现，其地位也就更加难以巩固。

## 姨妈，对您不住

有关变法维新的谕旨从召见康有为之后频繁下达。中国旧的科举考试自宋朝中叶（按：中国科考制度起始于隋代）以来都是用经义选取名士，延续下来，只是在康熙时期曾经有过短暂的停顿，已经施行数百年之多。如今要废止，改用新体制的考试。但凡参加官员选取考试之人，都需要精通各国的政治、历史、法律等。有两名御史，一个名叫宋伯鲁，另一位叫杨深秀，他们上奏本弹劾礼部尚书许应骙阻扰新政的推行。许应骙是广东人，个性比较守旧。下面是二位御史参奏许应骙的折子，大意是：

微臣已经注意到，圣上图强自新，锐意改革，尤为注意促进教育及外交事务。礼部统管国家大小学校，总理衙门负责对外政策；而礼部尚书兼总理各国事务大臣许应骙却能力一般、学识平庸、为人自大、刚愎自用。皇上深知改革变通乃为国之道，为培养人才，特别开设了政治经济特科。但是，许应骙竟敢藐视皇上圣谕，公然声称这种考试毫无用处。按照他的意图，能通过考试的应试者越少，以后愿意来参加考试的人也就越少，而他也会越高兴。另外，许应骙还腹诽皇上颁布的维新诏谕。接见门生后辈时，他往往对西学大加贬斥，视所有通达时务之士为敌。皇上担心国内思想进步的人才越来越少，而许应骙则竭力压制这为数不多之人。

总理衙门主管外交事务，有时一言一字不慎就会引发战争。如此重要的部门，掌管之人应该熟知洋务，洞悉敌情，否则绝难胜任。许应骙对于中国学问尚且不精，况且还鄙视西学，这样狂妄自负之人有何德何能维护国家利益和尊严？微臣以为，国有此臣，必然招祸。此人妨碍维新大举，对皇上旨意阳奉阴违，应免去其总理各国事务大臣及礼部尚书之职，对守旧之臣以儆效尤。如若圣上将其官阶降至四品，朝廷才不致被洋人讥讽，维新大计才可顺利进行。

许应骙也做了回奏的折子，内容涉及康有为许多方面的不好，许应骙在折子中这样写道：

宋伯鲁、杨深秀两位御史提到微臣视通达之士为敌，显然是指康有为。臣与康有为乃同乡，早年便知此人品行不佳。参加乡试返家之后，他屡次遭到乡里诉讼，臭名远扬。及至入京，康有为结交御史，与某些高官为谋，利用所谓的西学，希图谋

> 得肥缺。此人曾三次前往臣处求见，但微臣知其为人，一概谢绝。后来，康有为在广东会馆私自立会，聚集二百余人。微臣担心他们寻衅滋事，便令其解散。因此，康有为对臣心怀不满。后来，皇上召见他，他便对同乡夸耀自己必将飞黄腾达。然而，最终只被任命为总理衙门章京，他便满腹牢骚。因为微臣掌管总理衙门，康有为便四处传播谣言，中伤微臣，并怂恿御史上奏弹劾微臣，图谋取代臣的位置。这是他一贯的卑鄙伎俩。大学士李鸿藻曾经说过，当今之人多借西学自夸，实则多为不学无术之辈，他们不过是哗众取宠，以达到某些不可告人的目的。康有为想法怪异，抄袭西方报纸文章为己所用，轻视朝中典章。其建议完全不切实际，不知居心何在？如若不将此人罢黜，发回原籍，深恐他久居总理衙门，探得机要，漏言生事。康有为如果继续留在京城，必与同党勾结，惹是生非，这些人惟一的目的便是挑起党派纷争，惟恐天下不乱。康有为祸国殃民，此事非比一般。臣嫉恶如仇，诚如御史所言，的确以之为敌。

皇帝看了之后非常不高兴，可又感觉不能立即将许应骙罢免。估计许应骙是西太后任命的，皇帝不敢因此惹怒西太后。西太后拿了这两份奏折细看，看到许应骙说康有为一方势力膨胀、恐有不测的言辞，非常感动。后来，西太后尽管没有在表面上阻挠新政的推行，但对康有为有了猜忌，担心他在背后蛊惑皇帝跟自己作对。西太后依然不动声色，只是搜寻机会，并且估计到皇帝下一步会罢免许应骙的官职，这些话都出自西太后之口。荣禄上任后，王文韶移交权力后就返回了京城，西太后还特别召见了王文韶一次。针对许应骙奏折中说应该谨慎推行新政的观点，王文韶非常赞成。皇帝下达谕旨，准许许应骙留任，只是警告许应骙应该在礼部和总理衙门恪尽职守、做事谨慎。许应骙心里清楚自己的留任是因为西太后的袒护，所以后来更加反对新政的推行。还有一个名字叫怀塔布的满族礼部官员，也对许应骙充满了同情。这样一来，阻挠新政推行的力量逐渐增大。怀塔布本是西太后的表亲，此举让顽固势力再增添一股力量。

## 繁忙的诏书

皇帝再次下达谕旨，下令整顿驻防在京师的满族军队，此前军队的腐败状况在一定程度上得到了整治。皇帝还下令各个省份广开学堂，学习新学。其间，有一个名字叫文悌的御史，他上了奏本弹劾同僚宋伯鲁、杨深秀二人，言说他们因为和许应骙有隔阂，就上奏欺骗皇帝，引发皇帝和西太后之间的矛盾。这个奏本引得皇帝大动肝火，马上罢免了文悌的官职，还斥责他胡说八道，挑拨是非。文悌就恳求怀塔布去颐和园向西太后求情，西太后没有应允，估计是不想因为这点小事让皇帝为难。西太后就这样平静地观察着维新派的行动，目的想让他们放火自焚，自取灭亡。西太后任命自己的心腹裕禄进入了军机处，这样一来可以利用裕禄掌握国家政治局势的内部情况，裕禄上任后就联合刚毅开始极力反对维新。裕禄在1900年被任命为直隶总督，他协助刚毅剿灭入侵的洋人。当时的军机处的顽固分子有三个人：刚毅、王文韶、裕禄，这股势力极大地阻扰了新政的推行。不过，这股顽固势力想违抗皇帝的旨意，必须还要争取西太后的协助，和荣禄结盟。

就在此时，一名侍御史在奏折中写错了一个字，结果被皇帝责备了一顿（皇帝开始非常重视此类事件，为此很多新官员都很小心）。皇帝在几天之后又下达一道谕旨，废除殿试中大卷、白折（指旧时科举中用的书体，其体式与馆阁体相同）的体制，即以后殿试、朝考中不再考书法写字一科，这非常明显出自康有为的建议。六月初八，皇帝谕旨再次下达，传令全国统一设立官报局，康有为被任命为上海总局的总办。此类官报都由地方政府设立，其用意是让国民及时了解国内国外政治形势，开启老百姓的智慧。所有开办的经费和日常支出均由政府拨款。每出版一期，都需要向上交付皇帝审阅，军国大事都能够自由评判，不用顾忌。康有为在朝廷的命令下开始草拟官报开办的章程。六月二十三日，皇帝再次下达一道谕旨，命令“所有官吏必须实心办理新政，不能像之前那样墨守成规，敷衍塞责”，谕旨还强调：“总的来说，中国当前面临的问题在萎靡不振，头脑麻痹，积习太深，因此所有官员都需要努力振奋精神。陈宝箴担任湖南巡抚以后，一心整顿，结果有很多官员对其乱加指责，肆意刁难。如此，即便是士绅也会随声附和，此乃不顾大局的做法，蓄意阻扰新政的推行，必须严惩，绝不宽恕。”谕旨上还说：“当前正是危急之时，必须将之前的错误当作教训，今后做事要谨慎，不要再犯类似错误，如此才可以踏踏实实落实穷则变、变则通、通则久的真正意义。开办的所有事情，都是必须办理。朕反复清楚地重申此旨意，尔等做臣民的所有人也应该好好反省一下，努力去掉自身被蒙蔽、被遮掩的一些问题，上下同心，一心为国。如此一来，国家的安定，国力的增强，就有了希望。”

光绪皇帝还下谕旨，下令开设水师学堂，准备为将来重振海军打基础。另外，在北京设立铁路局、矿务局，准备筹办全国各地的路矿。还增设译书局，出版国外政经科学著作。另外，皇帝的另一道谕旨尤其让京城的人们吃惊，即“核准荣禄的奏折请求，朕要在九月初五这天，乘坐火车陪同太后赴天津城检阅军队”。荣禄尽管对推行新政充满怨言，可在整顿陆军方面表现得非常积极。京城里的那些守旧派人士，听到西太后和皇帝要冒险乘坐火车去天津，而且还要放下帝王皇家的尊贵身份，都非常吃惊。值得肯定的是，西太后非常高兴，言谈之余说自己从未坐过火车，第一次坐，肯定非常有趣。皇帝还有一道谕旨说，“撤销所有多余、不够恪尽职守的官员”。其实，官员们吃着国家的俸禄却没有实心实意为国家做事，这样的弊端已经延续了很长时间了，有许许多多的人就是依靠这样的机会来谋取锦衣玉食的。如今要被撤销，很多人愤怒万分，感觉这么做“极大地违背了祖宗的章法”，他们都非常迫切地恳求西太后能保全职务，让皇帝收回这样的命令。可是，两天以后，皇帝的又一道谕旨更加让人们吃惊：礼部尚书许应骙、西太后的亲信怀塔布一同被罢免了职务，原因是因为他们扣压了礼部翰林王照的一份上疏。

王照上的奏本内容是恳请皇帝陪同西太后出国游历。首先应该去日本，然后依次去往欧美的一些国家，所有这些让守旧派听起来都倍感吃惊、不知所措。推行新政的诏书迅速而有力，让一些顽固的大臣被迫联合起来到颐和园求救于西太后，恳请西太后重新掌控朝政。西太后叮嘱他们要忍耐一段时间，不要心急。从这些话里可以感受到，维新派的危机快来了，只是还没有启动。

本来就清楚自己前途难料、困难重重的康有为发现西太后居然没有任何举动，就误认为西太后此刻心态难定，可以乘此机会加紧推行变法新政。于是，康有为就奉劝皇帝说：“西太后答应推行新政，并非出自本意，其实是在暗地里反对变法维新。中国要想自立自强，西太后就是最大的阻碍，是西太后导致了今天的政治腐败。国家每天都必须要拿出巨大的费用让西太后享乐的原因是什么呢?”他劝解光绪皇帝“不要心存疑虑，应该大胆果断，首先调兵包围颐和园，然后将西太后拘押到紫禁城，最后将其囚禁在西苑的小岛上面，让西太后在那里度过余生。接下来，皇帝要再下一道谕旨，罗列西太后的罪状，并强调今后永远不许西太后掌控国家大权”。上面的这些话，是康有为在皇宫的一个密室里向皇帝面奏的，但还是被一名宦官偷听到了，这名宦官随后就向西太后做了汇报。这个宦官是李莲英的属下，职责是专门监听皇帝的谈话。当时，有人曾经提出了探监密探的事，并且还列举了很多可信的证据。分不清形势的光绪皇帝听信了康有为的言辞，不过暂时还不想发起政变，准备到天津检阅军队之后再办理这件事。皇帝心里清楚，要想发起政变，一个最大的前提就是军队必须要听从自己的命令，而时下直隶的新军都在荣禄手中掌握。荣禄是西太后的心腹，只要他手中一天有兵权，康有为的政变计划就一天不能执行。西太后做事向来相当机警沉稳，其权势也根深蒂固，如今皇帝想拉拢几个新上任的官员和西太后对抗，结果可想而知。西太后暗暗开始了布置，表面异常平静，皇帝就感觉西太后此时尚未拿定主意，正是自己大显身手的好机会。其实，皇帝的处境已经非常危险了。当时，推行新政维新变法的诏书非常多：首先下令北京城要修建新马路，其次要整顿国防，接下来还下令八旗子弟如果愿意出京城，随意。七月二十七日，皇帝再次下达谕旨，即为推行新政维新变法的最后一道谕旨：

国家振兴庶政，兼采西法。牧民之政，中外所同，而西人考究较勤，故可补我所未及。今士大夫囿于成见者，谓彼中全无条教，不知西国政令教学，千端万绪，主于为民开其智慧，延人寿命，凡生人应得之利益，务令推广无遗。朕夙夜孜孜，改图新法，岂为崇尚新奇，乃眷怀赤子，皆上天之所畀，祖宗之所遗，非悉令其康乐和亲。朕躬未为尽职，另以各国交迫，尤非取人之所长，不能全我之所有。朕用心之苦，而黎庶犹有未知，咎在不肖官吏与守旧大夫，不能广宣朕意，乃至胥动浮言，使小民遥惑惊恐。山陬海澨之民，有不获闻新政者，朕实为饮恨。今将改行新法之意，布告天下，使百姓咸喻朕意，共知其法之可恃，上下同心，以成新政，以强中国，朕不胜厚望。著查照四月二十三日以后，所有关于新政之谕旨，各省督抚均迅速照录，刊刻誊黄，切实开导。著各省州县教官详切宣讲，务令家喻户晓。各省藩臬道府，饬令上疏言事，毋得隐默顾忌。其州县官应由督抚代递者，即由督抚将原封呈递，不得稍有阻格。总期民隐尽得上达，督抚无从营私作弊为要。此次谕旨，并著悬挂各省督抚衙门大堂，俾众共观，庶无壅隔。

读其诏书内容，看到后来的变故，不仅使人感慨万千。自此之后，西太后就再次掌控了大权和朝政，短暂的皇帝执政期就成为了历史。

## 袁世凯的背叛

光绪二十四年（1898）八月，即农历七月末，西太后已经秘密联合了守旧顽固势力，只不过谋划了方案，并没有发动对维新派的行动，也是准备等到了九月初，皇帝陪同西太后天津阅兵之后再动手。如此的宫廷内幕鲜为人知，估计西太后想到天津和荣禄密谋之后再开始行动，重新掌控天下大权。当时，南方很多省份都不满西太后的做法，西太后想先稳住这些人。在准备还没有完毕之前，西太后肯定不会冒然采取行动。光绪皇帝于八月初一在颐和园召见了袁世凯，谈话时间很长，言辞间都涉及国家的腐败和必须推行新政的内容。当时，袁世凯是直隶按察使，他得益于李鸿章的赏识，升迁速度非常快。对袁世凯不利的是，他是朝廷派往中国附属国朝鲜的常驻军统领。当时，日本干涉朝鲜的东学党政变，袁世凯就向李鸿章奏请增加朝鲜的驻军兵力。结果，日本以此为理由发起了甲午中日战争，袁世凯因此惹了一身的祸。皇帝发现袁世凯对新政的推行很支持，就对他充满了信任，感觉自己又要添加一位干将了。当时，皇帝发动政变已经骑虎难下，即便困难再大也难以停下。不久前康有为还建议皇帝凡事要自己决定，西太后为此还斥责皇帝，不要轻信康有为之言，说不应该袒护康有为。皇帝心里清楚，荣禄肯定会尽力向西太后效忠的。假如西太后此时宣布要重新执掌国家政权，那北京的所有满族大员肯定都会听从，即便是汉族大员也无人敢违抗。皇帝感觉能支持自己的只有两个人：广东人张荫桓，贵州人李端棻。要铲除反对势力，想把北洋新军掌控在手里，必须铲除荣禄。走这一步，万万不可以让西太后知晓。因此，康有为和侍御史杨深秀，军机处章京谭嗣同、林旭、杨锐、刘光第等人秘密帮助皇帝制订的计划是在天津都督府杀死荣禄，然后调遣一万新军昼夜进军北京城，将西太后围困于颐和园，拘押刚毅、裕禄、怀塔布、许应骙等反对者至刑部大牢。为此，皇帝召见袁世凯时特意问了一句："假如派你去统领军队，你能对朕忠诚吗？"袁世凯答："微臣一定会向皇上效忠，以此报答皇上的知遇之恩。只要微臣有三寸气在，一定时刻铭记报答皇上的大恩。"袁世凯的诚恳态度溢于言表，此举让皇帝感觉很宽慰，就特意下了一道谕旨：

> 现在练兵紧要，直隶按察使袁世凯，办事勤奋，校练认真，著开缺以侍郎候补，责成专办练兵事务，所有应办事宜，著随时具奏。当时时局艰难，修明武备，实为第一要务。袁世凯惟当勉益加勉，切实讲求训练，俾成劲旅，用副朝廷正饬戎行之至意。

皇帝此次召见袁世凯时，并没有命令他去铲除荣禄。袁世凯从仁寿殿退下来之后，西太后随后就召见了他，然后细心查问皇帝召见他的情景，随后叮嘱袁世凯："你的分内之事就是整顿陆军，皇帝给你的谕旨还能说得过去，可皇帝如此下达谕旨，肯定是有些匆忙，哀家估计皇帝肯定有其他的用意。你等皇帝下一次召见之后，再来向哀家请示。"接下来，西太后派人将皇帝请过去，言说康有为在外边诋毁太后，非常放肆，对太后极不恭敬，要求皇帝缉拿康有为归案。当时，西太后已经感觉到康有为妄图消除自己的权势了，只不过没有给皇帝讲明。不过，处死荣禄，然后派军队包围颐和园的方案，当时太后还毫不知晓。西太后一如既往斥责皇帝，说他最近一段时间对自己的态度变得不恭敬，如此是违背孝道。皇帝被迫给西太后允诺，一定缉拿康有为归案。当天下午。西太后依然在昆明湖游玩。皇帝亲自草拟了一道谕旨，然后派心腹送出宫去。从谕旨的内容上看，皇帝的手笔还很幼稚：

> 谕，工部主事康有为，前命其督办官报局，此时闻尚未出京，实堪诧异。朕深念时艰，思得通达时务之人，与商治法。康有为素日讲求，是以召见一次（按：其实皇帝曾多次召见他），令其督办官报，诚以报馆为开民智之本，职任不为不重，现筹有的款，著康有为迅速前往上海，毋得迁延断望。

接到皇帝的密旨，康有为清楚事情已经非常紧迫了，所以第二天早起就乘坐第一班火车出了京城。到了塘沽，随后搭乘轮船赶赴上海（根据1899年第一号蓝皮书第410号函件记载，康有为后来在英国的庇护下逃出国门）。得到康有为出逃消息的西太后万分恼怒，马上致电荣禄捉拿康有为。但是，接到电报的荣禄并没有采取任何行动，其中原因让人难以理解（康有为尚未到达天津时，西太后的电报已经到达天津）。估计，当时的荣禄还不知道康有为准备设计谋处死他，要不也不会任凭他出逃吧。康有为对荣禄极其憎恶，将荣禄和西太后摆到一样憎恨的位置。说实话，当初荣禄也曾极力向皇帝举荐康有为，到了临终前，荣禄还时常说自己是“康党”，事情显得很有趣。西太后了解之后，还时常谈笑间戏问荣禄：“从你的好朋友那边得到了什么？那位奸臣没良心，他最终背叛了你。”

八月初二的早晨，皇帝召见维新党人士林旭，另外还召见了袁世凯。在皇帝面前，袁世凯努力表示自己对皇帝的忠心。结束召见之后，皇帝回宫，妄图在紫禁城实施蓄谋已久的计划，不准备在颐和园进行。究其原因，或许皇帝感觉颐和园里的宦官都是西太后心腹。此时的皇帝还踌躇满志，依然期待自己的计划能够变成现实。这一点，从皇帝次日的谕旨可以看出来：一道是下令新开办的学堂都要用外语给学生教学，还有一道是严饬地方官员，尤其是县令，必须廉洁奉公。

袁世凯在初五早晨向皇帝请命前往天津。在乾清宫，皇帝秘密召见了袁世凯，事先做了周密布置，严防此次召见的消息外泄。古老的大殿陈旧而昏暗，早晨的太阳光透射进来的很少，皇帝最后一次端坐在不久之后将要被西太后重新霸占的金龙宝座上面，向袁世凯诉说了自己定的秘密方案，下令袁世凯到天津去，要在都督府将荣禄处死，然后带兵昼夜返回北京城，包围颐和园并拘押西太后。皇帝交给袁世凯一支令箭，以此作为执行皇帝军令的依据。随后，皇帝又交给袁世凯一道谕旨，表明袁世凯办理钦差事务结束之后，即可升任直隶总督，让袁世凯来京城面见皇帝。袁世凯叩头谢恩，退朝之后没有向任何人泄露这次召见事宜，随后乘坐火车去了天津。此刻，西太后从颐和园转移到了西苑，早起八点还来到宫里祭祀蚕神，皇帝到瀛秀门前去迎接。

袁世凯中午抵达天津后，径直前往总督衙门。见到荣禄后，说："皇上此次派我来杀你，但我却不愿谋害兄长，背叛太后。"闻听此言，荣禄说要立即回京，星夜求见太后。荣禄当即乘坐专车回了北京。荣禄在下午 5 点到达北京之后，随即就进入西苑，直接走进西太后的宫里。按照惯例，外省官员进北京城，假如不是奉皇帝或者西太后的谕旨召见是绝对不可以进宫的，而且宫廷门卫制度谨严，外人绝对不能随意进出。荣禄此刻顾不上禁令，根本不用禀告，径直就来到了西太后面前，然后就跪了下来说："救命啊，老佛爷！"西太后就说："你在紫禁城里有什么大事需要我去救命呢？这里没危险，宫廷里也不是你避难的场所。"接下来，荣禄就把皇帝秘密政变的方案详细地向西太后做了汇报。西太后听完，果断刚毅的性格马上就显露出来了，她马上开始采取行动，如此就是西太后能够在所有大变故中胜出的原因。西太后给荣禄下令，马上传唤自己亲信、守旧党大员们，即刻到西苑面见她。此刻，皇帝还在宫廷内。军机大臣、满族王公贵族有不少人去了西苑（庆亲王请假没有到西苑，此人遇到危机大事都会这么做）。各部尚书里边被皇帝罢免官职的只有两人：许应骙和怀塔布，二人此刻都跪在西太后面前，恳求西太后出面掌控朝廷大权，挽救大清王朝的危局，不要让清王朝发生异变。这些人很快商定，由荣禄的军队代替紫禁城的侍卫，命令荣禄即刻回到天津去等候西太后的诏书。到了半夜，西苑的会议才结束。第二天早上五点半，皇帝像往常一样来到中和殿，开始审阅礼部上报的祭文，估计是为秋季社稷坛祭祀做的方案。皇帝刚刚走出大殿，就有侍卫走过来跟他说，奉了西太后的命令，请皇帝去一个地方。就这样，皇帝就被引进西苑湖里的一个小岛——瀛台。接下来，皇帝被告知说，西太后很快就过来。此刻，西太后却以皇帝的名义下达了一道谕旨：

> 现在国事艰难，庶务待理。朕勤劳宵旰，日综万机，兢业之余，时虞丛脞。恭溯同治年间以来，慈禧端佑康颐昭豫庄诚寿恭钦献崇熙皇太后两次垂帘听政，办理朝政，宏济时艰，无不尽美尽善。因念宗社为重，两三吁恳慈恩训政，仰蒙俯如所请，此乃天下臣民之福。由今日始，在便殿办事。本月初八日，朕率王大臣在勤政殿行礼，一切应行礼仪，著各该衙门敬谨豫备。

西太后接下来又下了一道谕旨，“革去侍御史宋伯鲁的职位”，说“他的声名很恶劣，还引荐了奸党康有为、梁启超他们”。宋伯鲁之所以如此招西太后厌恶，原因是他最近上了一份奏折，内容弹劾西太后品行不良。不过，宋伯鲁并没有参加康有为等人的政变密谋，因此，西太后并没有对其痛下杀手。西太后在李莲英的陪同下来到瀛台，下令李莲英用自己的属下顶替了皇帝原来的宦官。皇帝之前的身边宦官，一部分被处死，另一部分被充军发配。有一个人曾经在西太后弟弟桂祥那边了解了部分当时的情况，他是这样叙述的：

西太后非常严厉地斥责皇帝说：“我早就决定要赦免你，暂时还替你保留着皇位，不过，今后将要对你严密监视。”有人开始严密监视皇帝言行举止，并随时向西太后汇报。西太后还说：“皇帝要维新变法，本来我是答应了的。可是，没想到的是，皇帝竟然这样愚昧糊涂，胆子也太大了，所造成现在的局面。”西太后责问皇帝：“你怎么会忘记我对你的恩情呢？从你五岁开始就把你接进宫来，还让你当皇帝，把你养大成人，然后还把国家大权交到你手里，这都是我对你的大恩。”西太后还对皇帝说：“你自己命苦却不愿意接受，被人教唆得像木偶。认不清形势，亲贵大臣竟然没有人愿意支持你，都请求我来执政。汉人大臣里边尽管有人支持你，可他们都是奸臣，我肯定会处理他们的。”珍妃（所有嫔妃里边唯一受到皇帝宠爱的人）跪在皇帝面前，恳求西太后饶恕皇帝的罪行，不要再斥责皇帝，并且还说“皇帝身为全国人民的君王，即便是太后也不可以随随便便废黜”。西太后听到这话非常恼火，下令“把珍妃囚禁到宫里的一个房间内”，到了1900年，即光绪二十六年义和团运动的时候，西太后找机会处死了珍妃，平息了自己多年对珍妃的怨气（八国联军侵入北京，西太后和朝廷准备出逃，西太后让人把珍妃推到井内）。西太后还下令她的侄女皇后留在皇帝身边，以此监视他的言谈举止，并随时向西太后汇报。皇帝除了皇后、宦官、侍从外，不能够召见任何人。但当着皇后的面，皇帝可以召见人。因此，皇帝毕生的事业，连同他谋划的变法政策，都变成了泡影。皇帝在瀛台被幽禁23个月之后，最后给自己弟弟的遗言不过是“要记住我一生的冤屈和苦闷，为我复仇”罢了。对于荣禄，皇帝反倒饶恕了他，评价他说“他向太后尽忠是应该的，这是他的职责所在。我既然想处死他，他自认不会对我忠诚”。西太后既然如此残酷地对待皇帝，可皇帝也并不怎么怨恨他。皇帝说：“我既然想谋杀太后，太后肯定要对我恼怒。”而袁世凯却不一样，他当时曾经信誓旦旦地保证要效忠皇上，但最后却背信弃义，卖主求荣。后来，袁世凯任直隶总督，皇帝被迫召见他，却不愿与之说话。这就是戊戌政变后来的情况。

# 第五章
# 再次执政，依然独断

## 老太太复出，非同寻常

光绪皇帝以国事为重，一心想变法，迫切希望将国家治理好。但戊戌政变之后，皇帝只剩下了一个空名声，所有的维新条款都被取消了，改革变法彻底失败了。当初，西太后感觉皇帝已经长大成人，就停止了自己的垂帘听政，让皇帝亲政。令她没想到的是，皇帝竟然启用新上任的官员，开始快速变法维新，有将国家搞乱的可能。大臣们请求西太后再次垂帘听政，也实属天意。西太后此刻只得重振雄心，于是，同治皇帝去世时发动辛酉政变的情景再次出现在世人面前。结果天意该如此，军政大权再次落入西太后手里。至于西太后采取什么样的手段来促成这样的结果，那就没有追究的必要了。当初，同治皇帝年纪轻轻地就去世了，多半是由于西太后专政的原因。因此，此次西太后再一次垂帘听政，那还有什么值得新奇的呢？

皇帝已经丧失了所有的权力，心中只剩下满腔的忧患。西太后如今依然步步紧逼，每天叫嚷要废黜皇帝，其实是真心想在宗亲内部寻找一个年幼平庸的孩子来坐皇位。不过，如此一来，南方督抚很多人对此表示强烈抗议，欧洲的一些国家也准备干涉，西太后只得谨慎行事。当时，国内外都在盛传皇帝难以自保，再也没有权力处理国家大事了。皇帝在宫中跟幽禁差不了多少，不过还需要每天去上朝，召见大臣，跟木偶差不多。八月初八，朝廷大臣聚集在一起，皇帝向西太后跪行三拜九叩的大礼，恳求西太后管理国事。下午，荣禄带领一支人马护送皇帝到月坛祭拜，自此，皇帝就变成了地位很高的祭司。那时候，皇帝在眨眼间被剥夺了所有的尊贵和威望，还要被幽禁在寂寞冷清的西苑瀛台，他的心情应该如何？

斥责完皇帝后，西太后就开始处理国政。尽管已经退出朝政很多年了，可重新掌控朝廷之后，西太后精力依然不减当年，还想努力重振朝纲，以此平息国内外的议论。西太后首先罢免了对光绪皇帝忠诚的大臣，然后提拔忠于自己的人。她下达谕旨，警告宗室王公大臣："如果有人对太后不忠，就消除他的爵位"，正如之前处理载垣一样。西太后坐镇不乱的能力超群，在平息争斗方面也有过人的本领，戊戌政变就是最明显的例证。没多长时间，西太后宣布将贝勒载澍终身监禁（到宣统皇帝继位时，载澍才被摄政王重新启用，并且，同日还罢免了袁世凯的职位），原因是载澍曾经协助光绪皇帝维新变法。载澍的夫人本来是桂祥之女、西太后的侄女，维新变法开始时，载澍就向皇帝提议断绝西太后干涉朝政的路子。结果，他的夫人向西太后告密，载澍就受到了处理。

戊戌政变以后，北京城的舆论对维新变法持有不同的观点。不过，官员们多数都是唯利是图，非常无耻，他们关心的根本不是国家大事，遇到事情就含糊其辞，都想明哲保身，因此都附和西太后的意愿。而且，西太后了解毕士马克（现在译俾斯麦）转移舆论的手法，首先在宦官里面散布一些信息，很快就会在官员里出现了，最后变成了“皇帝竟然要阴谋加害西太后，实在是不孝顺。皇帝还要让外国洋人来帮助，这严重违背了祖宗法纪”。如此一来，即便是非常开明的人士也难以替皇帝辩护。当时的舆论就认定，光绪皇帝根本没有治理国家的本领，西太后掌控朝廷是顺理成章的事情。这种论调让外国使馆的洋人也信服。在光绪皇帝加紧维新变法的时候，洋人都在不停地歌颂他，都感觉一个新的中国即将出现。变法失败了，也没有感觉到丝毫的遗憾。但是，形势很快发生了急剧的变化。当时，外交形势瞬息万变，确实让人感觉惊异。光绪皇帝维新改革，外国人本来是热切盼望的，西太后也是许可的，可如今呢？眨眼间已经物是人非。1898 年 6 月，英国的使者宣读了光绪皇帝变法的谕旨以后，感觉中国很快要觉悟了。10 月之后，维新变法失败了，康有为出逃上海，英国领事用军舰护送他去了英国的殖民地。可是，没有多长时间，形势又发生了变化，变成“西太后其实是为了保护自己才被迫废除了维新条款，并且，西太后感觉西方制度不合乎祖宗法制”。在两个月的时间内，克劳得·麦克当罗得告沙礼士侯（现在译作克劳德·麦克唐纳，在历史上曾经三次出任英国首相）说：“中国的西太后 64 岁大寿时，在大殿召见了七位太太（外交使节夫人)，还用精妙的言辞让她们感动。”随后，西太后领着七位太太进宫，用非常高的礼数接待了她们。皇帝也参加了，还和这些太太们握手。这样的言论就是让洋人看的，如此外国人就没有不同意见了。

## 光绪皇帝得病

当时，外界观点尽管像前面所说的那样变化多端，可忽然又有消息说，皇帝的性命恐有不测。英国政府以及其他各国政府都向中国朝廷发了照会，希望不要草率行事，以免遭到欧洲各国的舆论谴责。因此，北京城内就有传言说：“欧洲很多国家如果听到皇帝忽然去世的消息，肯定要采取行动。”英国使者的言辞传到民间，人们都感觉非常气愤，都认为这是中国人民内部的事情，之前也不是没有发生过，外国人有什么权力干涉？光绪皇帝推行维新变法，或许是为了反对满族人的做法，也可能“违背祖宗制度”，可假如皇帝接受外国人的协助，那无论是满族人还是汉族人，都会反对皇帝。戊戌政变结束之后，社会很快恢复到之前的状态。人们了解西太后再次掌控朝廷后，心里都感觉安定多了。不过，当时和政变相关的其他消息非常多，比如就有“皇帝犯了阴谋杀害西太后的错误，只是让他交出大权，有点处罚得太轻”。如此消息也是有源头（1899 年的蓝皮书之一，章书函：当时，上海道台请求各国领事出面缉拿维新派首领康有为，还有传言说光绪皇帝已经被谋害，元凶就是康有为）。官员们提及这事，都感觉光绪皇帝有点像唐朝的一个皇帝（唐玄宗），当时那个皇帝也曾对太后采取谋杀措施。还有一种传言说，皇帝快要离开人间了，而且这样的说法流传得非常广，尽管中国南方的形势已经发生了改变，但北方依然如旧，人们几乎都预感到，即便光绪皇帝的确去世了，感觉也很正常。有一天西太后用皇帝的名义下达一道谕旨，言辞间说皇帝生病了，并且很重，还说：“自从四月开始（此间正是维新变法开始的时候），朕就感觉身体不适，至如今病情依然没有好转。”西太后代替皇帝下达的此类谕旨，人们都感觉这就是皇帝的言论，接受得非常坦然，一点也不感觉吃惊和担心。各个省份都寻找名医向北京遣送，准备为诊治皇帝的病情出力。有一位叫陈蓬舫的人是当时国内著名的医生，他曾经来到北京给光绪皇帝诊治过病情。下面他叙述的情景是他送到《泰晤士报》发布的。

当时，谕旨传令让各省选派名医进京去给皇帝诊治病情，江苏巡抚举荐陈蓬舫接了诏书。陈蓬舫清楚自己在年迈之际遇到此类事情将会非常困难，但想推诿是不可能的。巡抚送给他的盘缠是六千两白银，另外还送给他一些赆议，陈蓬舫就来到了北京。之前已经有三位名医抵达。为此，法国使馆也派来都色夫洋医生给皇帝诊治过病情，可这个洋医生开出的病单，中国的医生都感到莫名其妙。陈蓬舫也不认可都色夫诊断的病案和治疗方法，原因是这个洋医生开的病单很像历史小说撰写的欧洲中世纪医生开的。在那份洋病单里，洋医生这样说：“皇帝身体发烧等的症状，我们西医不明白。可我们很清楚皇帝所说的呼吸器官的病情。”还说：“皇帝呼吸器官方面的病情已经有十多年了”，“发烧的原因应该是皇帝虚弱疲劳所致”。11 月中旬，陈蓬舫还没有出京城，皇帝发热的病情已经有所减轻，身体也在恢复中。不过，根据陈蓬舫的意思，想根治皇帝的病困难非常大，因此他决意离开北京。其他的中国名医依然选择留在北京继续诊治皇帝的病。陈蓬舫之所以能够成功离开京城，主要的原因是他已经贿赂了一些关键人物。有人向他问及皇帝的病情，陈蓬舫含糊其辞："假如能够坚持到明年春天的话，就能渐渐恢复，最后痊愈吧。"

现在可以回忆一下陈蓬舫当时进京替皇帝看病的情景：陈蓬舫进京几天之后，在军机大臣的带领下进入皇宫大殿，磕头，然后跪在下面。西太后和皇帝相对坐在上面，中间是一个不很高的桌子。面色苍白的皇帝看起来非常疲倦，他脑袋好像有点发热，喉咙里面有痰，身体非常瘦弱，鹰钩鼻子。陈蓬舫当时感觉皇帝有点像西方人。西太后的仪态非常威严，一眼看去便知是一个非常聪慧的人。可以看出，西太后很关心皇帝的病情发展，她非常小心地看护着皇帝。按照惯例，医官不可以直接向皇帝询问病情，西太后就代替皇帝说了一些发病症状。皇帝有时点一下头，偶尔也说一两个字，以此证实西太后的话。皇宫大殿里，只有西太后的声音言辞，陈蓬舫两眼直直地看着地面，不敢仰视。直到西太后下令让他诊脉，陈蓬舫才举手为皇帝把脉，但自己身体依然跪着。根据陈蓬舫自己的叙述，他当时大脑一片空白，也没有摸到皇帝脉象，只在表面上用手虚按了一下手腕。诊断完毕，西太后接着继续描述皇帝的病情，言辞间提及皇帝的舌苔，还有嘴里喉咙中溃烂生疮，但是这些都无法查看，陈蓬舫只能从西太后的描述中去领悟。或许是因为皇帝非常尊贵，人们不敢仰视。西太后说完之后，陈蓬舫就退了出来，接下来就将皇帝的病情诊断向军机处呈报，然后向皇帝转奏。陈蓬舫开的病情诊断包括几种中药以及调养身体的一些方子。上面的内容都出自陈蓬舫之口。

陈蓬舫的几句含糊其辞的话，到后来都应验了。第二年的春天，皇帝的病情慢慢痊愈了。（或许是因为西太后唯恐西方列强干涉中国朝政，再就是中国南方各省强烈的舆论，导致西太后被迫考虑诊治皇帝的病。）当时，广东人了解到西太后杀死了一些他们的同乡维新派人士，就对满族人非常反感，开始言辞激烈地对朝廷进行攻击，但还没有引发动乱。国内上下都在传言皇帝性命难保，致使很多人向政府致电，请求保全皇帝，要不就向各部上疏，要不直接向皇帝呈报。其中，皇帝下达患病谕旨以后。上海人经元善代表全体商绅即刻发出的一封电文，内容是："恳请西太后让皇帝亲政。皇帝没有必要因为身体的小病而产生顾虑，不然就会引发难以预料的事件，肯定会引起外国人的干涉。"西太后看到这封电文后非常恼火，后边的几句话简直是对西天后的恐吓。西太后一气之下，立即将经元善的官职罢免。经元善担心西太后还会怪罪自己，就出逃到了澳门。不过，经元善上疏直言的一些言辞，确实帮助了光绪皇帝。朝廷大臣里边能够果敢直言、力挺大局、反对西太后废立皇帝的，只有两江总督刘坤一一个人。在国家处于危急时刻，他敢于力排众议，大义凛然。西太后尽管不满意刘坤一，但对他非常器重。资历、威信和刘坤一相差无几，并且博学多才的湖广总督张之洞表现的意见含糊不清，让人难以琢磨，和刘坤一相比之下有天壤之别。当初，皇帝一心推行维新变法时，张之洞非常赞成并且大力支持，在六个月以前，他连续举荐几个维新人士进京，其门生杨深秀也是其中之一。皇帝也有下谕旨让张之洞进军机处、参与新政推行的想法。后来，维新变法失败，西太后再次执掌朝政，废除新政条款，张之洞马上向西太后致电表示支持，言辞间还请求严惩维新派人士。张之洞这些提议，绝对属于多此一举，因为当时西太后已经采取了行动。西太后怎么会像一般的妇人一样做事有始无终呢？张之洞其实就是在啰唆。

## 荣禄是一个好人

西太后在八月十一那天命令荣禄回京对维新党实施打压。刑部上了奏本，请求调派官员对维新派人士进行审查，西太后马上批示："此事交付军机处会审并审慎实施"，同时将张荫桓拘押到刑部大牢。张荫桓是皇帝推行维新变法的重要参谋之一，当时具有非常大的名气，西太后对他非常厌恶，所以如此整治他（后来，张荫桓被充军发配到新疆，义和团运动的时候，端亲王下令地方官将张荫桓处死。另外，还有一名维新派人士叫徐致靖，也遭到终身监禁，到 1900 年被八国联军释放出狱。为此，徐致靖来到西太后在太原的临时行宫，依然恳请西太后继续监禁自己，或许是他不愿意接受洋人对自己的释放，或者还是准备尊重中国皇帝的谕旨）。这份谕旨还说："朝廷非常清楚北京内外的官员受维新派蛊惑的很多，但是，皇帝以慈悲为怀，除了罪魁祸首之外，其余的人士不会追究的。"荣禄还特别提醒西太后再下一道谕旨，讲明太后重新掌管朝政的意义。了解这份谕旨内容后，可以从中发现西太后擅长操纵群臣的能力。既然皇帝已经承认了自己的错误，这道谕旨足足可以说明维新派的一些做法让人们心情不安，也是朝廷没有能够做到防患于未然。下达谕旨后，国家稳定下来。

进入北京城的荣禄被委以军机大臣与兵部尚书的重任，掌控北洋军队，同时掌握国家政治、军事的大权，这在大清历史上是从来没有过的事情。荣禄对西太后非常忠诚，也因此得到了特殊的待遇。

不过，荣禄处理维新派的做法一度遭到一些人的斥责，可这都是旁观者的正常反应，没有什么值得大惊小怪的。从中国传统思想的角度来分析荣禄的做法，其实就是一个臣子应尽的职责。再说，荣禄非常具备古代大臣的风范，在处理一些危机事情上很有独到之处。在义和团运动时，中外的一些人士都将矛头对准了荣禄，其实这都是康有为的谣言蛊惑，当时没人替荣禄辩解，其次原因是外国大使馆一些人对这件事存有偏见，无法得到真实情况的报告。当时，荣禄竭尽全力控制义和团在国内近似疯狂的作为，还努力奉劝皇族人员，以免造成大错。西太后掌控朝廷 50 年之久，期间，具备治理国家才干并且能够精忠报国的唯有曾国藩一人，其次就是荣禄。在满清皇族王公大臣正在盲目地参与所谓国家大计、倒行逆施、强暴与软弱并举时刻，只有荣禄果敢坚毅且有先见之明，的确在处理国家大事方面起了一定的作用。从荣禄参与国家事务开始一直到 1903 年去世，纵观他的所作所为，都是西太后最忠诚的臣子，更是西太后卓越的参谋，也可以从另一个角度说明西太后的知人善任。读者在本书后面的一些章节可以看到，在光绪二十六年（1900）义和团运动时，西太后已经被自己强大的势力和周围权贵的附和所迷惑，再加上西太后自己的希望和迷信，答应端亲王一些人的恳求，削去了荣禄的大权。可是，从《景善日记》中可以发现，尽管西太后在当时已经铸成大错，到后来依然听从了荣禄的建议和参谋，才得以挽回危局。在国家已经陷入危机状态时，朝廷也进入危机四伏的境地，而此刻西太后唯有荣禄可以依靠。荣禄对西太后忠贞不二，一心侍奉西太后。尽管刚开始时，西太后没有听从荣禄的提议，可到了后来又说非常钦佩他的先见之明。因此，中国的时局，当时尽管有很多不确定因素，可有一件事非常明确，那就是应该铭记荣禄的言行，在中外都应该保持一致。

在两宫西巡的时候，几乎所有人都将矛头对准了荣禄。返回北京城之后，外国使馆里的一些人对荣禄也非常冷淡，原因是这些人不清楚其中的误会。当时的荣禄非常恼怒，他曾经对身边的人说："当时我尽最大力量抗击压制义和团运动，至今没有丝毫的悔意，可我不清楚外国使节为什么对我这样冷淡，所以我非常恼火。"有人记录下荣禄说过的话："在庚子年的做法，我并不是为了爱护西洋人，最主要的还是向西太后和皇帝尽忠。"荣禄的言辞尽管如此，可他的做法的确对西洋人非常有益，所以对他的一些称赞也不过分。西太后和荣禄商议处理维新派人士的办法，荣禄力主从严办理，他说："假如不这样的话，那就无法保全满族统治的国运和威望。"这样一来，谭嗣同等六名维新派人士被押往刑部审查，荣禄也是审查官员之一，但凡涉及康有为对西太后大不敬的阴谋，荣禄都会细细审问。在康有为的寓所里抄录出了很多文件，只要是维新派的谋划，都得到详细的记录，绝对没有遗漏。军机处就根据这些文件证据判处维新党人死刑。这些人谋害西太后已经铁证如山，所有办案官员都请求快速办理，原因是当时满汉大臣对此事存有巨大矛盾。如果这件事拖延太久，那会变得越来越难以解决。军机处的请求得到了西太后的准许，于是在当月十三日就斩杀了六人。戊戌六君子慷慨就义，很多人来到刑场上观看。在杨锐的寓所抄录的皇帝与维新党的信件，几乎都是攻击西太后的言辞。杨锐的奏折，参奏的很多内容都是西太后的罪行，还涉及西太后的私事，牵连了许多人，其中就有荣禄，另外还有一些达官贵族。杨锐的奏折上有皇帝的朱批，因此这件事在南方广州一些地方被编成歌谣，以此嘲笑。皇帝的朱批被西太后看到后，了解到皇帝也参与了阴谋，这才决定断绝皇帝和维新派人士的所有联系。根据西太后身边的人供述，当时的情景就是这样，不过，事情也有其他成分。斩杀戊戌六君子的谕旨出自西太后的手笔，荣禄从中协助，可依然是以皇帝的名义下达。那封谕旨用红笔书写，显得非常重要。

此前的一些谕旨内容，尽管说朝廷以慈悲为怀，除了戊戌六君子之外不会再株连其他人，但西太后怒火难消，不断说一些谴责的言辞。很快，西太后又下达谕旨："张荫桓发配新疆。"张荫桓曾经攻击西太后过分奢侈，据说当时英国大使馆曾有营救张荫桓的意思，所以西太后极其讨厌他。西太后起初想去天津巡视，视察各国租界的一些情况，顺便游历观光。荣禄极力劝阻说："维新变法的事情刚刚平息，还是不动身比较好，唯恐出现不测。"西太后听从了荣禄的建议，下达谕旨收回之前的意愿，还犒赏了北洋军队。当时，直隶正在努力整顿陆军，训练非常严格。荣禄到京城后，补授裕禄担任直隶总督职位。此人非常顽固，西太后尽管非常信任他，可他不清楚事理，昏庸糊涂。天津义和团的动乱，其实就是裕禄一手造成的。当时，朝廷对汉族人充满了不信任感，西太后感觉直隶总督的职位非常重要，必须要满族人才可以任职。但凡参与维新变法事件而没有受到责罚的，京城里只有礼部尚书李端棻。李端棻刚开始感觉肯定会牵涉到自己，可过了几天发觉没有处理自己的谕旨，这才上疏说："微臣曾经举荐康有为等一些维新党人士，没有赐予我罪行，皇帝的恩典比天还高，微臣万分感激。但微臣内心非常不安，依然请求西太后对我降罪，以此作为朝臣错误举荐奸佞的样板。"李端棻言辞间非常微妙，西太后同样也回复他一份风趣的谕旨，依然用皇帝的名义。谕旨内容是：

> 上谕：李端棻奏滥保匪人，自请惩治一折。该尚书受恩深重，竟将大逆不道之康有为等滥行保荐，并于召对时一再面陈。今剧事后检举，实属有意取巧未便以寻常滥保之例，稍从末减。礼部尚书李端棻著即行革职，发往新疆，交地方官严加管束，以示惩儆。

## 西太后改革

西太后在反对维新变法行动方面雷厉风行，结果也招致了南方各省一些人的愤恨。接下来，保皇会宣布建立，目的要辅助皇帝。上海租界里的报纸每天发表文章，对西太后进行诋毁攻击，肆无忌惮，荣禄也成为民众攻击的目标。如此的言论，很明显是逃跑的维新人士蛊惑所致。内容还涉及朝廷的行为意在排斥汉族的大臣，言说在不长的时间内，国内重要的职务都要被满族人占据，以此煽动汉族人的情绪。此时，全国各个省份都有排外情绪，倡导这样论调的人，看到西太后反对推行新政，对西方人充满仇恨，就开始用这样的论调取悦于国民和西太后。但凡具备这样主张的人，都居心叵测。

满族人御史会章上了一个奏折，在开头首先对朝廷严厉惩治维新派的业绩大加称颂，这样足足让西太后永刻荣誉史册，接下来的奏折上又说南方各省的情况，近来有传言说朝廷处斩的新党都是汉人，称皇上太后意欲牺牲汉民之利，提高满人之地位。我朝一向对满汉一视同仁，这一点大家都知道，然而康有为余党却以此为据，危及朝廷。末尾还说："根据微臣的意见，应该选择忠心正直的汉族人给予特别的犒赏"，那么，人心就会平静下来，舆论就会改变论调。假如一个人犯了罪，并且已经得到了应有惩罚，可此人依然对国家忠心耿耿，这就需要对此人加以奖赏。之前几个月，有人上奏折对维新党人进行诋毁，反对新政的推行，那就应该得到升迁。在这份奏本的末尾还说，只要汉族大臣对朝廷忠诚并且爱戴超越满族大臣的人，非常难得。奏折所言其中很多对于国家非常有益，西太后肯定也极为认同。

于是，西太后马上下达谕旨告诫天下的官员，要用名教和纲常作为自己的责任，共同来维护对朝廷的忠诚，做政府工作要勤奋，还要倡导节俭，禁止奢侈。之前皇帝所罢免的官员，如许应骙，西太后都要恢复这些人的职务；皇帝启用的官员，则要全部罢免干净。这样的谕旨下达之后，没有一人敢上疏替这些人说话，只有甘肃藩司增厚出面保举翁同龢。西太后听说后马上大动肝火，立刻罢免了他的官职，自此再也没有人敢因此而上疏了。平定了北京城内的许多事情之后，西太后开始将眼光放到各省的事务上。当时，两江总督刘坤一以生病为由，请求辞职。西太后非常严厉地批评了他，说朝廷给了他优厚的待遇，绝对不能以小事推卸国家的要务职责，应该忠于职守，谨慎替朝廷选拔下属的官员，以此报答朝廷的恩惠。至于翁同龢，西太后对其尤其愤恨，尽管已经准许他辞职回家，但依然认为他有很大的罪责。另外，翁同龢一直以来和荣禄是仇敌，荣禄根本不会替他说好话，所以西太后就以皇帝的名义下谕旨痛斥翁同龢。

当时，翁同龢返回原籍江苏常熟县居住，直至光绪三十年（1904）病逝。但凡了解翁同龢的人，都对他充满了敬意和爱戴。翁同龢为人处世与其他人有明显的不同。中国的一些高官，既然已经离职在家，肯定就会把国家大事抛至脑后，一心追求安逸和享乐。翁同龢则不同，他性格坚强，根本不向敌对势力屈服，尽管此刻赋闲在家，依然在为国家大事操劳，忧国忧民的心思没有改变，还期望有朝一日能官复原职，继续辅佐皇帝推行新政。翁同龢属于地方官严格管控的人，因此他时常受到烦扰，每月必须要去知县衙门拜访三次，表面看起来非常谦虚恭敬，可内心非常窘迫。翁同龢每次都会跪在地上对知县说："大人奉朝廷的谕旨秘密看管翁同龢的所作所为，因此特别来到县衙听候大人的处分，以便让大人履行朝廷的旨意。"知县此刻往往也非常为难，原因是翁同龢之前职位是军机大臣，掌控国家重要事务，还曾经做过皇帝的师傅，时下尽管已经被革职在家，可今后的事情很难预测。除了去拜访知县之外，翁同龢就依靠文学创作自娱自乐，他在家的信件，曾经一度刊刻并在民间流行，情怀非常淡雅，言辞超俗，读书人阅读后都佩服得五体投地。翁同龢虽然被罢免职务，但并没有被查抄家产，所以可以安享晚年。相比在朝廷上为国家事务操劳，此间倒也很快乐。过世之后，翁同龢的文章和品德流传很广，敬仰他的人越来越多。他的一张纸或几个字都被人们看作珍宝一样收藏。

由于皇帝之前推行维新变法新政，将科举制度废除了，西太后感觉国家内部的一些人士对此怨气很大，就准备下达谕旨恢复科举制度。如此，一些守旧的文人，纷纷赞颂西太后的美德。古时候的科举制度非常严密，试卷都是密封的，结果在维新变法被废除，如今又全部恢复。

## 令人费解的西太后

西太后聪慧机敏，从来不对某一件事偏执，对自己的党派平衡之术很是自豪，妄图让全国人的心思都倾向自己。因此，又下了一道谕旨。尽管她对维新派人士非常厌恶，可也清楚不能过火，以免引起世人的非议。

对于民间的疾苦，西太后非常关注。山东的黄河决口不断，泛滥成灾，人民的生命财产安全受到威胁，西太后下令必须妥善防范。中国的水利工程历来具有非常多的弊病，水利官员私吞国家款项已经成了历朝历代的惯例。皇帝的劝诫和命令，水利官员都置若罔闻。西太后清楚其中的内幕非常复杂，因此在谕旨中揭发水利弊病，言辞间提及黄河水利工程，朝廷曾经花费大量资金修缮，为什么收效甚微、依然患灾频繁？西太后命令军机处联合各部大臣、都察院部门商议对策，依然找不到切实有效的好办法。西太后让李鸿章视察黄河水利工程，后来也是无果而终。朝廷的恩惠，自始至终难于通达于天下黎民，无法让老百姓感受到实实在在的好处。西太后这次垂帘听政，和之前同治皇帝初年载垣阴谋被挫败的情景相差无几，思考问题非常严密，措施很得当，这一点从谕旨中可以看出。处理完毕黄河事件后，西太后又开始考虑诉讼的弊端，马上下达谕旨，说最近听说某些地方官对老百姓的诉讼毫不关心，根本不放在心上，推诿不办，有时候几个月不解决，最终造成很多无辜百姓被拘禁拖累，长时间不能确定受审日期，非常可怜。谕旨指出国家积累了很多弊病，非常详细准确。不过，西太后的谕旨只是向全国发布，并没有指出针对哪个人或者哪件事，这是中国的惯例。

如此一来，广大的世人得以了解西太后的仁慈之心，当然这都是谕旨的功劳。当时，乡下老百姓都感觉西太后过于善良，因此难以断绝祸乱的根源。如此的心理状态，在中国北方很严重，人们都相信西太后的仁慈和恩德。他们认为，在八国联军进入北京之前，北京的洋人和一些传教士并没有遭到迫害杀戮，都是因为老佛爷过分仁慈。西太后再次下达的谕旨，更加显示出西太后的慈善，其中也能发现西太后调解矛盾、汇聚民心之意。内容如下：

钦奉慈禧端佑康颐昭豫庄诚寿恭钦献崇熙皇太后懿旨：近来各省奏到就地正法之案，以盗犯为最多。此等凶徒，其情可恶。凡为盗贼之人，每借口于饥寒所迫，流而为匪，殊不思犯法于刑，断无生理。况若辈类非懦弱无能，尚使伏处务农，本有营生之路，投营效力，亦有进身之阶。与囚禁囹圄，身首异处，孰得孰失？且一经事发，累及父母妻子，扪心自问，其何以安？深宫轸念民生，无日不以尚德缓刑为念，用是特颁训谕：凡我赤子，尚其仰体朝廷恫瘝在抱之怀，勉为盛世良民，毋得徒逞强梁，自罹法网。著各省督抚督饬地方有司，通行晓示，务使遐陬僻壤，咸共周知，用副爱并黎元至意。

当时，驻京的英国公使和一些国家的外交人士对光绪皇帝充满了同情，欧洲的舆论和媒体在一旁协助他们。西太后对此非常痛恨，一心想着如何改变外国公使支持皇帝的局面。西太后就邀请外国公使的太太们进宫拜见自己，对她们以很高的礼遇，用隆重的恩情笼络这些洋人，结果，西太后很快博得了外国公使的喜欢。这是西太后从中国传统经书里学到的办法：暂时隐忍，伺机报复。

达到笼络人心的目的之后，西太后开始慢慢信任满族人刚毅。刚毅乘荣禄离开京城之际，极力劝阻西太后向全国通电加紧训练乡村团练，还说这是非常重要的事情。在山东，教会里的西洋人了解到这件事后，都清楚刚毅的意思，目的是在抵制西洋人，其他省份也都如此。这个主意是刚毅所出，西太后非常信任这个人。之前发布的上谕，可能是引发义和团的根源。这都是刚毅一些人的做法，不需要怀疑。

另外一些谕旨都是一般的告诫的文章，并没有很大的关系。后来，乡勇成患，义和团让西太后左右为难，以至于外国公使说“西太后目光短浅，偏听刚毅的话，任性胡乱作为”。尽管这些事并没有确凿的证据，可从当时外面的形势也可以产生这样的推测：不可以断定，西太后清楚这样做的后果而故意这么做。这份谕旨尽管无法了解西太后的真实意图，可对后来事态的发展至关重要。几天之后，西太后再次下了一道谕旨，从中能了解到西太后重视利用乡勇准备国防，隐藏报复外国人的用意。

西太后非常希望大清国的军队和士兵精忠报国，保护社稷，可光凭一些空洞的言辞并没有多大的用处。有一位记述学家曾经说：从当时的谕旨恳切和申述可以发现西太后整顿国家的真心诚意。不过，从西方人的眼光观察，想用简洁的语言将谕旨的真实意图表达出来，其实并不容易。西方人很难做到，中国人也一样。再有就是，谕旨中还有无法写出来下达的内容，因此外边的人们是不可能知晓的。我们能够了解的只是，西太后准备宣示对世界人们以巨大恩泽，可这种意图是不可能实现的。另外，皇族内部的钩心斗角，很难平息和安定下来。西太后实施的各种措施，其目标都在康有为身上，原因是他是谋杀西太后的首犯，如今尚未受到惩罚，逃到了外国，此举让西太后非常痛恨。西太后唯恐国内人们还不了解康有为的种种罪行，就再次下达了一道谕旨：

> 昨据两广总督谭钟麟奏，康有为本籍抄出逆党来往信函多件，并名印呈览。查阅原信，悖逆之词，连篇累牍，甚至推谭嗣同为伯里玺（即总统）之选。谓本朝为不足辅，各函均不用光绪年号，但以孔子后几千几百几十年大书特书，迹其种种狂悖情形，实为乱臣贼子之尤。其信件往还，牵涉多人，朝廷政存宽大，不欲深究株连，已将原信悉数焚毁矣。前因康有为首创邪说，互相煽惑，不得不明揭其罪，以遏乱萌。嗣闻无知之徒，浮议纷纭，有谓该逆仅止意在变法者，试证以抄出函件，当知康有为大逆不道，确凿可据。凡属本朝臣子，以及食毛践土之伦，应晓然于大义之所在，毋为该逆邪说所惑，以定是非而正人心。将此通谕知之。

就这样，西太后稳定了自己再次垂帘听政的地位。西太后已经确定了行动措施，庚子年间的动乱，也因此埋下了伏笔。

# 第六章
# 与洋人争斗

## 错误地发起义和团

义和团运动的历史，究其原因，当时很多人参与其间，这在《景善日记》里都有比较详细的记载，这里就不再详细叙述。以下的文字叙述，是荣禄和他的朋友福建总督许应骙一起撰写的。阅读之后，不仅能够清楚直隶义和团运动的根源所在，还可以了解荣禄当时的心情和状态。这封写于光绪二十六年（1900）的书信是这样的：

荣禄致许应骙：

义和团起源于山东某县（音译应该是光县，但当时山东并无此县名，只有寿光县。袁太常日记中说义和团开始于曹州的一个县，而曹州所属有单县，因此这里也可能指单县）的十八村。原来的名字称作梅花拳。李秉衡担任山东巡抚的时候，没有及时加以制止，而是准许这些人实施团练。去年春季，军队和义和团互相闹乱，李秉衡将军队将领罢免，还将抓起来的义和团人士全部释放。此时，义和团头领开始自称是明朝皇族的后裔，其中有女子称为红灯照。历经李秉衡的称赞之后，义和团的势力开始渐渐蔓延开来，很快发展到了直隶一些区域。某一州（音译是荆州，不过，直隶没有荆州，只有景州、晋州在音译方面比较接近，因此难以确定）的知县张贴告示，言说义和团是白莲教的另一名字，不许老百姓信奉加入。这位知县和法国教会的关系较为融洽。直隶总督听闻此事后，马上将这个知县罢免。我们都感觉这个知县比较冤枉，原因是我在仁和县和县王公同在直隶担任职务，都了解这个知县为人不错。

在去年的九月末，直隶的义和团开始树立大旗，内容大致说受玉皇大帝的派遣，要铲除西方洋人，还奉劝老百姓加入义和团。某地的拳民举荐一个和尚做头领，随后带领拳民人众开始焚烧教堂，并且还将留坝教民居住的房子烧毁了。知县马上调集军队对其镇压，用火枪击毙了义和团三四十人之多，并活捉他们的头领，其他人都逃走了。从这件事可以发现，几乎人人都在传说义和团人不畏惧枪炮，不可以相信。义和团人尽管有符咒，可官军捉拿他们竟然像抓小孩子那样容易，其中并没发现什么法术，其中虚构成分可想而知。将抓到的义和团拳民，全部正法。藩司廷雍和这件事的起初有很大关系。我听说在十日之前，他曾经下令官属人员加入义和团。宣化知府为此拜见了廷雍，言辞间提及嘉庆年间的谕旨，当时有匪徒开设八卦教、义和团等一些名目的事情，当时一度奉旨严办。廷雍回答：“如今的情景和之前有所不同，你怎么还要将之前的事件牵涉进来呢?”知府就说：“时间已经变了，可祖宗的谕旨内容需要尊敬加以供奉。”廷雍此间一度无可话说，只好岔开了话题，随便说一些其他的事情。

某一天（可能是6月21日），接到上边的谕旨，命令聚集义和团为团练，对其中的义勇予以奖励，并通令各省按照一样的办法办理。我阅读之后，夜不能寐，曾经几次爬起来犹豫不决，毫无知觉且悲喜交加。如此聚集老百姓中义勇的人编成团练，用来作为国家防卫系统的辅助，其用意非常好。假如办理得当，将会产生很大的好处，可在办理过程中没有得到正确的人选，那也会遗留非常大的祸端。您和我是至交，肯定了解我话里的意思，会肯定我的意思。义和团拳民刚开始起事时，都是因为义气和愤怒，如今教会与老百姓之间的冤仇已经到了水火不容的地步。很多人说是政府引狼入室，和洋人争斗是必需的，即便是粉身碎骨也在所不惜。这些人的勇气尽管可嘉，可他们刚刚起事的时候根本不敢聚集很多的人，原因是担心官军会剿灭他们，所以他们也有畏惧心理。假如任凭义和团和西方洋人争斗，其实是一个巨大错误。我感觉，尽管可以利用义和团短时间的狂热心理，以此作为抗击外患的武器。至于后来是否让他们上战场，那这些拳民绝对不可以作为依靠。他们的法术，充其量都是虚张声势，吓唬敌人。假如对于这些拳民可笑的行为信以为真，认定他们神奇的法术能护身，能够制服强敌，那就太傻了。即便这些人的法术偶尔间出现灵验，也不过属于歪门邪道。你可以看看之前的历史记载，但凡具备邪术之人，后来难道还有不谋反叛逆的？过了一会儿，接了电报叮嘱我不必过度忧虑，言说义和团在天津大沽获得了一定的胜利。不过我不信，这很可能是虚幻的传说。

众所周知，中国南方人和北方人在性格上差异较大。南方会党非常多，很多团体都蠢蠢欲动，很像一大堆干柴放在那里，只要遇到火就会火光冲天。如有事态变故，那些人就会乘势而起。还有就是，南方人对赌博钟爱有加，都不安于现状，更不安心农业生产，没有对朝廷忠心的义气。假如用这些人组织成团练，准备让他们与敌军作战，就如同一群羊去和老虎争斗，结果肯定会都变成老虎的美餐。中国北方的义和团运动，刚开始是以抢劫为目的和手段，后来迷信义和团的教义，于是开始疯狂一般传播，这一点南方的会党无法比拟。北方人慷慨而朴实，南方人机警而圆滑，所以南方人不可以信赖。您在这方面肯定了解更深。南北两方的情况既然有如此的差异，那要想协调南北方共同抗击外患的困难就很大。当初，甲午年间，中国和日本倭寇开战，南方士兵纷纷溃败，看到敌军就像看到老虎一般，至今想起这件事还痛恨他们。义和团尽管没有经过正规训练，却能够立志杀敌报国。他们忠诚勇敢的心意让人倍感惊喜。可是，必须看到，想让全国百姓都变成义和团一样的拳民，依靠他们抗击洋人，那就会铸成大错。假如执行这样的战略，结果就会不得而知。我之所以如此奉劝您，并没有让您违背朝廷圣旨的意思，可也不能不考虑后来将要发生的危机。一定要谨慎从事，最重要的是不可以让朝廷圣旨转变成为乱民的借口。

心情非常迫切和忧虑，写出的言辞也没能体现自己的心意，希望您能原谅，期盼您的回书。

## 景善日记

景善，生于1823年，满洲正黄旗人。同治二年（1863），景善入翰林院学士，以精通理学而著称于世。第二年，景善调任内务府，同治八年（1869）升任内务府副大臣，光绪五年（1879）升职为内务府正大臣。景善父亲桂顺在道光年间曾经担任都统，一度成为道光皇帝的心腹。景善家族与叶赫那拉氏家族属于亲戚关系，和满洲各个贵族都有关联。景善对大清王朝的大事都有比较详细的记录和了解，并且没有偏漏。但凡京城里比较重要的官员，包括满汉两族，景善都清楚他们的作风和性格习惯。景善在内务府多年任职，光绪二十年（1894）才辞职回家居住。

景善做过端亲王、澜公和惇亲王儿子们的老师，因此对于主持义和团运动的各个头领都非常熟悉，并且了解其中的内幕。这些皇室贵族都对于义和团拳匪在京城的骚扰满不在乎。但是，参与义和团运动的人们生活都非常艰苦。战乱的真实目的、战乱的真实情况、士兵的野蛮行径、洋人军队的入侵、当时人们家庭的困苦、妇女的屈辱以及子女的不孝，景善都在日记中做了比较详细的记录。阅读之后让人辛酸，尤其一些家庭倾家荡产的情景，各有特点。八国联军进入北京后，西太后出逃，景善的妻妾和儿媳都被迫自尽而死，景善本人也被长子恩珠推到了井里边。恩珠后来遭到英军的枪杀，原因是他曾经包庇身带武器的拳匪。

日记的开始，首先是1900年正月到七月的事情，都没有重要的关系。现在本书摘录的，主要是当年夏季疯狂的惨剧，还有西太后的意愿、皇室人员的愚蠢和笨拙，他们对当时的事态发展竟然不知所措。8 月 18 日，这本日记的译者在景善家里得到日记。当时正值战乱时期，日记险些遭到洋人士兵的烧毁。幸亏能保存下来，能够从中查看当时的情景：

《景善日记》摘录如下：

光绪二十五年（1899）12 月 25 日。澜公来到我家里坐下，和我详细商议义和团的事情。言说义和团开始于山东，时下山东巡抚毓贤正在奖励劝慰这些人。后来谈到昨天被西太后召见的事宜。昨日，西太后除了召见军机大臣、各部尚书、内务府大臣之外，还召见了恭亲王、瀛贝勒、端亲王等人，一起商议废立大事。

西太后说："当今的皇帝，人们都对他有意见，怨言非常多，都感觉他不适合继承大统。再说，立他做皇帝，他从小就是让我抚养，如今到现在，此人竟然还不知道感恩，对我非常不孝顺，竟然还联合南方奸佞之人一起谋害我，因此我萌发废除他的意思，另选其他人做皇帝。此事准备在明年元旦正式举行。你们可以商议一下，皇帝废除之后应该加什么样的封号？明朝的景泰皇帝，当他哥哥皇帝位置恢复之后就降级为王，这种事可以作为先例。"

西太后讲完，众人都面面相觑没说话。过了一段时间之后，徐桐说："可以封为昏德公，此前金朝加封宋朝的皇帝，就是使用这样的封号。"西太后听后马上表示同意，随后说："已经择选端亲王的大儿子为新皇帝。众所周知，端亲王性情耿直忠诚，今后他可以时常来宫里察看新皇帝读书事宜。”军机大臣孙家鼐马上据理力争，奉劝西太后不要实施废立大事，说：“假如我们如此做事，南方各省肯定要发生叛乱。太后的心里时常挂念择选新皇帝的事情，此事应该等到其他事情平息之后才可以实施。”西太后听完，一脸的不高兴，对孙家鼐说：“这是我们的家庭内部会议，只是兼召汉族大臣参与一下，目的是为了大面上能过得去。此事已经通知皇帝了，皇帝也没有意见。”

西太后命令所有王公大臣都去勤政殿恭候，等待西太后、皇帝亲驾来到，大家一起看另立新皇帝谕旨的发布。礼节定于新年的元旦正式举行。于是，众位王公大臣都遵照谕旨赶到了勤政殿，几分钟之后，西太后的轿子来到，有很多宦官伴随左右，大家都下跪迎接。西太后下令在外边恭候，命李莲英去请皇帝。很快，皇帝也坐着轿子来到外边，见到西太后马上跪拜。西太后坐到大殿里的宝座上，召令皇帝进去。皇帝进去后再次跪下，各位王公大臣依然在外边跪着。

西太后说：“进来吧，平身。”皇帝这才起身坐下。接下来，西太后又召见各位王公大臣，大约30人，西太后再次重复了之前的意思。皇帝表态说：“太后说得非常正确，这也是我的意思。”

此刻，军机大臣荣禄将草拟好的谕旨呈报给西太后审阅，西太后看一遍马上放下，没有给皇帝说一句话，就一心商议选择嗣子大事。讨论完毕，大臣们都退了下去，只剩下军机大臣在后面等候谕旨，因此后来的情况澜公根本不清楚。澜公说：“当时，皇帝的神色犹如做梦一般。”

三十日，除夕。我让刘顺剃头。今天晚上我准备回家过年。

大儿子恩珠给我要了50两银子买银鼠外褂。恩珠性格叛逆，非常不孝顺。此刻，齐秀成来家里拜访，说他的岳父毓贤将担任山西巡抚。为此，西太后召见了他，非常赞扬他在山东的政绩。毓贤来到端亲王府邸商议情况，端亲王说："假如我能得到总理衙门的职务，可以和西洋人打交道，肯定不会遇到什么困难。"端亲王性情暴躁，并且举止不雅。

光绪二十六年（1900）大年初一，我已经78岁了。几个儿子知道我耳聋，就欺负我，都不愿意上学追求上进，无所不为，家境堕落。当初，我20岁之时，有文采之名，还曾经得到道光皇帝的赞扬，赐予我一轴御书，上写有朱子语之类。今年有闰八月，大家都言说有不祥之兆，原因是每逢农历闰八月，当年会有大变故。

本来定于今天新皇帝登基，但没有能够实施。儿子恩铃给我说：新年在大高殿、奉先殿祭祀，都是大阿哥代替。大阿哥今年已经14岁，人非常聪慧，但性情粗暴，祭祀的时候从煤山徒步来到大殿。

五月初五龙舟节。我在六点起床，首先在小书房洗脸。看门的下人何贵进来，手里拿着刚毅的名片，送给我几斤猪肉的贺礼。他和赵舒翘一同到河北涿州视察义和团的事宜，回京城的事情我暂时还不知道。使者说，待一会儿主人就会来拜访。

我儿子恩珠、恩铃到朋友家里看戏，小儿子恩铭现在颐和园当差。四日内西太后传令看戏，我竟然没有看到刚毅，想他刚刚从涿州回京，恐怕还没有到差。下午三点，刚毅终于来拜访了，我留他在家里吃晚饭。刚毅为人不错，比我年少20岁，非常聪慧。他说昨天晚上有好几百洋人军队进入北京城内。他和赵舒翘在下午四点半来到的京城，马上就向皇帝上了奏本，准备明天去复命，还说："上苍让义和团来灭洋鬼子来了。"

此时，端亲王请了三天假，刚毅为此过去拜见。刚毅给我说，他在端亲王府宅讨论时局的时候，庆王派身边侍卫给端亲王送来一封信。信中说，昨天下午，大约三百洋人军队从天津赶来，任务是保护大使馆。还说，洋人军队并不多，不会有什么妨碍，请端亲王转告虎神营，不要阻止洋人军队入城，此事西太后已经准许。端亲王问询侍卫的一些事，侍卫回答说庆亲王之前接到直隶总督的电报，说洋人军队没有携带炮火。端亲王笑一笑说："不就几百个洋鬼子吗？没有必要担心。"刚毅极力奉劝端亲王给步兵统领崇礼下命令，阻止洋人军队进城。当时，荣禄好像已经答应让洋人军队入城，刚毅为此事对荣禄非常不满意，说搞不懂荣禄是什么意思。

大约在去年年底的时候，端亲王和荣禄已经密谋准备废除皇帝，另立大阿哥为皇帝。端亲王清楚西太后非常信任荣禄，假如得不到荣禄的帮助，那他的儿子登基的事情就难以确定。如今荣禄说义和团没有用，还奉劝西太后不要相信。荣禄一天不支持义和团，那端亲王和刚毅就无法让西太后一心支持义和团。从一件事上可以发现西太后的意愿。有一天，大阿哥与几个宦官身穿拳民衣服在义和团空地上练拳，让西太后看到了，马上传令让大阿哥来到房间，随后开始斥责他，还责令徐桐大学士没有用心教导大阿哥，让大阿哥扮成这样难看的模样。这件事是端亲王告诉刚毅的。

他说，从端亲王府宅走出到前门，看到了洋人军队驻扎的地方，旁边的老百姓就有人骂他们，可都不敢出面，其实这能有什么事呢？假如大家都起来攻击他们，这样洋人军队都难以逃脱。我到了涿州，深信直隶省的老百姓都是一心扶清灭洋，即便是小孩子也努力练习拳术，言辞间说此次一定要赶走洋鬼子，一点都不用怀疑。涿州知县姓康，曾经捉拿了很多义和团头领，刚毅和赵舒翘命令他必须放人。我在涿州的时候，曾经看到义和团操练，能够从嘴里喷白沫，感到有些奇怪。当时，观看的人非常多。后来，用人拿火枪打他，连续向他开了几枪，那人竟然毫发无伤。那次训练是在县衙门大院举行的，观看的有很多人。赵舒翘说："此前在陕西农村也看到过这样的练习，一模一样。"东汉末年，黄巾军起义，头领张角信奉五斗米道，也会一些法术，跟随他的人到达了几十万。张角也说自己受玉皇大帝保佑，刀枪不入。

第二天，刚毅和赵舒翘回京城复命，将看到的情景向西太后做了汇报，还请西太后相信义和团，用作军队抗击洋人，并让端亲王和刚毅率领。当时，北洋陆军统领荣禄不相信义和团的传闻，宦官总管李莲英也是热心支持义和团的人，也将义和团的一些传奇说给西太后来听。这种情况下，即便荣禄再反对也无济于事，西太后支持义和团的心意已定。西太后本来岁数大了，喜欢清静，不愿意挑事。我非常清楚西太后的性情，在日常生活中神色和蔼，酷爱书画，喜欢看戏剧，不过也有时会心情忧虑，让人格外担心。同治六年，当时我父亲担任内务府大臣，有一天适逢西太后心情忧虑，原因是安德海奉东宫太后

（按：应该是西宫太后，叙述者记忆上的失误）的谕旨出宫办事，结果在山东被巡抚丁宝桢处死。西太后听到消息后，马上严加痛斥内务府一同背叛她，原因是内务府在起初没有奏明情况。西太后怒气冲冲地说："恭亲王妄图谋害我，我身边的人他绝对容不下！"随后，西太后对安德海的随行宦官进行严刑审问，调查究竟是什么人泄露了风声？最后查出元凶之后，即刻用木棍打死。西太后对这件事刻骨铭心，以至于许多年后才渐渐忘记。不过，时下西太后已经年迈，性情已经变得比较软弱，即便是对于那些洋人也是这样（指剿灭洋人）。假如事先能够得到西太后的允诺，那留在中国的所有洋人就会被赶尽杀绝，国内的洋房也会化为焦土。

端坐两个时辰之后，刚毅起身告辞，他还需要去拜访端亲王，期望能见到宦官总管李莲英。当天，工部侍郎堃岫也过来拜访，说庆亲王在言谈之间嘲笑义和团不值得智者谈论，可他在朝堂上说起话来非常谨慎。几天前，西太后向庆亲王问询对义和团的态度，庆亲王回答说义和团可以利用，足足可以保卫国家抗击洋人。到了夜里九点钟，儿子恩珠从齐秀成家里看戏回到家里闲谈，说外面的人都在嘲讽荣禄不应该准许洋鬼子进城。齐秀成的老丈人毓贤最近捎过来一封信，说山西境内很少有人加入义和团，可都在极力推崇义和团，准备让北方都连成一片，对抗洋人。外面有传言说袁世凯已经信奉了洋教，假如他去山东镇压忠诚勇敢的义和团，那样的话，即便是袁世凯死了，也难以掩盖自己的罪行。

恩珠的媳妇对老人非常不孝顺，这天晚上和我的小老婆发生争执，最后发展到厮打地步。孔子曾经说过：“唯女子与小人难养也，靠近她们就会没有规矩，而远离她们则会遭到怨恨。”我眼下已经78岁了，时常因为家庭事务缠身而焦虑，下人们没有礼数，时常让年迈的人出现难堪。

5月12日。恩铭中午回到家里，原因是西太后从颐和园回宫了，他因此跟随回家一趟。他谈及昨天早晨，西太后在颐和园召见了荣禄，荣禄向西太后详细地汇报义和团拳民烧毁铁路的事情，西太后听完后大吃一惊，即刻下令回宫。细心观察西太后，可以发现她此刻犹豫不决。荣禄请求辞去职务，假如他离开了军机处，那刚毅、启秀肯定会踌躇满志。恩铭还说，在西太后正在进城的时候，不停地催促轿夫快走，由此可见其心中很焦急。来到西苑瀛秀门，皇帝和大阿哥下跪迎接。西太后进宫之后马上召端亲王进殿。过了很大一会儿，端亲王才从殿内出来。西太后内心犹豫不决，皇帝则是不开口讲话。尽管西太后也曾问询皇帝的意思，可皇帝就是不说话。董福祥来到京城之后，在今天早晨就上殿对荣禄进行了弹劾，言说在五天之内就可以将北京城内的外国大使馆毁灭干净，可荣禄在其中作梗，他就是朝廷的大奸臣。假如不乘此良机剿灭洋鬼子，那后来国家就会面临危机。董福祥本身性情粗鲁，平常很讨厌我们这些满族旗人。刚毅平时非常讨厌董福祥，可今天则很想利用此人。

5月14日。军机大臣启秀来拜访我，给我说其草拟的一份谕旨，内容是要和各国宣战。当时，拟写完毕之后等西太后加盖玉玺，而此时西太后还没有确定是否和外国宣战。我在下午赶到了澜公府邸，适逢今天他的夫人生日，我正好拜寿。当时，义和团拳民一百多人也在澜公家里，一半属于乡村野民，头领温顺在管理这些人。还有五六个小孩子，年龄在十三四岁光景，可模样似乎处于昏迷状态，嘴里念念有词，有点疯疯癫癫的样子。澜公相信这是神灵在发威。他的夫人经常到宫里给西太后谈及此事，说义和团具备神奇的法术。大公主的府邸也有二百五十多名义和团拳民居住，可是她不敢跟西太后奏明这件事。如今，她的弟弟载温也在痴迷这种法术。甘肃的军队已经进城，而很多的老百姓则打算出城。

5月16日。荣禄今日上朝。军机处头领礼亲王不敢上奏昨日甘肃军队在永定门外杀死洋人的事情。礼亲王退下之后，荣禄起身。刚毅边说："荣禄肯定会向太后请示，下令董福祥带领军队入京，还要给被杀死的洋人以特殊的荣誉。"荣禄上奏的时候，旁边没有一个人，退下之后也不跟同僚们说一句话，直接就回到了家里。外界传言有很多的洋人军队已经到达，西太后不会答应他们进城，荣禄非常赞成西太后的意思，并且还奉劝西太后让城内的洋人都出城去，理由是假如直接进攻外国大使馆，不符合国际公法。

5月18日。恩珠昨天晚间回家后给我说，有几百名义和团拳民已经进入海岱门。我的腿最近出了毛病，不能出去查看情况，感到非常惆怅，于是只得派阿庆定出去打探，然后回来向我汇报。我已经年迈。如今亲身遇见这样的盛况，的确有眼福。除了外国大使馆，北京城内的所有洋房都化作了平地焦土。一夜间火光冲天，真是空前的奇观。刚毅来了一封信，说他和澜公一同赶到了同治门，他们指挥义和团拳民在三点钟时候烧毁了法国教堂，包括教堂内的几百教民，不分男女老幼也一同被烧死了，尸臭味儿非常大，二人为此被迫捂住鼻子。天亮之后，刚毅来到宫里。李莲英告诉他，西太后已经在南海小山上看到了火光，尤其烧毁顺治门法国教堂的情景，看得非常清楚。我就说，洋人首先在海岱门对着人们开枪，这才激怒了义和团拳民，因此才报复杀死了教民。另外，我还向西太后汇报说，洋人已经把徐相阻挡在家里，不能过来。西太后听说之后非常惦念，就传令庆亲王给外国大使馆说，必须让徐相出来。西太后发现如此忠心勇敢的义和团拳民，感到非常吃惊。

刚毅说："老佛爷尽管现在没有公开下达围攻外国大使馆的命令，可很快就会批准这样的行动。"李莲英还提醒刚毅说，不要夸耀义和团拳民太多，以免让西太后起疑心。除荣相国以外，如今还没有一人敢在西太后面前对这件事持反对态度。西太后现在已经转到宁寿宫去了，原因是此时外面喧嚣的声音时常传到西苑，影响了西太后休息。

5 月 21 日。城南的大火已经烧了整整一天。由于义和团拳民放火烧毁了大栅栏的外国药房，所以火势非常大，周围的银号，银炉都变成了废墟。《尚书》上说：火炎昆冈，玉石俱焚，真的是非常正确。义和团言说自己有法术，大火只烧洋房，绝对不会殃及周围的老百姓，可如今却造成了这样的局面。义和团本意很好，可是已经有坏人混杂到了里边，专门趁火打劫。如此的混混流氓，也穿上义和团拳民的衣服，他们玷污了义和团的声誉。被火烧掉的还有前门外的宝塔。西太后命令荣禄派军队严防城门，预防有人乘机混入城内。

我的一个侄女在这天下午来我家探亲，她已经出嫁了，家住外城。在她家周围的一些地方，到处都是杀人放火的景象，她非常担心，所以就转到北边来居住了。

有消息说，端亲王恳请西太后委任自己总理衙门大臣的职位。西太后下令护送北京城内的所有外国人出城，不许义和团的拳民随意加害。委任总理衙门大臣的，还有我的老朋友启秀和那桐。那桐曾经向西太后上奏，恳请朝廷马上向各国宣战，万万不可等外国的援军来到。西太后派人来总理衙门给端亲王、启秀帮忙，一起护送洋人们出城。庆亲王不知道这样做对不对，荣禄请求将洋人使臣护送到天津，还要罢免直隶总督裕禄的职务，担心出事。当天晚间，我妻子病重的厉害，还不停说胡话，辗转难眠，我只得请一位洋大夫来打针。

5月24日。昨日中午，裕禄的奏折送到北京，言说洋人提出要朝廷交出大沽口炮台，因此，裕禄恳请朝廷即刻向各国宣战。西太后非常恼火，马上召见军机大臣，决定集合众位大臣在今天开会。端亲王、启秀、那桐向西太后面呈了外国使节的一份照会，上面的言辞间充满了不礼貌，强烈要求西太后让皇帝亲政，并废除大阿哥，还要求准许一万人的外国军队进入北京城（按：这是假造的文书，目的是激怒西太后向各国宣战）。西太后看完之后大怒。刚毅后来说，之前从来没有看到西太后如此生气，即便之前因为康有为叛逆的事情，也没有引起西太后如此怒火冲天。西太后说："他们居然敢干预我国内部事务。是可忍，孰不可忍。外国人太无礼，我大清一定要报复他们。"

盛怒之下的西太后，旁人绝对难以劝解，即便是荣禄也无济于事。西太后给荣禄说："你如果愿意的话，你可以去给外国大使们说，叫他们回天津去。但是，他们居然这样说话，让我还政给皇帝，哀家就无法保证他们路上的安全。本来，哀家不想杀死他们，还想准许外国军队进京城保卫大使馆的安全。哀家一人违背众臣的意愿，都是为了洋人们好，可他们竟然这样对待哀家。"西太后表示要和洋人决一死战，总比让他们欺负要好得多。尽管是个女人，可西太后的果敢和聪慧是一般男子难以比肩的。

5月24日。我在刚毅家中，听他讲今天被西太后召见的事宜。当日在銮议殿，礼亲王、荣禄、刚毅、王文韶、启秀、赵舒翘等诸位军机大臣都到了，唯有皇帝一人没到。此次召见非同寻常，目的要商议国家大事。

荣禄两眼含泪，跪下说："中国如今和外国作战，并非我们在挑衅，而是外国人咎由自取。不过，围攻大使馆的事情，绝对不可以那样去做。假如按照端亲王一些人说的去做的话，大清国就危急了。即便是斩杀几个外国大使，可也难以扬我大清的国威。只能白费劲，毫无用处。"

西太后说："假如按照你说的来做，就应该奉劝那些洋人马上远离北京，以免再次遭到围攻，我也不能再压制义和团了。假如你除了这句话再也没有其他主意可说的话，那你就马上退下，用不着再多说了。"于是，荣禄就磕头退下了。启秀从鞋子里面取出拟好的宣战谕旨呈给西太后来看，西太后说："非常好，这就是哀家之意。"接下来，西太后再一次征求群臣的意见，大家都力主向外国宣战。

此刻，已经到会议结束时间了，西太后就进宫歇息了。后来，西太后再次在勤政殿召见了各位王公大臣：恭亲王、醇亲王、端亲王，贝勒载濂、载滢、澜公及其弟弟瀛贝勒、庆亲王、庄亲王、肃亲王，另外还有诸位军机大臣，六部满汉尚书，九卿，内务府大臣和各旗的都统。皇帝首先到达。等西太后的轿子到了之后，皇帝跪下迎接进来。李莲英旁边陪从，皇帝面色苍白，一旁坐着不停地哆嗦。

西太后声色俱厉地说："此次洋人欺我太甚，哀家实在难以忍受。哀家一直对义和团实施压制，本不想和洋人挑衅。可到了昨天，我看到外交使团送给总理衙门的照会，竟然还让我还政给皇帝。如今哀家清楚了，这件事很难用和平的方式解决。皇帝自己也认为自己难以掌控政权，难道外国人就可以干涉？天津的法国领事要求将大沽口炮台开放，实在是无理至极。正如这次各国公使的照会一般，都是在欺负中国的主权，实在是太过分了。"西太后意志坚定。之前所有事都可以听荣禄的意见，如今荣禄也无能为力。

西太后又对各位汉族的大臣说："从大清开国到如今，已经二百多年了，恩泽深厚。但凡我大清的臣民，都是一家人，无论南北。自从哀家执政以来，谨慎从事，从来都是按照祖宗规定办事，不敢妄加废立，租税都定制很轻，这都是中国历朝历代所没有的。遇到大灾之年，朝廷就下令开仓放粮。此前发生的战乱，朝廷调集军队，最终平定祸乱，国家才重新太平。如今我大清遭到外国人的欺负，应该到全国人民上下同心报效国家的时机了。我们要勇敢杀敌，再也不让洋人们欺负。假如我们全国团结一心，怎么会不是洋人的对手？朝廷向来宽厚仁慈，从来不和洋人计较，结果他们认为我们大清国好欺负，这才胡作非为。如今应该让洋人们醒悟了。我大清王朝政策宽宏，康熙皇帝就准许洋人到我国自由传教，非常宽厚，如今导致这样的祸端。洋人野蛮，不理解我们孔教的文化，做事蛮横无理，还发生很多意外的事，败坏了我国的风俗。洋人们自恃武力强大，感觉就可以肆意妄为。可是，我们中国人现在都奋发而起，几千万义和团拳民都出来保卫国家。哀家认为，咸丰十年的英法联军进来太容易，假如当时有一支强大的军队攻击他们，肯定能够反败为胜。如今，我们终于等到复仇的机会了。”西太后说到这里，就询问皇帝的意思。

皇帝想一想，就恳请西太后听从荣禄的意见，不要让军队进攻外国大使馆，应该护送外国大使们平安到天津去。还说向各国宣战事情非常重大，自己不敢做主，请太后决断。赵舒翘此时奏请西太后下达谕旨，准许将国内的洋人赶尽杀绝，以免这些人充当外国间谍，泄露我大清国机密。西太后指示军机处商议此事。赵舒翘退下来之后，满族人立山，汉族人许景澄、袁昶开始逐一奏劝西太后。袁昶首先说：“微臣在总理衙门当差已经有两年了，感觉外国人是重视和平讲究礼貌，我不相信外国人会有照会并要求太后归政。据我所知，外国人根本不会干涉中国的内政。”

端亲王听了这样的话非常不高兴，马上说袁昶是汉奸，还询问说：“太后，你难道能听信这种汉奸的话？”西太后斥责端亲王言辞过于粗暴，随后让袁昶退了下去。如此一来，再也没有人敢上来劝解了。西太后随即下令军机处向各国宣布开战的谕旨，下达至中国每个省份。西太后还说，应该首先祭祀太庙，派庄亲王、澜公为团练大臣，还给各国的大使下通知说，有愿意今晚离开北京的，即可让荣禄派军队护送到天津。西太后不让军机大臣们离开，让他们等候接下来的命令。如此一来，端亲王、澜公二人之外，其余人都退了下去。西太后需要单独召见这两个人。

这次重要的会议，徐相也参加了，他是从公使馆逃出来的。为此，西太后特意对他表示祝贺。

澜公跟西太后说，他曾经在义和团观看训练，忽然间看到玉皇大帝也去了。玉皇大帝不断赞扬拳民的英勇。西太后说，当初武则天当政的时候，玉皇大帝也曾经到过，和现在情况相差无几。既然神灵能够出面保佑，这次消灭洋人肯定能成功。

刚来的时候，刚毅进宫，他看到庆王在军机处神色慌张，就上前询问。传闻一名叫安海的满族士兵向庆亲王报告，有两个洋人坐着轿子经过东单牌楼，结果被杀死了。原因是端亲王、启秀曾经张贴了告示，士兵们只要遇到了洋人，就可以杀死。此次杀死的两个洋人里边，有一个德国公使。安海向庆亲王做了汇报，并希望能够得到奖赏。端王了解事情经过之后非常高兴。庆亲王和端亲王一起商议，准备把这件事汇报给西太后。刚毅就说："杀死一两个洋人不算什么大事，过不了几天我们就能把外国使馆清理干净。现在杀死一个公使，没有什么要紧。"庆亲王不同意刚毅的意见，不断重复说，杀的是外国公使事情就麻烦了。之前杀的只不过是传教的洋人，而现在却杀了公使，肯定会引起各国的怒火。当初，咸丰皇帝因为扣留了英国议和的使节，就属于这种情况。

军机大臣来到，礼亲王就说起这件事，并表示说，此事是洋人咎由自取，首先是洋人拿枪向人们射击，我们属于被迫还击。

西太后听完后即刻召见荣禄。刚毅因为需要训练义和团拳民，所以不等荣禄过来就提前走了。因此，后来发生的事就无从知晓了。

我正在一心写日记，家人告诉我子弹刚刚从我脑袋上边飞了过去。我耳朵有点背，居然没有听见。恩珠说甘勇正在围攻外国使馆作战，荣禄妄图护送外国使节回天津的计划，已经难以实施。

我的仆人刘顺向我请了七天假，返回了自己家里。此刻，很多官民纷纷向城外出逃。

5 月 24 日。恩铭在戌时回到了家里，他说董福祥手下的士兵抓住了一个洋鬼子，举刀审问时，洋鬼子嘴里唔哩哇啦不知道说了什么。有一个士兵就拿刀砍伤了那个洋鬼子，随后将他带到庄亲王府邸，准备对那个洋鬼子判处死刑。这个士兵因此会获得上等的奖赏。此举就是要让其他的洋人看到，那个洋鬼子就是样板。荣禄此前已经做好护送洋人使者回天津的准备，他已经将手下的两千满族士兵布置完毕。可是，如今西太后不愿意下令让甘勇停止围攻外国大使馆的行动，只是表示，各国的公使假如愿意跟随荣禄出城，可以听其自便；假如留在京城不走，就等于自己寻死，不要责怪事前没有讲明。

载澜派人来传口信儿，邀请我明天去他家里吃早饭。载澜看来最近公务繁忙，他兄弟二人非常尊敬老师，从来不曾有过失礼。

齐秀成派人来传口信儿，询问我们是否愿意搬到他家里去住，原因是我居住的地方靠近交战区域，枪炮声音巨大。可是，我的耳朵有点背，暂时还没有因此受到惊扰。齐秀成曾经给他岳丈毓贤写信，言说最近被西太后召见的事宜。

载澜捎过来一封信，说今天下午有人给端亲王和启秀报告，此前所杀死的德国公使，已经在汉奸袁昶的指示下入殓收棺。此人恳请端亲王对德国公使枭首，还把脑袋悬挂在东安门。袁昶极力抗争，言辞间说他在总理衙门和德国公使交往甚密，不忍心让其在街头暴尸，为此还引用孟子"人皆有不忍之心"的言论。这样的汉奸，居然对我大清天朝的仇敌如此同情，真的是太稀奇古怪了。

5月25日。我在申时想去载澜家里，可是轿夫都逃跑了，无奈之下只得坐车赶过去。此刻，端亲王、刚毅、载濂以及军机大臣都在载澜家里，另外，还有崇礼新派来的步军统领也在那里。西太后今天早晨召见了端亲王。东西两宫皇太后已经从西苑搬到大内居住。从西苑门到西华门，一路都有义和团拳民排列保卫圣驾，西太后为此犒赏他们两千两白银，并亲自对庄亲王加以封赏，对义和团拳民的忠勇大加赞赏。西太后告诉端亲王："洋人的命运断绝是活该，他们如今是锅里边等待水煮的鱼。四十年来，哀家忍辱负重，卧薪尝胆，就是谋求报复洋人的机会。正如当年的越王勾践，没有一天不想复仇的。我对洋人已经够宽大的了，此前，我不是还邀请公使夫人去西苑游玩吗？现在我们全国上下同心，同仇敌忾，获得胜利是肯定的了。”

我心里很清楚，端亲王急切盼望西太后能立他儿子大阿哥为新皇帝，可没有想到的是，两江总督刘坤一对这件事极力反对。此人在西太后面前说话很管用。今年的二月，刘坤一就曾经在北京城斥责义和团的妖术，并且还直面奉劝西太后不要立大阿哥为同治皇帝的嗣子。假如刘坤一不反对这件事，大阿哥早就登基成为新皇帝了，为此，端亲王非常痛恨刘坤一。刘坤一在北京第二次被西太后召见时，曾经说："太后如果废立皇帝，必然要引起两江士民义愤填膺。"可是，即便这样又能怎么样呢？皇帝在位期间，已经将国家推入危机的境地，端亲王为什么不能向西太后启奏，请求立即立自己儿子为新皇帝呢？假如那么做的话，董福祥的兵马，端亲王带领的满族军队，肯定都会拥护。不过，荣禄肯定要反对这件事，西太后对荣禄的话非常信任。荣禄的夫人时常到宫里陪西太后闲坐，得到了西太后的赏识。

5 月 26 日。我在这天去礼亲王府邸。此前，我的轿夫有的已经回家，有的加入了义和团，我无奈之下只得坐小车过去。恩珠、恩铭妄图引领一百多义和团拳民来我家里训练，我考虑他们进来之后肯定要准备伙食，实在难以承担庞大的费用开支。尽管现在全国老百姓都应该参加义和团，可此时正处于危急时刻，即便向义和团拳民提供伙食，我也不得不如此吝啬。时下物价飞涨，米要比钱贵多了。当初，梁太祖（应为梁武帝）弟弟萧宏性情酷爱积蓄，每次积至百万钱的时候就用黄色标签注明，积至千万钱的时候就用紫色标签注明，他的亲戚都因为其吝啬而抱怨。如今我已经年迈，心里总想要学习萧宏的做法。孩子们每次打我积蓄的主意时我都会让他们失望。

我到了礼亲王的府邸后，看到礼亲王非常焦虑。礼亲王家庭非常富有，尽管是军机处的头领，可是还担心责任重大，自己才疏学浅。我非常费解西太后为什么会让礼亲王接替恭亲王的军机处职位。他跟我说，刘坤一发过来一份电报的奏折，内容极力诋毁义和团拳民。西太后看完之后心里非常不高兴。刘坤一还有一份给荣禄的私人电报，请荣禄想办法阻止义和团的活动。荣禄是如何回复刘坤一的，我们就不清楚了，刘坤一的电报奏折是从保定加急送来的，里面还说："如果抵御外国侵略，那么作为臣子的我马上就带兵北上；假如屠杀使馆里孤立的洋人们，那我不愿意用堂堂的中国军队做这样的事情。"西太后朱批回复，大意是：中国南北互相依存，绝对不可以有分歧。你处理粤寇的动乱，长久在沙场征杀，肯定明白国家大义。西太后引用了《左传》里"唇亡齿寒"的例子加以说明。

庄亲王向义和团拳民发布悬赏告示，以此激励拳民奋勇杀敌：斩杀一名外国男人，犒赏 50 两银子；斩杀一名外国女人，犒赏 40 两银子；斩杀一个外国小孩，犒赏 20 两银子。我正在和礼亲王谈论当前的时局，荣禄来拜见。我们看到此时的荣禄面容憔悴，走路时脚步艰难。坐下以后，荣禄就开始大声责骂义和团拳民，说这些人"肯定不会有什么好结果"，还说"我从后门路过，拳民居然大声叫骂我是汉奸”。我在表面上尽管什么也没说，可心里感觉拳民的这个称谓和荣禄此时的身份非常附和。荣禄为人性情非常刚强，是满族大臣里极其强悍的人之一，在西太后面前举足轻重。为此，我非常担心他会破坏义和团拳民的义举。回到家里，我听到端亲王、庄亲王正在带领兵马围攻法国教堂。那个地方有许多洋鬼子坚守，并且距离礼亲王府邸只有一箭之遥，还是从礼亲王府去西华门的必经之地。礼亲王非常清楚那个教堂肯定会遭到进攻，可依然不愿意举家迁移躲避，原因是，如果搬迁，府邸中的许多财物将会遭到洗劫。没有几天时间，那座教堂就被夷为平地。最近，我的家里也居住了许多的拳民，以至于到了那座房子不知是否还属于我的地步。所有这些，都是洋鬼子惹的祸，让我受到如此的惊扰。想到这里，我忽然义愤填胸且难以压制。

就在这一天的戌时，听说荣禄发了一封电报，是由袁世凯转发给两江总督和湖广总督的。为此，礼亲王将那份电报稿抄了一遍送给了我，我就将这份电报稿秘密收藏了起来，大意是：尊电敬悉，拿一个很弱的国家去和十几个强国作战，这是将国家推向危亡地步的意见。两国交战不斩来使，自古以来如此。祖宗创业艰难，假如短时间被邪匪蛊惑，是否将会面临孤注一掷的地步？这事都等不及智者后来所了解的了。上至皇帝，下至子民，都被欺辱到了极点，所以才闹到今天的程度。义和团居然以天命为理由，这几句话难以说明其中的利害，无法挽回。我最近有病，移动有些困难，托人几次上奏本，都无法挽回这件事，奋力来到阵前，也无法让局面有所改观。诸位王爷、贝勒、群臣、内侍，他们都异口同声，想必你也知道，我就不在这里啰唆了。现在，两宫府邸周围，一多半都是义和团拳民的人。满族、汉族的军营士兵里，拳民也占去了一大半，大约有好几万。他们来来往往像蝗虫一般，弄一副烂摊子很难收拾。两宫皇太后尽管非常圣明，可也难以阻止局势的发展。天命所归，能有什么办法呢！我一定努力想办法，争取万全之计。起初准备在总督府商量，可能会有所转机，可是后来又因为义和团虎神营士兵杀死了德国公使，所以局势再一次发生了危机。所有的情况，反反复复，很难说清。庆亲王比较仁慈温和，还有同情心，可也无济于事。死亡一人不足惜，可由此将会成为千古罪人。这样的心情只有天知道。想到大清朝对我们恩泽，只能乞求列位先王的在天之灵了。这样的时局，不知道能发展到什么地步。在江边和海边，肯定会戒严。希望布置缜密，大家都努力尽心就是。荣禄乞求回电。

又有传闻，说张之洞也有电报奏折来到了京城，内容是表达内心的忠诚，说“我是否带兵马北上抗击敌军，恭候朝廷的命令指示”。张之洞为人非常善于审时度势，比如在废立皇帝方面，他就表示赞成。张之洞为此引用了很多经史典论，用来论证废立的正确性，可那都是多余的废话而已。说实话，张之洞就知道见风使舵，没有什么胆识，绝对不可以和刘坤一相提并论。刘坤一反对义和团拳民的做法，这一点我尽管很讨厌，可对此人忠贞不二的操守，所有人都万分钦佩。（此处日记详述都是一些义和团拳民的根源，还有很多的符咒、礼节等，因此都省略了，只摘录其中一些片段）

义和团拳民都有一个秘密符号，作战的时候都会戴在身上。那个神密的符号是用朱砂在一张黄纸上画一个画像，画像非人非神，非鬼非妖，有脑袋没有腿，面目狰狞，只有眉眼，头顶上还有四道圆形光环，下边还写着一行秘字。大概的意思是：我是冷云里的佛，我的前面就是火神，我的后面是太上老君。另外，画像上还有菩萨、龙虎等等。符咒上左边写“请天兵天将”，右边写“请瘟疫之神”。西太后也了解这样的符咒，并且每天还要念诵几遍，而且，每当西太后念一遍时，李莲英就在旁边大声喊：“那边还有一个洋鬼子。”义和团拳民给人判罪的方法非常独特，都是首先对嫌疑人烧一道黄表纸，然后从纸灰的升降上进行定罪。纸灰上升的，嫌疑人可以免死罪；纸灰下降的，嫌疑人就地正法。说实话，纸灰也有厚有薄，薄了就容易上升，厚的则很容易下降。另一个因素是纸缠的松紧度，缠松了，纸灰就容易上升；缠紧了，纸灰则就容易下降。拳民放火的时候也有神仙来指导，他们会用刀或者枪向房屋顶上指指画画，又向地上、土上指指画画，周围人一起大喊“着”，火马上就会燃起来。其实，这些都是事前准备好的机关。

5月27日。我此前在日记中所记的那个曾经被抓住的洋人，今天卯时已经被杀死。洋人都不留辫子，因此只能将他的脑袋放到龛盒里，然后悬挂在东安门的正梁上。洋人面目狰狞，非常可怕。在我大清国宫门上边悬挂一个敌人的头颅，这不得不说是一件盛事。我看了看，随后想起咸丰十年刑部大牢外边悬挂的洋人头颅。荣禄曾经千方百计妄图营救这个洋人，几乎都到了要强行索取的地步。可是，端亲王、庄亲王都下定决心要杀死那个洋人，不让荣禄事前知晓，已经先行一步处决了。等荣禄派的人赶到时，那个洋人已经身首异处了！昨天，王爷责罚这个洋人跪在地上的时间长达几个小时，洋人的叫声非常凄惨。西太后了解这件事情之后，马上下令犒赏五百金给捉到这个洋人的士兵，高于告示上标注的十倍之多。在我家里居住的义和团拳民，就因为看到我吸外国的雪茄烟，刚开始就想夺走，后来发现我已经年迈才准许我使用。此时，街面上的洋货都被禁止使用，以至于连洋火都在禁止之列。义和团的头领，诸如张德成、韩以礼等，都是没有读过书的粗野人，可如今都受到了王公大臣一般的礼遇，细想一下的确有点奇怪。

载澜来到我家给我说了一件新闻：今天，嗣子大阿哥将皇帝称作“洋鬼子徒弟”，不小心让皇帝听见了，皇帝随后向西太后作了汇报。西太后勃然大怒，马上下令抽打大阿哥二十鞭子。端亲王心里非常痛恨这件事，可碍于西太后的威严也不敢说什么。端亲王性情尽管比较刚烈，可他非常害怕西太后。每次西太后跟他谈话时，端亲王都会恐惧而失态，以至于汗流浃背。

昨日，董福祥上奏，外国大使馆即将被攻破。西太后就站在宫内的高处向外观望，看到大使馆周围火光冲天，就认为大使馆已经被摧毁。下午，许景澄入宫上了一份和袁昶一起署名的奏本，内容主要弹劾义和团的行径，言辞间说起火之地并非大使馆，而是朝廷的翰林院，原因是甘勇妄图通过放火焚烧翰林院，进而让火势蔓延到外国大使馆去。西太后看完奏本后非常不高兴，斥责了董福祥的行径。随后，荣禄被立即召见，西太后和荣禄谈了很久才退出，而里面没有其他人，所以不清楚二人说了些什么。今天，裕禄从天津上了奏本说，洋人军队攻击大沽炮台，杀死了很多人，另有两艘军舰被击沉。天津的洋人几乎都被剿灭干净了。今天杀死的北京城内教民，大约有好几百人，其中不少无辜被错杀的。西太后非常仁慈，听到这样的消息心里很不平静，就下谕旨说，假如教民能够悔改的话，马上可以赦免。

5月29日。今天是内务府大臣文年当差的日子。有人告诉我说，端亲王、庄亲王、濂贝勒、瀛贝勒带领大约60名义和团拳民在六点钟进宫，说要搜寻二毛子。他们到达寿宫门时，西太后还没有起床，这些人就大声呼喊，请求皇帝出来，还说皇帝就是洋鬼子的朋友。这些都是端亲王先说出口的，当时端亲王的粗俗鲁莽的状态非常令人吃惊，以至于让人感觉他是不是喝醉而发疯了。西太后正在吃早茶，听到了外面的喧嚣声音，都在高呼要杀死洋鬼子的徒弟。西太后赶忙走出来站在台阶上面，发现很多王公大臣和义和团拳民就在台阶下。西太后勃然大怒，马上斥责端亲王说："你是不是感觉自己就是皇帝了？居然敢这样胡作非为。你必须清楚，废立皇帝的事，只有我一人说了算。现在尽管已经嗣立你儿子是大阿哥，可转眼间我就可以废掉他。你感觉在国家纷乱的时候，是不是就可以瞎胡闹？你的算盘打错了。马上带人出去，没有奉谕旨不能随便进来。马上叩头请罪！"端亲王非常害怕，不停地叩头。西太后命令责罚端亲王一年的俸禄，还说这是轻饶了他。至于那位义和团拳民的头领，因为胆敢在宫廷里大喊大叫，被立即斩首，立即命令驻扎在宫门外的荣禄军队执行。如此一来，人人害怕，都感觉荣禄肯定会抓住这次机会奉劝西太后停止进攻外国大使馆的行动。方才义和团拳民喧嚣的时候。皇帝有些吃惊，随后才叩头感谢西太后对自己的仁慈，感谢西太后救命之恩。

下午九点钟，因对端亲王是义和团的靠山而恼火的西太后下达谕旨，停止进攻外国大使馆的行动，并命令荣禄马上到外国大使馆商议和谈事宜。于是，到了第二天，荣禄带领军队在外国大使馆边界悬挂一块上写“奉太后谕旨，保护大使馆”的牌子。洋人从大使馆里面走出来，开始和荣禄商议。接下来，三个小时内再也听不到枪声了。后来，恩铭回来给我说，形势还在变化之中。西太后听说外国联军被打败了，就再次改变了主意，准备重新信任义和团。

6月4日。刚毅前来拜访我，在我家里一起吃晚饭。他给我说，董福祥今天早晨亲自去荣禄家里，请求借用武卫军的大火炮。荣禄带领的武卫军装备相当精良，如果用他的火炮进攻大使馆，几个小时之内肯定就可以炸毁，可装备都在荣禄手里。董福祥等了一个多小时，荣禄才出来相见。董福祥理直气壮地向荣禄提出了要求，可荣禄假装睡着不予理会，董福祥就责骂荣禄无礼。荣禄笑一笑说：“你要借用大炮有一个办法，可以向西太后写奏折，然后拿去我的人头。只要我荣禄一天不死，你一天就不会借到大炮。”荣禄还告诉他：“你马上去见太后吧。你是好汉，太后现在又信任你。你过去求见，肯定就答应的。”董福祥勃然大怒，没有说话就走了出来，随后进宫去了。当时，西太后召见的时辰已经过去，董福祥也顾不上这些礼数，径直走向皇极殿门，然后大声命令宦官奏闻西太后说：“甘军统领请求西太后立刻召见。”

西太后正在画画，听见董福祥的言论非常不高兴，就让董福祥进来。董福祥进去之后先跪下。西太后就说：“好啊，我还以为你来奏报已经攻破大使馆了呢！从上月开始，你已经上奏十次了。”

董福祥回答说：“微臣此次求见太后，主要是弹劾大学士荣禄协助洋人，是大奸臣。他带领的武卫军装备有大火炮。假如能用来进攻大使馆，马上叫大使馆片甲不留，微臣向荣禄借用，荣禄发誓不给，还说即便是老佛爷的谕旨，也不行。”

西太后一听马上怒火冲天：“不许胡说！你是强人出身，现在朝廷用你，只不过是让你立功赎罪。像你这样如此狂妄，眼里没有朝廷，依然不改强盗作风，难道是活得不耐烦了吗？下去吧，今后没有谕旨宣召，不许进来。”

刚毅曾经说，荣禄的势力一天不垮，外国大使馆一天不能攻破，还说，那桐曾经弹劾过的立山，西太后现在也非常信任，立山也庇护洋鬼子。下面收录的告示是庄亲王所出，在大街上张贴了很多。

庄亲王说，现在的外国教堂都已经被烧毁，洋人已经无处躲藏，肯定会四散奔逃，因此特告示军民闲杂人等，但凡如有敢窝藏洋人者，就地正法。如有活捉一个男洋人，犒赏50两白银；活捉一个女洋人，犒赏40两白银；活捉一个洋人儿童，犒赏30两白银。必须要真正活捉，不许冒充，一经验明之后，马上犒赏，绝对不会拖延。西太后曾经给我说，这项银款项由内帑支出，希望都能奋勇杀敌……

我想起在咸丰十年的时候，也出现过这样的告示，并且犒赏还要丰盛。原因是，当时洋人非常少，而现在洋人非常多。说到这里，心里顿生感慨！今天早起，庄亲王府邸大门外杀死了九百多教民，审判者有刚毅、芬车、桂春等。其中有很多是无辜冤枉的，即便是几岁的儿童也难以幸免，芬车的确是一个刽子手，他死后我们绝对可以称他是屠伯，实在是太残忍了，难以形容。我还听说，西太后为此严厉斥责庄亲王，说他没有管束义和团拳民，从而任意妄为。

6月8日。齐秀成在十一点来拜访我，和我谈了很长时间。外面的枪炮声非常厉害。我的寓所南部接近皇城的地方，是李秉衡军队的驻扎地，他们在高处架设了炮台。此刻，大家都在怨恨荣禄不借火炮。荣禄带领的军队，都非常严格地忠诚于上司，并且绝对不可以贿赂和收买。荣禄具备过人的胆识，在西太后面前具备超强的势力。他最近以来和人谈论时，常常引用《孟子》的言辞“当纣之时，居北海之滨，以待天下之清”。其中，纣就是指端亲王。有人给我说，最近端亲王得到了一枚皇玺，假如能得到机会，可以直接立自己儿子为皇帝。这样的事假如让西太后知道，肯定会非常危险，可不久之后肯定会查出来的。齐秀成说，毓贤最近上了一份奏折说了山西教会的事情。十天之前，西太后发出了一道谕旨，命令国民如果遇到洋人就可以杀死，不要出现漏网之鱼。这份谕旨是针对各个省份的，可是最近有消息说，陕西署抚端方、河南巡抚裕长，还有蒙古各地，他们收到的谕旨竟然各不相同，所有的“杀”都变成了“保护”，这其中肯定有奸臣从中篡改，但是，如今也没有人敢将此事汇报给西太后。针对毓贤最近事件的奏折，西太后朱批说："哀家之所以下令，但凡洋人无论男女老幼皆杀无赦，目的是为了铲除乱源，进而安定民生。"这道谕旨已经快速发往山西。齐秀成给我说，毓贤非常怕老婆，他之所以如此痛杀洋鬼子，都是他老婆的主意。毓贤来到山西不久就得到了非常好的声誉。老百姓都赞颂他审案公正，还称他为青天大老爷。

庄亲王看到西太后的朱批之后，非常高兴。荣禄就极力劝说西太后："对一些妇孺大开杀戒，如何能扬我大清的国威呢？恐怕还会让全世界人来笑话，还对老佛爷平时的仁慈名声有一定的损害。"西太后笑一笑说："你说得很对。可是，洋人要求我归政，我如此就是还报给他们。从道光皇帝以来，洋人在我大清国欺负我的臣民，他们反客为主。现在就是要让他们清醒一下，谁才算这里的主人。"

西太后在昨天下午去了西苑，在几名嫔妃的陪从下来到湖中游玩。近日以来，城内围攻法国教堂的枪炮声不断，西太后对此非常讨厌，命令给西华门的驻守军队传谕旨，停止攻击，等太后回宫之后再开始行动。

6月11日。裕禄最近上了一份奏折，内容非常可笑，言说他在天津捉住了四匹骆驼，还杀死了很多洋人。荣禄曾经奉劝他不要攻击租界。他听荣禄说："董福祥近日派一名满族士兵要暗算我，可这个士兵反而将董福祥的阴谋告诉了我。这名士兵就是安海（就是曾经杀死德国公使的人）的弟弟。董福祥感觉此人肯定对洋人特别痛恨进而会将痛恨转移到荣禄身上。可是，这名士兵是荣禄旗下的人，如《孟子》中所言'郑使子濯孺子侵卫，卫使善射者庾公之斯遣之。而庾公之斯不忍以夫子之道，反害夫子，遂纵令生还也’。”荣禄再次上奏，还引用《春秋左传》上的话说：“兵交，使在其间。”现在围攻外国大使馆的行动，确实已经违背了公理，并且还非常愚笨，各国肯定永远难以忘怀，还要将中国看作野蛮而无礼。西太后说：“特兰斯充其量不过是非洲的一个小国家，但这个国家却打败了强大的大英帝国。中国为什么就不可以打败列强呢？”荣禄回答说：“如今的形势跟平时大有不同。假如现在马上与列强议和，我们国家可以不亡；假如外国大使馆遭到毁灭，那我大清的社稷就危急了。”在荣禄的努力劝说下，西太后的态度似乎有所转变。义和团尽管自夸自大，但是并没有收到多大的实际效果。再有，天津清军失败的消息传到了京城，西太后为此非常焦虑。

6月15日。我有一个在内廷当差的大臣邻居，叫文年，他给我说，西太后最近非常恼火，斥责大阿哥粗俗莽撞。大阿哥曾经请求西太后说，允许他护送西太后去热河，让皇帝在北京和外国人议和。此刻，传来一声枪响，一名小宦官准备讨好西太后，就说：“又杀死了一个洋鬼子。”西太后就说：“前些日子枪炮声足足可以杀尽中国国内的洋鬼子好多次了，可是总也没有那回事。”

6月17日。荣禄在昨天入宫见了西太后，问：“假如义和团拳民失败了，北京城被洋人攻破，我们用什么办法对付？”西太后就引用了贾谊的言辞：建三表、设五饵等等。三表的意思是：用信誉，用爱谕，用好谕；五饵的意思：文绣以坏耳目，美食以坏其口，声乐以坏其耳，高堂邃宇以坏其腹，隆礼厚爱以坏其心。西太后说起两年前，她曾经邀请各位公使夫人到宫廷里游玩，她们都受到了西太后的盛情款待，非常高兴。西太后就说，外国人尽管都向着皇帝说话，不喜欢我，可我有办法让他们改变自己的态度。

6月20日。越来越多的非常不利的消息传来，天津已经被洋人占领，而且洋人军队正在向北京步步紧逼，军机处的人没有一个人敢向西太后透露这样的消息。端亲王大着胆子上奏说："洋鬼子已经占领天津了，都是因为义和团没有虔诚遵守戒律，因此才吃了败仗。不过，北京城固若金汤，洋鬼子绝对是攻不破的。"今天早起，荣禄上奏说："现在已经证实，前段日子外国公使恳请太后归政的照会，其实是假造的，系端亲王让军机处章京连文冲伪造。"因此，西太后最近一段时间非常恼火，她警告端亲王："如果洋人军队攻进北京，你的性命难以保存。"西太后已经清楚端亲王欲图谋不轨，妄图乘机夺得监国摄政的职位，所以非常清楚地斥责他："哀家在世一天，你一天就没有做的份，还是小心点吧！假如再不安分，就把你赶出宫去，家产全部充公。你的所作所为，和你狗名非常般配（端亲王名字叫载漪，犬旁）。"端亲王非常狼狈地退了出去，给旁人说："迅雷不及掩耳。"除了董福祥的军队之外，荣禄已经得到了其他各个军统的协助，都清楚围攻大使馆的军事行动将要停下来。荣禄为了替自己开脱，就说，不借给董福祥大炮的原因是担心旁边的宗庙受到损害。

最近几天，西太后给各国大使馆不断送西瓜、酒、蔬果、冰块等礼物，还让庆亲王过去慰问。有人传言，许景澄与各国公使秘密通信来往。今天抓到了一名使馆的邮差，在其身上搜出了十二封电报，马上送往庄亲王府邸。其中，有三封是密码电报，不能翻译出来，其余的电报显示，洋人总共有二百多人死伤，并且粮食也快要吃完了。

近日，齐秀成来到太原，听说毓贤上了一个奏折，言说他用一个妙计，就将洋人全部抓获，然后用链子锁住，押到抚署杀死了，没有一名漏网。只有一个洋女人被割乳后逃跑了，藏在了城墙底下，后来发现已经死了。

大雨倾盆，刘大桥带过来几斤御膳房的猪肉，我就送给了妹妹一碗。傍晚，有一队马军全副武装聚集在我家门外，是李秉衡的部属。他们拉着大炮，准备架设在禁城上面，以此防备洋人偷袭。夜里，枪炮声音非常厉害，有传闻说，海岱门外已经出现了洋人。

6月21日。天气很好，我徒步来到礼亲王和载澜家，有传闻说裕禄的军队已经好几个月都没有发军饷，士兵瞬时崩溃，四散抢劫。通州的张家湾一些地方，都遭到了严重的抢劫。东城门已经关闭，北城门只是偶尔开一会儿。我的仆人杨升从京东宝坻县返回京城，言说他那边还比较安静。有传闻说李秉衡打了一次胜仗，将洋人军队都赶到了海边。下午，东南方向枪炮声起来了，据说有很多教民窝藏在日坛，载澜带领义和团一个大队的人马过去搜索。

6月27日。早晨，袁昶、许景澄上了第三道奏本，请求西太后处死主持义和团的大臣。昨天，李秉衡入宫，在西太后面前极力主张作战，西太后再一次改变了主意，转而对义和团拳民信任有加。此刻，袁昶和许景澄上这样的奏本，尽管意见肯定会被否决，可他们的胆气却值得钦佩。李秉衡从汉口回来，现在已经降职成为督师大臣，他在西太后面前依然表态说，一定能攻破大使馆，还扬言一定要确保宗庙社稷不能再次受到羞辱。

我在今天赶到载澜家里，端亲王、李秉衡都在那里，正在筹划再次进攻大使馆的事宜。李秉衡主张从翰林院埋设地雷来轰炸大使馆，为此，他曾经多次向西太后提出使用这条计策，恳请效法此前摧毁法国大使馆的办法，采用地雷轰炸的办法，洋人就会溃乱，可以迅速拿下大使馆。西太后审阅了袁昶、许景澄的奏本后，说："你们都很有胆识。许景澄就不用说了，袁昶在戊戌政变那一年，曾经把康有为的阴谋诡计上奏给我，我才得以了解。这个人不错，可是，现在不应该用他的固执己见来分散我的精力。朝廷对当前的时局有自己的权衡，难道还能让他们越俎代庖？不过，哀家不会治他们的罪。"接下来，传谕旨申饬，不要再上一些任意妄为的奏本，以免扰乱西太后的心意。

7 月 3 日。李秉衡返回京城之后，很快得到了西太后的信任。昨天，李秉衡和刚毅经过调查，证实了之前篡改谕旨、私自将西太后谕旨里的"杀"都改成"保护"的人，竟然是袁昶和许景澄二人。刚毅给我说了这件事。西太后知道事情的原委之后勃然大怒："他们胆敢篡改谕旨，就像当年赵高的做法一样，应该判处车裂的刑罚。"因此，西太后马上下令立斩。不过，这份谕旨里并没有提及篡改谕旨的事件，其中原因是为了维护朝廷的威信。只是指出，袁昶和许景澄二人和朝廷抗争，袒护洋人，因此要在今天处决。恩铭当时前去观看。袁昶平时为人非常好，因为我听说他的如此结局后感觉非常惋惜。对于许景澄，我也曾经和他一起在内阁共事，认识这个人，但不很了解，其名声不是很好。行刑的时候，袁昶泰然自若，神色从容，说："我希望不长时间就可以重见天日，剿杀奸佞。"其意在说端亲王骄横凶悍，蒙蔽西太后的耳目。当时，载澜监斩，听到袁昶的话就斥责他："奸臣就是你，不许随便多说话。"袁昶面无惧色，依然大声喊："我虽死无罪。你们这些狂颠，阴谋乱国，罪该杀无赦。我等的名字肯定永留人间，后人会敬仰我们。"随后转身对许景澄说："我们很快就能在地下相见，人死就像回家一样。"载澜妄图走上前去攻击袁昶，刽子手马上下了屠刀。

7月8日。我和长子争执了一场。他竟然偷走了很多银两，我了解情况后就责备他，谁知他的回答居然非常狂悖，言辞间说我深受朝廷重恩，在当前国家危急之时，说我应该以自杀来报国。李秉衡带领军队到阵前抗击洋鬼子，他在京城曾经上奏本弹劾荣禄，西太后扣留奏本不发，而皇帝却赞赏荣禄尽职尽责。荣禄说："就前两年的事情，我已经疏于臣子之道，今后再也不敢奢望得到皇帝的恩惠。"

7月21日。西太后下令荣禄开始筹划护送洋人回天津事宜，以此来阻挡联军的步伐。几天前，我曾经听传闻说，某人让启秀向使馆捎书信，邀请各国大使到总理衙门商议当前局势，但不可以带卫队。这是在引诱洋人离开使馆，随后将这些洋人斩杀在路途中。启秀自以为非常高明，可连续发出去几封信函，各国的大使都不敢贸然前往。启秀这里一方面不停地去信邀请，另一方面还要不断攻击大使馆。在崇文门大街，有一名洋人光着膀子见人就叩头，即便看见挑夫也照样叩头请求饶命，讨得几枚铜钱，洋人自言自语说自己很快就要被杀，可自己从来没干过坏事。荣禄的下属把这名洋人带回家，荣禄没有杀他反而释放了他。这就是洋人难以平定的原因之一。

7月15日。非常不幸的消息传到京城：荣禄的军队吃了大败仗，洋人军队正在向京城逼近。西太后动了去热河巡幸的念头，荣禄极力劝阻，认为即便是洋人已经兵临城下，圣驾也不可以离开北京。载澜不相信洋人军队能进入北京城，听到人们议论洋鬼子进京就开始嘲笑他们。不过，有一件事可以放心，那就是洋鬼子即便是进京也不会抢劫和屠杀。四十年前的事情，我记得非常清楚，那时候尽管洋人攻破了京城，我依然可以平安无事，也没有发现一个洋人来骚扰我，最大的困难只是无法得到粮食。洋人军队在城外驻扎，不是随便进城，我们并没有受到伤害。

7月16日。在法国教堂邻近居住的我的一位老同事立山，有传闻说他挖了条地道，准备用来接济洋人食用品。端亲王派人抓住了立山，随后将他交到刑部处理。西太后不了解这件事。另外，徐用议、联元两个人也被送到了刑部大牢。徐用议此前不赞成立大阿哥，所以招致端亲王的痛恨。联元被抓的原因是，有人告发他和袁昶关系很好。上面的三个人都在今天早起被斩。徐用议岁数比我大，今年已经79岁，实在太可怜了。他尽管听说西太后不了解这件事，这都是端亲王骄横滥权造成的后果，可也没有哀叹的话，就在临刑之前说："你们这些奸佞之徒，怎么能长远呢？我能死在洋人进京之前，这是我非常希望看到的。"这两位满族人被斩的事情假如让西太后知晓，肯定会大发雷霆。立山和荣禄也是好朋友。

山西一位姓刘的将官来京城，今天早起入见西太后进言说："三天之内一定能攻破大使馆。使馆被攻克，联军听到后肯定会害怕不敢进击。现在应该抓紧时间进攻，义和团太无用了，我早就听说义和团难堪大任。"

7月18日。洋人军队步步紧逼，裕禄的军队在北仓、杨村、蔡村等一些地方不断惨败。裕禄溃逃到一家棺材店里，随后自尽。李秉衡在十四日这天抵达河西，开始着手收拾残兵败将以备再战，可是，张春发、陈泽霖两个人都不愿意再上战场，李秉衡随后服毒自尽。

荣禄进宫，将阵前的消息汇报给西太后听，君臣相对哭泣，这就是诸位王公大臣和义和团拳匪酿造的祸端，最终让国家陷入危机的境地。荣禄是非常聪明的人，此种地步绝对不会抢先发表个人见解。西太后说出逃还不如以身殉国，还要和皇帝一起自杀。荣禄恳请西太后听他的奉劝留在京城，然后下一道谕旨：立即将端亲王斩首，判处他骄横的罪行，以此向洋人表示朝廷的本意。然而，此时的西太后依然寄希望于义和团拳民的法术，希望以此救北京，依然下令进攻大使馆。

西太后在今天连续召见荣禄八次，召见了端亲王五次，其他的军机大臣都默然无语。

7月20日。下午五点钟，通州被联军占领，洋人军队即刻进京。今天，西太后在宁寿宫召见了军机大臣五次之多，决定去张家口避乱。申时，载澜急匆匆回京，没等到宦官通报就大声喊道："老佛爷，洋鬼子杀过来了。"刚毅随后入宫，汇报说有一大队士兵正在天坛附近驻扎。西太后就说："那恐怕是我们的回民义勇，是从甘肃赶过来的。"刚毅说："不是，那些士兵就是洋鬼子。恳请老佛爷马上出发，不然洋鬼子就到眼前了。"到了半夜，西太后再次召见了军机大臣，只有刚毅、赵舒翘和王文韶三人赶了过来。西太后就问："他们都去什么地方了？想必都跑回家去了！扔下我们母子二人没人管。不论发生什么事，你们三个人一定要跟着我们走。"还特意对王文韶说："你岁数大了，我实在不忍心让你这样辛苦。你就随后赶过来吧。"随后又对刚毅和赵舒翘说："你们二人都会骑马，应该跟着我走，沿途一路照料，不要离开半步。"王文韶回答说："微臣一定尽力赶上。"光绪皇帝好像忽然间惊醒了一般，他对王文韶说："是的，你还是努力尽快跟上吧！"

两宫究竟是什么时间离开的宫殿，我并不清楚。此刻，荣禄正在尽力集合军队，根本没有时间入见西太后。

7月21日。文年给我说，西太后晚间只睡了一个时辰，寅时就起床了。她匆匆忙忙打扮了一番，身穿一件蓝布衣服，有点像乡下的农妇，这应该是西太后事前准备好了的。另外，她梳了一个汉族的发饰，估计也是生平以来的第一次。西太后说："谁能想到今天能落到这步田地！"三辆平常的骡子车进入宫里，车夫也没有戴官帽。嫔妃们都在三点半开始了集合。西太后首先下了一道手谕，此时，绝对不准她们中任何一人跟随。珍妃平时和西太后不睦，此刻她也跟着大伙集合。此时，珍妃居然向西太后进言说，皇帝应该留在京城。西太后一句话没说，马上厉声对身边的宦官说："把她推到井里去。"皇帝非常悲痛，马上跪下来恳求赦免珍妃。西太后马上大怒："起来吧！现在不是讲情面的时候，让她去死，也好乘机警告那些不孝顺的孩子们！还要让那些鸱鸮们看看，他们到了羽毛丰满的时候，就开始啄自己母亲的眼睛。"李莲英一些人就将珍妃推到宁寿宫外边的大井里边。皇帝非常悲痛，以至于浑身不停地颤抖。西太后说："上你自己的车子，把帘子放下来，不然有人会认出你。"皇帝身穿蓝纱长袍，蓝色布裤子。此刻，西太后又给溥伦传谕旨说："你要挂皇帝车沿，好生看着。让溥儁挂沿。"西太后又对李莲英说："我知道你骑马不行，不过你要努力赶上，跟着我走。"在这样的危急时刻，唯有西太后一人镇定自若，指挥着周围的一切。她对车夫说："你要尽力赶车。假如遇到洋鬼子阻拦，你不用讲话，我能给他们说。我们都是乡下的穷苦人，如今要逃回家去。现在，我们先到颐和园。"

两宫开始动身，出宫北门（就是神武门）而走。启程的时候，宫里的嫔妃都跪着相送，还要恭祝西太后和皇帝万寿无疆。两宫的车队只有军机大臣三人骑马跟随，其他的文武百官都到颐和园聚合。我的邻居文年还恭送了一程，看到圣驾到达德胜门，但是人流拥挤，导致城门几乎难以行走。申正时，圣驾在辰正时到达湖边。西太后吃了一点早茶，稍微歇息了一下。首先从庆王府邸前往朝阳门，向洋人的军队悬挂了停战的大旗，随后打开了城门，让洋人军队随便进入。西太后和皇帝在湖边的时候，恩铭正在那边值班。圣驾一路风尘赶了过来，当时没有人敢认。果然是西太后吗？不过，此刻的西太后是满脸的不高兴。左门马上打开，骡子车赶进去，吃完饭之后随即传达谕旨："但凡国家珍宝，全部送往热河。"随后又派一名宦官返回京城，告诉皇后马上将宫内的财物和珍宝都埋到宁寿宫院子里。端亲王、庆亲王、肃亲王都在颐和园跟随圣驾，此外还有很多王公、贝勒，以及大员吴汝梅、溥兴两个人，各部的堂官大约有十二人，军机章京三个人，提督马玉坤带领一千士兵护送，一直到张家口。另外，还有端亲王带领的虎神营旗兵好几百人，他们还曾经攻击过大使馆，但最终无功而返。荣禄依然在努力集合军队。

据传闻，我的老朋友、军机大臣徐桐上吊自杀，全家十八名妇女也都随之上吊而死，真是忠臣。此刻又有传闻，都是非常凄惨的事情。当初都是满洲的骄子，如今都落到这般田地。醇亲王已经选好妻子，本来准备到下月成婚，此刻全家也都自尽而死，真是太悲哀了。西太后的一生，这次是第二次避敌出逃，非常像当年周幽王遭到犬戎的攻击一样，只能在外蒙尘了。这次战败，主要是南方各个省份不愿意同心合力造成的。端亲王有排斥汉族的思想，这一点极端错误。孔子说过：小不忍则乱大谋。荣禄的见识，总的来看还是非常正确的。义和团拳民的法术，就像小孩子瞎胡闹一般，一点作用也没有。哎！回头看看，太平盛世很难再次看到了。我夫人和家里的妇女们，此刻都显露执拗和愚昧，都准备吞烟自杀，可我难以阻止，所幸我自己没有这样的愚见。外国的强盗虽说已经开始在城内抢劫，可他们绝对不会知道我藏金的地点。我尽管已经年迈，但肯定会守着这批财宝不动。

从昨天开始，恩珠就不知道跑到什么地方去了。家里的下人们都如鸟兽散，以至于到了没有人为我做晚饭的地步。

《景善日记》记述到这里就停止了。这个老人在当天夜里被自己的长子杀死，他家里的所有妇女，也都吞烟自杀。

光绪皇帝朱批谕旨：立端亲王之子大阿哥为继承皇位的人。谕旨在光绪二十五年（1899）12 月25 日正式下达。在谕旨中，光绪皇帝表示自己心甘情愿引退，并且还将其中的利害公示于众，里面更重要的是不得不谢圣母的恩惠。这样伤心的谕旨，在中国历史上非常罕见。西太后竟然因为自己一念之私，就不惜残害皇帝的龙体，以此手段达到自己的目的，残忍之极。

下面的奏本是留在京城的都察院呈报给西安行宫的，内容是杀害德国公使、男爵克林德的凶手安海被捉拿的事情。阅读之后可以了解到，当时在京城的那些权贵们对义和团拳民排斥洋人的思想是何等地支持，而他们这样还可以尊重西太后的想法，即便是作战失败后依然不减。中国官员的勇敢，由此可见一斑。这份奏本没有发抄，西太后也没有加批复，是由西安随护的一名官员送给上海一家报社而公开的，大意是：

日本人所雇佣的侦探，在日军的领地当铺里发现了一块手表，上面有克林德标注的图记。当铺的主人说，这就是满族人安海把这个东西当在这里的。这个人住在内城车店里。侦探名字叫得洛，本旗营定字第八队的书记官，查清这件事后就向日本人作了汇报。日本人马上到达车店里，两三个人首先进入，然后立在院子里问：“安海在这里住吗?”有一个人回答说：“我就是安海。”于是，安海就被捉拿了。审问的时候，安海神态自若，面无惧色。审问官问：“德国的公使是不是你杀死的?”安海回答：“我是奉长官的命令，遇到外国人就杀死。我就是一名士兵，就知道服从长官的命令。有一天，我带领二三十人在大街上巡视，看见一个洋人坐着轿子走过来。我站到一旁，对准洋人开了一枪，轿夫马上逃跑了。我就把洋人拖出来，已经死了。他的胸前有一个表，我就拿了。我的随行人有拿洋人手枪的，有拿他金戒指的，我没有想到这块表能让我犯案。不过，我因为杀国仇而死，心里很高兴。你们杀死我就准备偿命吧。”

翻译又问：“那一天你是不是喝醉了?”安海笑着回答说：“酒这个东西非常好，我平时每次都能喝四五斤，可是那天没有喝一杯。你怕我借助喝酒减低罪行吗?”

安海真的是一个忠勇之士，言谈非常从容，旁观者都非常吃惊，感觉中国军队里边的确有英雄好汉。第二天，安海被移交给德国人，随后在克林德被杀害的地方处死了安海。微臣考虑这件事，应该上奏让圣驾了解，安海为国家而死，应该得到皇太后的悯惜，以此让安海得到荣誉。

谨此奏本。

## 奸臣误国

庚子年间，西太后对义和团拳民非常痴迷，很多大臣上奏本劝阻，其中就有袁昶、许景澄二人。京城之外的有两江总督刘坤一，他非常清楚西太后的这些做法其实就等于自取灭亡，所以非常忧虑，发电报奏本极力劝阻，为此还特地发了一封八百里加急电报的奏折，恳求西太后马上撤掉攻击外国大使馆的军队。西太后对此的批复模棱两可，没有明确表态。原因是，当时的西太后并没有明确的宗旨，之前被洋人欺负想复仇，可又担心因此招来国难，思忖不定，反复无常。阅读《景善日记》后可以了解到，当时的西太后心里其实正在两条路之间纠结，处于左右为难的状态。西太后审阅刘坤一的奏折并批复之后，依然下令进攻大使馆，且长达一个月时间。刘坤一对朝廷忠心耿耿，其忠诚和荣禄有一比，这一点西太后心里非常清楚。刘坤一操守非常坚毅，处事经验丰富且具备远见卓识，有中国古代大臣的遗风，西太后一直对其非常信任。可是，即便这样，刘坤一的苦谏之言依然难以撼动西太后对西洋人的复仇之心，没有将西太后从痴迷义和团拳民的梦中唤醒。最终，天津大沽炮台的失守，西太后的意念才开始发生变化，可此刻事情已经非常糟糕了，最终被迫仓皇出逃。此刻，西太后才明白大势已去，西太后即刻发文书向全国通告，还给各国被包围的大使们赠送水果和蔬菜，准备求得一线转机，后来，这些善意的举动成为了西太后向洋人求和的例证。当时，西太后非常窘迫，内心焦虑不堪，已经到了几乎崩溃的边缘，可是，她希望端亲王能够带领义和团拳民彻底打败洋人的心境依然存在。中国人的传统心理向来是君王无过失，以此作为对君王的尊敬。孔子的教化，尊敬祖宗的理念，才可以定性为忠节，官员将这些作为人生的操守，而君王则将这些理念立为定国安邦的根本。刘坤一等一些人的奏本就表明了这样的心理，让人阅读起来感觉很有趣味，非常重要。在奏本中，他们从来不提及朝廷的丝毫错误，总是斥责其他的大臣不能够体察西太后的心意，并且不断赞颂朝廷仁义聪慧。

7 月 1 日，西太后亲自撰写了一份谕旨，比较详细地叙述了时局变化的根源，以此来宽解西洋列国的挑衅之心。有趣味的是，在十天前，西太后依然还在悬赏购取京城内洋人的头颅，还给毓贤下令将山西境内的洋人赶尽杀绝，毓贤都按照谕旨执行了。西太后时常阅读古书，她感觉洋人非常容易发生内讧，将来肯定要互相猜疑，最终四分五裂。

西太后向各国的元首致电，此举是在军机大臣的恳求下，感觉这是乘势取得胜利之计，妄图达到各国列强之间互相猜忌直至分裂的目的。其实，此类外交手段纯属小儿科，足见西太后对当时世界形势的无知。并且，此类的外交书函，按照体制，应该让庆亲王以及总理衙门向各国大使发照会才是正理。在大沽炮台、天津相继失守之后，联军进京已经指日可待，西太后开始忧虑，这才出现此类电报给各国大使的训条。当时，西洋列强都认为大使馆已经在中国政府掌控下，他们此刻和中国人打交道都有所顾虑。对此，西太后心里非常清楚，她感觉洋人的这种心理可以为后来的谈判留下余地。不过，西太后在宫里依然不断受蒙蔽，此间依然没有放弃义和团拳民打败洋人的奢望，期盼能够迅速攻破大使馆，而她下令攻击的使馆，也正是她所说要专心保护的使馆。

这里，再简单说一下其他方面的事情。但凡研究中国近代史的人，都是根据历史来预测未来的事情。应该清楚，能够在朝廷上说上话的中国人，主战，主和，无论满族或者汉族，也无论愚智怯勇，都在怨恨西方的洋人以及他们所做的一些事。这样的心理，在官员和义和团拳民心中几乎都一样，只不过义和团拳民的思想简单粗暴，而官员们的思想文雅一点。政府大员刘坤一、荣禄也是这样认为的，他们和外国人友好并非出自内心本意，只不过是暂时被迫而为之。然而，细心查看这种外交的情景，还有西方人和某某大员的私交，则让人难以分辨其中的真假。并且，中国人的怨恨心理，时间长，程度还比较深，这样的心理的源头在哪里呢？是西方人自己所致，还是中国人的错误呢？这是需要人们潜心研究的问题。查看研究中国官员最近五十年的奏本，可以了解到，他们对西方人的不满由来已久，且没有休止。其中，也有不完全是这样的，比如袁昶就对西方人非常尊重，但他也不是发自内心的。西方人历经长时间的磨合依然无法熟悉中国的国情，且非常容易上当受骗。所有这些，都能让中国人从中找到轻视洋人的理由，中国人还具备诱惑之术。假如中国再发生拳乱的话，肯定是由政府大员蛊惑挑起来的，正如庚子年间的事情一样，甚至还不如某一年来得更加清楚。中国人对西方洋人充满敌视心理，确实难以解释。下面抄录的是西太后致英国、俄国、日本各国君王的电报。

电令出使俄国的大臣杨儒呈递国书，内容是：

> 大清国大皇帝问大俄国大皇帝好。中国与贵国邻邦接壤，二百数十年来，敦睦最先，交谊最挚。近因民教相仇，乱民乘机肆抚，各国致疑朝廷袒民嫉教，贵国使臣格尔思曾向总理衙门请速剿乱民，以解各国之疑。而其实京城内外，拳民蔓延已遍，风声煽播，自兵民以及王公府第，同声与洋教为仇，势不两立。若操之太促，及恐各使馆保护不及，激成大祸，又恐各

海口同时举事，益复不可收拾，所以不能不踌躇审顾者以此。乃各国水师不能相谅，致有攻占大沽炮台之事，于是兵连祸结，时局益形纷扰。因思中外论交，贵国之与中国绝非寻常邻谊可比。前年曾授李鸿章为全权专使，立有密约，载在盟府。今中国为时势所迫，几致于犯众怒，排乱解纷，不得不惟贵国是赖。为此开诚布臆，肫切致书，惟望大皇帝设法筹维，执牛耳以挽回时局，并希惠示德音，不胜激切翘企之至。

电令出使英国的大臣罗丰禄呈递国书，内容是：

大清国大皇帝问大英国大君主兼任印度大后帝好。中国与各国通商以来，惟贵国始终以商务为重，并无觊觎疆土之意。近因民教相仇，乱民乘机肆横，各国致疑朝廷袒民嫉教，遂有攻占大沽炮台之事，从此兵连祸结，时局益形纷扰。因思中国商务，贵国实居十之七八，关税既轻于各国，例禁亦宽于他邦，是以数十年来，通商各口之于贵国商民，相浃洽，几如中外一家。今以互相猜疑之故，时势一变至此，万一中国竟不能支，恐各国中必有思其地大物博，争雄逞志于其间者，于贵国以商立国之本意，其得失当可想而知。现在中国筹兵筹饷，应接不暇，排难解纷，不得不惟贵国是赖。为此开诚布臆，肫切致书，惟望大君主设法筹维，执牛耳以挽回时局，并希惠示德音，不胜激切翘企之至。

电令出使日本国大臣李盛铎呈递国书，内容是：

大清国大皇帝问大日本国大皇帝好。中国与贵国相依唇齿，敦睦无嫌。月前忽有使馆书记被戕之事，正深惋惜，一面拿凶惩办间，而各国因民教仇杀，致疑朝廷袒民嫉教，竟尔攻占大沽炮台，于是兵衅遂开，大局益形纷扰。因思中外大势，东西并峙，而东方只我两国，支柱其间。彼称雄西土，虎视眈眈者，其注意岂独在中国哉！万一中国不支，恐贵国亦难独立，彼此休戚相关，亟应暂置小嫌，共维全局。现在中国筹兵筹饷，应接不暇，排难解纷，不得不惟同洲是赖。为此开诚布臆，肫切致书，惟望大皇帝设法筹维，执牛耳以挽回时局，并希惠示德音，不胜激切翘企之至。

上面的电报国书，署名都是皇帝，并且都名正言顺地记载于国史中，这都是西太后的意思。诸如其他关于义和团拳民的谕旨，很难在国史里看到。至于欧洲的没有见识的外交家和官员，都非常重视中国的文字记录，感觉这就是看到的实录，此时或许什么都明白了。记事采用微言大义的形式是中国古代历史上时常采用的方法。那些记录都不以事实为依据，都已经司空见惯了。细心阅读上面的电文，中国外交的陋习就会一览无余。西方人不清楚这种策略，就感觉东方人的思想难以揣摩。用上面的电文来查看当时的政治形势，实在有点出人意料。不过，当时中国这种浅陋的外交政策，居然倾倒了那些欧洲所谓的神秘莫测的外交家，这很正常。当时，中国主管外交的大臣比较幼稚，西方洋人和他们交涉，时常得不到要领，不知道应该怎么办。有些人了解其中的底细之后，都在嘲笑自己此前的愚蠢。正所谓用绝妙的高招来揣测孩子们的心理。有些人搞不明白其中的道理，就误以为中国的外交非常神秘，即便是将马基雅维利、塔利兰、梅特涅三人加起来，也难以搞定。从英国的利益出发，查看十年以来中国的事情，就会清楚大英帝国的外交策略必须要调整，尤其是领事一项最为重要。已经有很多英国公使恳请首相调整策略，可是他们依然不相信。

## 两宫西游

《景善日记》里已经非常详细地描述了西太后和光绪皇帝仓皇间逃出京城的情景。8 月 15 日，天色还没有大亮的时候，他们开始了出逃。军机大臣王文韶跟随圣驾向西走，此间还不断给他的浙江朋友写信，描述途中的见闻。此书信曾经被上海一家报刊登载，阅读之后可以和《景善日记》印证一下，其中的描述非常有趣。

8 月 18 日，王文韶在怀来跟上圣驾。此前三天，西太后和皇帝已经在途中备受煎熬。他们在 15 日走到贯市，已经走出京城 70 里路了。晚上，一行人在一座回民教堂留宿，这里有一处向光峪，是回民经商集中的区域。平常北行的商务车队，都要在这里补给。西太后在这里吃粗麦粉、小米粥、蔬菜等，并再次准备了骡子车，准备第二天使用。护送的军队都在后边一路跟随，并奉令：假如遇到洋人军队追到的话，绝不可以说是圣驾的行踪，原因是圣驾此次是微服私访。一行人途中备受煎熬，非常痛心，下车时一旦遇到避难的老百姓或者附近村民，都会围上来打探消息。当时，有目击者这样回忆："皇帝曾经这样说，我们来到这里，都是因为义和团拳民所赐。"西太后听到这里，马上不让皇帝再说了。即便在如此的危机时刻，西太后依然能够保持镇定。

知州官员在第二天找到一顶蓝轿，送给西太后使用，旅途之苦得以稍微缓解。中午，一行人赶到居庸关歇息。总管李莲英在村子里找到不多的茶水，马上送给西太后饮用。走了90里路，在岔路口留宿，位置在长城后面，异常的荒凉，没有收到一点供给。西太后只能在一个砖炕上歇息，而且还得不到被褥。第二天，从岔道口出发向怀来走，走了50里，非常辛苦。此刻，京城里的官员陆续跟上来，总共十七辆车，另外还有西太后和皇帝的骡轿。此刻，两宫从京城出走的消息已经在外界传开。西太后梳汉人头、身穿平民衣服，于是有人猜疑他们一行人是假冒圣驾妖言惑众。怀来县知县、湖州人吴永，此前没有接到这方面的报告，忽然听说圣驾来到了，情急之下没来及穿官服，就穿着便衣去跪迎。许多老百姓都赶来围观，吴永就想驱散他们。西太后制止吴永说："能看到如此朴实的老百姓，哀家心里非常高兴。"吴永将准备好的御膳呈上来，有燕窝鱼翅。此前，圣驾一行出行三日，都吃粗糠烂菜，如今才吃上美味佳肴。县官吴永马上准备一些衣物送上来，西太后犒赏了他。一行人在怀来歇息一天，王文韶才跟上来。西太后很高兴，关心地询问王文韶路途上的辛苦，还给他分一些燕窝汤作为犒赏："你们这三日遭受的艰辛，一定和哀家一样啊。"西太后还斥责皇帝，这样的老臣不畏路途遥远、不畏艰辛跟上来，足见其忠心，你怎么不温言慰劳一下？西太后随即下令庆亲王回京城同洋人议和。庆亲王清楚这件事情很难办，被迫答应下来，启程时西太后召见了他，说："哀家清楚你能担此重任。之前，英法联军进入北京的时候，和谈是恭亲王办理的。你可以参照一下。"

下面是王文韶的描述：

> 七月二十一日。皇太后、皇上都是坐车出京。走到贯市的时候，才由向光峪驼行呈献上来三乘驼轿，皇上与伦贝子一起

坐在一乘驼轿里。来到怀来县之后，县令进献了四顶轿子，两宫、皇后、大阿哥才有了轿子坐。西太后和皇帝都身穿便衣，太后穿蓝色夏季布衫，也没有梳满式头型。皇上身穿黑色纱长衫，一条黑布战裙。铺盖和行李都没有带。出京后三天内都睡在了火炕上，没有被褥，也没有可以替换的衣服，没有御膳可以吃，都是以小米粥充饥。来到怀来宣化之后，地方官陆续进献很多衣服和食品，一行人才感觉稍微舒适一些。这一次，嫔妃和宫女都没有带出来，带出来的宦官也不多，诸王贝勒等随行者也没有多少，其余都没有带来。礼亲王、荣相、启秀等人还没有跟上来。随行人员只有端亲王、庆亲王、那亲王、肃亲王、伦贝子、棣贝子和几位公爷，堂官有刚、赵、吴、王、溥兴五个人，各部院司员总共十一二人，满小军机两个人，汉小军机一个人，神机、虎神营八旗练军共约千余人护送，马玉坤保驾及各营弁兵丁大约一千多人。军队所到之处都空无一人，因为铺户都已经关门逃走了，根本找不到地方买东西，这也没有什么奇怪的。

当初在七月十一二日，裕帅在北仓兵败之后，退守杨村，后来退守到蔡村，最后用手枪自杀。李鉴师在十四日抵达河西务，他统领的张春发、陈泽霖两支军队不战自溃，李鉴师被迫服毒自杀，洋兵进逼到通州一带。十六日，西太后就有了西行的旨意，因为车辆没有凑齐的原因，所以迟迟没有动身。到了十九日夜里，北京城外的大炮声隆隆不断。二十日早晨，我居住的喜鹊胡同一带炮声逐渐临近，炮弹密如骤雨一般，到下午炮声似乎更加震耳。忽然间有消息传来说，天安门、西长安门失守了，可是无法得到确切的消息。我在宫内值夜班还没有回家，禁门已经戒严了，难以进出。到了二十一日早上七点，我坐了一顶小轿子进城，才知道两宫已经在黎明时刻出城了。我在前一天即二十日总共被召见五次，在亥时见面的时候，只剩下刚毅、赵舒翘二人，太后说："眼下只有你们二人在这里，其他人都各自回家去了。丢下我们母子二人没人管，你们二人务必要随驾一起走。"并对我说："你年纪比较大了，还要你如此辛苦，我心里非常不安。你在后边跟上来就行。刚毅、赵舒翘向来善于骑马，他们一定随驾同行。"我回复说："微臣一定跟上来。"皇上也说："你务必要赶上来。"……到了半夜里，还在说不能马上离开，谁知天刚刚亮，西太后和皇上已经仓皇出城了，狼狈凄惨情景，难以用言语形容。

那天，我来到城内，因为后门、东华门都已经被关闭，难以回到家里，并且还知道两宫已经出了德胜门。我于是在巳时从后门走了出来，来到云鹫庵休息一会儿。云鹫庵在安定门和德胜门之间，庵里的和尚也非常着急，因为洋人士兵以为庙中都有义和团，进城看到庙就要焚烧。当时从安定门到德胜门，城上都有洋人士兵、教民不停地放枪，街上也有不少洋人士兵。根据传言，洋人军队进城后只杀溃逃的官军士兵，并不惊扰老百姓和铺户。和尚不敢收留我，我只能暂时躲避到隔壁姓韩的家里。这户人家是旗人，当时正在内务府当差，车夫和轿夫都各自去逃命了。到了下午，听说西直门还没有关闭，可以行走。我就将车马等所有的东西全部丢在姓韩的家里，只带了银钱和随身衣服，到了天黑的时候，跟随大伙一起出了城，从德胜门、什刹海一带走了出去。接近嘎嘎胡同的时候，天开始下雨，于是到景宅借住了一晚。当时，城内枪炮的声音已经停了下来，只看到后门外火光冲天，一整夜不停。到了寅时，听说西直门已经开了，洋人士兵还没有来到，官兵已经逃走，没有人盘问，逃难的人非常多。本来，我想坐车出城，可是沿途有散兵游勇抢车、抢牲口，以至于车马等都被刘弁等押出城外，几乎都被抢走了。我跟次子都徒步走出西直门，到了大桥外才坐上轿车。第二天骑驴，所带的就剩下五六人，都徒步跑到海甸。饭铺都已经关门了，勉强凑合着吃了一顿饭，然后就动身了。走了七十里来到贯市住宿。二十三日，又走了四十五里，来到居庸关留宿。二十四日，再走八里路到达了怀来城，这才清楚两宫已经在二十二日到了这里，停留一天，所以赶到之后，马上见了面。

二十五日开始，我就跟随圣驾一起走了五十里，来到河城住宿。二十六日，走了四十里来到鸡鸣驿住宿。二十七日，走了六十里来到宣化府城住宿。二十八、二十九、三十等日歇息，准备在初一这天启驾前往山西大同府。如果要到山西省城，大约应该在中秋以后了。这次出京，危险非常大，沿途的老百姓和铺户都被散兵游勇打着随驾的旗号抢劫一空。可是，当时銮驾并没有出城。等到圣驾来到的时候，很多的车马，强取豪夺的事情，更加厉害。等到圣驾走过去以后，剩下的也就没有什么了。

上面的记述就是王文韶的书信，发出的地点是宣化城，时间是7月29日。两宫从怀来向宣化进发，中途走了三天，在宣化城歇息了四天，准备前往山西太原。沙河镇的都统送来一顶绿轿，这样随行的仪仗队渐渐齐备了。西太后依然精神十足，几乎所有事情都要耳闻目睹。走到鸡鸣驿站，旁边是一座山，山顶上有一座庙。当年，圣祖曾经巡幸来到这里，还作了一首诗刻在庙里的石头上，西太后想过去看看，最终在群臣的极力劝说下才罢休。宣化区域非常不安定，可是西太后在这里却非常平静而舒适，原因就是地方官办事比较给力。在这里收到了庆亲王回京城之后的首封电报，叙述的情景非常凄惨。

8 月25 日开始从宣化启程，扈从渐渐多了起来。在一座军台住宿，名字叫作愁卫（音译），供给方面非常差，可见这里非常荒凉。台官已经逃走了，官署衙门也遭到焚烧，时下只剩下了两间小屋，地面非常潮湿还有臭味，吃的非常困难，只有粗粉饽饽。西太后住在一间屋子里，另外一间屋子给皇帝和皇后居住，随从官员只能在院里露坐。蚊子非常多，导致西太后夜里难以入睡，她对随从人员说："想不到竟然落到这般田地，实在让人惭愧苦痛！唐玄宗遭遇安史之乱，也属于在外面蒙尘，眼睁睁看着自己的爱妃被处死而不能营救。相比之下，我如今的处境也好不到哪里去。"当时，有传闻说，洋人联军在京城掠夺财宝，西太后听说后非常恼火，随从人员也都不停地颤抖。8 月27 日，圣驾一行人进入到山西境内，在天镇县留宿。知县是满族人，他听到北京城和奉天被洋鬼子占领的消息后，随后就自杀殉节了。县城无主，导致当地治安混乱，一名狱官给西太后进献了一顿膳食。后来，岑春煊到了，他非常有胆识，大家看到他来到都放下心来。岑春煊进献了鸡蛋等一些食品，西太后非常高兴。

8 月30 日，圣驾一行抵达大同府，在都统署衙里驻留了四天，补给逐渐丰盛起来，与之前的荒凉寒冷大不相同。9 月4 日，走了三十五里，抵达台越（音译）镇，住宿的地方又非常潮湿，食用品也开始短缺起来，不过西太后的兴致很高。6 日过了雁门关，西太后下令停下来，她说："看到这里的风景，就忍不住想起了热河。"随后又对皇帝说："其他暂且放下不提，这次出京城能看到外面的世界，也是一件快事。"皇帝回答说："人心只要是快乐的，肯定是这样。"岑春煊此刻进献一束黄花，西太后非常高兴，就赏赐给岑春煊一杯奶茶。7 日，抵达原平后开始寻找留宿的地方，但只找到了一处泥房子，并且里边还停放着几具空棺椁。岑春煊进去看看，回去向西太后汇报后请训示，并且恳请赦免罪行。西太后笑容满面地说："棺椁如果能搬开的话就搬开。假如不在正房当中，也没有什么妨碍。"接下来，大家将棺椁搬开，还有很多人过来保护西太后起居。

9 月8 日，忻州地方官员进献三顶黄色轿子，这样，仪仗队才附和了规格。抵达太原之后，在巡抚衙门留宿。当时，山西巡抚是毓贤，西太后到达时他就在城外跪着迎接。西太后让他来到近前，说："去年，你给我请训的时候，极力言说义和团的可靠，只可惜你错了。如今北京城已经被攻破。不过，你奉旨办事非常得力，如今山西境内也没有洋人，人们说到你的才干，我心里非常清楚。现在洋人要复仇，他们很想得到你，我非常有可能罢免你的职务，正如李秉衡一样。不过，你没有必要因为这个伤心，这充其量不过是遮掩人们的耳目罢了。"毓贤马上叩首九次后才回答说："微臣剿灭洋鬼子，犹如在网里捉鱼，即便是小孩子和狗，也不能让其幸免。微臣已经做好了接受罢免职务的准备。义和团的失败，原因是他们没有严格遵守纪律，扰乱了治安。那些不信奉洋教的人，他们有的也参加了杀掠。”这次君臣之间的问答，旁边有几个人非常清楚地听到了。其中有一个人记录下了这几句话，然后用书信寄到了上海。毓贤说完之后，西太后的轿子就开始行进。几天之后，西太后就下达了赔罪的谕旨，罢免了毓贤和几位支持义和团拳民的首领的职务。谕旨下达之前，西太后还亲自来到毓贤处死洋人的地方，详细地询问了毓贤处理此事的来龙去脉。西太后在听的时候，大阿哥开始在院子里跳舞，手拿大刀。这口刀就是毓贤赠送的，就是当初他用来处死教民的器具。如此，就清楚西太后报复洋人的真正意图了。在太原驻留时，西太后再次召见了毓贤，说：“如今棺木价钱也贵了。”言外之意是让毓贤自杀，以此免除后来的祸端。西太后心里清楚，毓贤将山西境内的洋人赶尽杀绝，必须要定其死罪向西方人求得谅解，可是，西太后还姑念毓贤在山西声誉很好，老百姓都非常拥护他，因此被迫暗示让他自杀。

在太原的时候，西太后发现后勤补给精良完善，非常高兴，尤其喜欢一些金银器具。这些器具，都是1775年制作的，供乾隆皇帝去五台山进香的时候使用。如今西太后来到这里，这才从库房里取出来打磨之后进献上来。西太后看到后兴奋地说：“哀家在北京也没有这样的器具。”这时候，荣禄从京城来到了太原，西太后更加喜欢。荣禄上奏折叙述直隶途中的概况，提及义和团拳民杀掠的凄惨景象，地方遭受其害。荣禄此前的奏本，都能够体现他一贯的作风，既不同于一些献媚者的言论，又和书生文弱意气有所区别。

西太后对奏折进行了批复，极力赞扬崇绮忠诚廉洁，并给予他非常高的抚恤恩惠。荣禄途中赶路，来到直隶边界的时候，自己夫人刘氏忽然发病而死。抵达太原之后，西太后将荣禄夫人刘氏追封为福晋。刘氏在宫廷非常有势力。西太后询问荣禄今后的事情应该如何处理，荣禄依然坚持自己的主张，回答说："时下只有一条路，一定要处死端亲王以及所有支持义和团的王公大臣。另外，圣驾一定要回京城。"当时有传闻，是一位和宫廷关系非同一般的满族大员所说。他说荣禄抵达太原之后，皇帝派一个人马上召唤荣禄进见，告诉他说："朕非常喜欢，你终于来了。朕希望你立即杀死端亲王，不要拖延。"荣禄回答说："没有太后的谕旨，奴才如何敢这么做呢？皇帝自己下达谕旨的时期，已经过去了。"（荣禄这样回答，暗指光绪二十四年即1898年9月，皇帝下达谕旨立即处死荣禄的事情）

荣禄的地位非常危险，原因是他的胆识和举动非同寻常，因此树立了很多的仇敌，不仅招致维新党人的痛恨，即便是复政党人也对他咬牙切齿。所幸的是，西太后非常看重荣禄，对他委以重任，所以让荣禄幸免于难。荣禄不像荣绮那样廉洁。陈泽霖私吞了军需巨款，荣禄就说这样的款项可以追缴，可是到了太原之后，他又说这笔款项已经被洋人联军掠夺了。可是，言谏的官员说，荣禄替陈泽霖说情的原因是，他为此曾经获得了四万金、上等燕窝十八斤、丝绸四箱的好处，由一名叶姓军官交付给他的。奏本呈上去以后留中，这是西太后对付这类事情的老办法。荣禄过生日，还有他夫人的吊唁，官员们送的重礼非常多，由此引起了李莲英大总管的嫉妒。李莲英的财宝让八国联军掠夺了，于是就老想着恢复以前的规模。在太原的时候，大臣百官都在，都在替李莲英出主意并乘机巴结他，但凡跟随两宫备受艰辛的官员都想得到非同一般的赏赐，所以都竞相争执。这些曾经受过惊扰之苦的官员都感觉别人是后边才过来的，在功劳簿上难以和自己相提并论。另外，从各个省份过来谋求职位的也非常多。

在太原时，西太后召见群臣以及军机会议的话题，基本上都是是否回京城、南方问题或者迁都陕西等。张之洞曾经上了一个奏折，恳求朝廷迁都到湖北的当阳，说那里位置处在中国的中心，地势非常好，另外名字也很好，属于重兴的兆头，更因为天子时常要面对南方。不过，朝中一些妒忌张之洞功绩的人，也乘机攻击张之洞此举是准备让皇帝亲政。当时，西太后非常看重荣禄，荣禄极力奉劝西太后回京城，鹿传霖、王文韶两个人都支持荣禄的观点，因此西太后决心回京就是荣禄的主张。西太后在太原时期，此类国家大事的争论一直在持续。公历 9 月底，忽然有传闻说，八国联军要派一支军队进取山西，准备报复山西杀死教士的仇怨。西太后马上决定去西安，感觉那里比较安稳。中国人非常要面子，西行以后，西太后为此特意下了一道手谕：

> 谕：朕恭奉慈舆驻跸太原，将近两旬。该省适值荒歉，千乘万骑，供亿维艰，食用皆昂，民生滋累，每一念及，蹙然难安。且省城电报不通，京外往来要件，辗转每多延误。不得已，谨择于闰八月初八日启跸，西幸长安……

西太后和光绪皇帝在 9 月 30 日启程前往西安，沿途的后勤供给非常丰盛，和之前仓皇艰难大不相同。中途传来刚毅去世的消息，西太后听说后非常痛惜。此人是义和团首领，是支持复政者里最为顽固的人。刚毅在侯马染上病疾，两天后就过世了，都察院副都御史何乃莹负责看护刚毅。后来，西太后优待刚毅的儿子，让他跟随圣驾也来到了西安，西太后时常和他谈及刚毅为国的忠心。

銮驾到达西安之后，在督署居住，督署是准备给陕甘总督巡视到西安的时候留宿用的。后来，西太后一行人又迁到抚署。两个署衙都作为行宫使用，墙壁都涂成红色，宫署外用栅栏围起来，栅栏外边就是侍卫守护的处所，各部九卿都在仓促间设立齐备。不过，行宫里的一切布置，都像北京的老样子。行宫的大殿空闲不使用，旁殿属于召见官员守候的地方。正殿的后面有一个房间，大门有六扇，平常只开两扇，从这里就可以看见里面的宝座，屋内都用黄色绸缎装饰。这里就是朝廷举行大型典礼的地方。左边还有一间屋子，是召见大臣的地方，再往后就是西太后的卧室了。皇帝和皇后在一间小房子里居住，和西太后的卧室连通。在西边还有三间小房子，大阿哥在那里居住，李莲英总管居住在西太后东边的一间屋内。这里的行宫难比北京的金銮殿阔大，平时的开支也比较拮据，各个省份进贡的物品和金银财宝，西太后都保存了起来。岑春煊抚台掌管行宫的费用开支，避免铺张浪费。西太后每天的膳食费用是二百两，这个数目只是在北京时的十分之一。有一日，西太后和岑春煊说起了这件事：“如今我们节省多了。”岑春煊回答说：“其实，这里的费用还可以再节省一点，用来补充国家用度。”宦官掌控着西太后的菜单，每天的选择是一百种。当时，南方提供的燕窝之类的名贵品目很多，西太后非常欣赏。鸡鸭鱼肉相对就减少了许多，只是皇帝还像路途中一样喜欢吃蔬菜。西太后下达谕旨：“每顿饭只准许六肴，不可以超越。”西太后非常喜欢喝牛奶，于是就在西安的行宫附近养了六头奶牛，每月花费二百两来喂养。西太后的身体基本不错，只是有点消化不良，她感觉这是天气转换以及中途劳累的原因。西太后有时候失眠，就需要人来按摩，而其中几名宦官精通这门技术。

在行宫居住的时候，西太后依然命令手下人演剧目，就像在京城一样。另外，她还非常关心北京的和谈情况，下令如果有电报，必须马上呈上来审阅。听到有人毁坏颐和园的消息，西太后非常气愤。后来，一个姓孙的宦官前来报告，说宝座被扔到了湖里，洋兵还在西太后的卧室里画一些淫秽性质的图画。西太后听说后更加震怒。这位孙宦官是留在京城看护的。一直到 9 月 7 日，和谈成功后签署了条约，西太后的心才逐渐平静下来。签订条约之后，西太后下达谕旨，准备在公历 9 月回京城。这份谕旨于 1901 年 6 月以皇帝的名义下达，内容如下：

上年七月以来，仓卒播迁，朕侍慈禧端佑康颐昭豫庄诚寿恭钦献崇熙皇太后，暂住关中，瞬将经岁。眷怀宗社，时切疚心。今幸和局已定，昨经谕令内务府大臣扫除宫阙，亟欲即日回銮，惟现在时令已交仲夏，天气炎蒸，圣母高年，理宜卫摄起居，以昭颐养，万难于溽暑之际，跋涉长途，自应俟节候稍凉，再行启跸。兹择于七月十九日，朕恭奉慈舆，由河南、直隶一带回京，著各该衙门先期敬谨预备。将此通谕一体咸知，俾慰天下臣民之望。

有一人叫纲公，是协助义和团拳民的头领，也是庄亲王的小弟弟，此刻也带着自己的家眷跟随圣驾来到西安。西太后清楚他肯定要乞求开恩免死罪，于是就避而不见纲公。纲公一家人被迫流浪在西安城，跟随圣驾的官员也没有人帮助纲公。后来，纲公就到一个小衙门当差养活自己，而其年轻貌美的夫人只好卖身为奴。此时，西太后非常后悔当初信奉拳民的愚蠢见识。协助义和团拳民的头领，有的被杀，有的自尽。西太后曾经说："这些王公贵族大臣，都是事前吹嘘的人，他们身为朝廷的亲属，哀家就听信了他们的言辞，感觉洋人必为中国所败。我们铸成大错。他们愚蠢，险些让国家亡国。其中，我只为赵舒翘一人感到惋惜。"

西太后从北京城来到西安，再从西安返回北京，亲眼目睹路途中农民穷苦的景象，非常可怜，就特意发了一些银钱接济他们，可是，赈灾银子数目巨大。西太后就对皇帝说："此前在宫廷里，不知道人民的疾苦啊。"在西安的时候，皇帝有时候还参与一些国家大事，相比京城要自由很多，是戊戌政变以来没有过的。不过，西太后尽管和皇帝谈论国家大事，有时候还问询皇帝的建议，但皇帝依旧不敢发表自己的见解。并且，皇帝的性情有些不稳定，因此很多大臣也乐意秉呈西太后来确定国家大事。有一件大事，西太后依从了皇帝的建议：使用帝师的身份命令孙家鼐入职军机处。孙家鼐在光绪二十六年（1900）朝廷立大阿哥时辞职，原因是他感觉这么做其实就等于废立皇帝。后来，义和团运动爆发，孙家鼐仍然在京城居住，家里被抢掠，幸亏荣禄的搭救，他才捡回一条命。此刻，鹿传霖也入职军机处。在北京攻击外国大使馆的活动刚刚开始时，鹿传霖是江苏巡抚，曾经带领三千人马北上勤王，谁知还没有到达京城，有消息说北京已经被洋人联军攻破。鹿传霖只好解散了军队，回到家里住了几天，随后就来到了太原。西太后非常高兴并召见了鹿传霖，命令他终生在军机处任职。鹿传霖本人的性格和一般官员不一样，对于国家大事的一些看法至死不改变，义和团运动前和运动后毫无差别。当初，身为江苏巡抚的鹿传霖带领军队北上，这件事非常有趣，从中可以看出中国各个省份的大员都有自主行动权。

当时两江总督、两广总督、两湖总督都胆敢违背西太后的谕旨，私下签订东南互保的条约，可他们的下属也可以自己独立行动，只要感觉是正确的，就可以执行。当时，有一位官员来到西安向朝廷进贡，返回苏州之后就给北京的朋友写信，详细地描述了西安行宫的情景。此人的言辞非常可信，是许多官方记录中所看不到的。笔者摘抄一部分。

进贡官员写给朋友的书信，内容如下：

朝廷上独揽大权的依然是西太后。不管大事小事，她都要亲自决定。西太后最相信的人包括荣禄、鹿传霖，岑春煊此时已经失去了往日的势力，朝廷正在商议回京城的事宜。我看到西太后精力充沛，她尽管已经六十四岁了，可看上去不过四十多岁的样子。皇帝的脸色非常忧郁，不过，这几天稍好一点。大阿哥如今才十五岁，长得非常胖并且粗野，有点像山村野夫，喜欢穿军人服装，时常去看剧目，因此我能够看到他。大阿哥头戴一顶金丝边毡帽，里面穿的是皮衣，外边穿的是红色的军装，好像获得了冠军的样子。他和戏子、街上的混混都非常熟识，精通马上功夫，在音乐方面也很擅长。假如遇到戏台上鼓板出现错误，大阿哥马上就会离开席位破口大骂，要不就自己登台演戏。他身上的种种劣迹，西太后也有耳闻，有时也重重地责罚。最近，大阿哥和侍奉西太后的宫女有了私情，西太后了解之后勃然大怒，所以大阿哥吃了大亏。大阿哥还时常随同李莲英一起出去闲逛。我的一位姓高的好朋友曾经这样说："此人现在尽管是候补太子的身份，恐怕不久以后将会变成废太子了。"这句话说得非常精妙，而且比较恰当。大阿哥从来不喜欢读书，就喜欢一些下流的东西，面容粗野，让人不忍细看。十月十八，他和自己的弟弟、叔叔以及义和团的头领载澜，率领一帮宦官来到城隍庙里的戏场里看戏。宦官依仗权势妄图坐占最佳的席位，因此和甘勇发生了争执。甘勇粗野蛮横，结果宦官和一些小官都被打了一顿，最终搅乱了戏场。从这件事情可以看出大阿哥的粗劣形态，也可以领略宦官的权势。宦官被打了以后，便要想办法报仇，在岑春煊府衙寻找借口诋毁戏园子的主人，于是接下来就封闭了所有戏院，那位戏院主人还要带上枷铐示众。抚台大人张贴告示，言辞间说西太后考虑到陕西省灾荒歉收，国家也处于多事之秋，不应该演戏娱乐，随后也查封了大街上的茶馆。所有人都清楚，这都是宦官的主谋。后来，内务府大臣继禄找到宦官总管李莲英，恳请西太后下谕旨让戏园子开戏。为此张贴告示说："如今已经下雪，很有丰年的兆头，戏院可以重新开戏。"西太后寿诞前几天，岑春煊提出准备庆典，依然按照之前的惯例开始准备贡品，溥侗马上提出反对意见："国家如此危机，宗庙社稷陵寝都沦陷在外国军队手中，老佛爷难道还有做寿诞的想法?"于是，寿诞的议论就此停止。岑春煊尽管名声比较强势，在外界毫无畏惧之色，可他还与李莲英交往非同一般。有传闻说，岑春煊最近和奏事处的宦官拜了把子，所以才升职成为了尚书，还被赏赐可以在紫禁城里乘坐肩舆。董福祥已经返回甘肃，其属下的军队归属谭提督带领。西太后打败洋人的希望似乎依然没有断绝。夏震武上了奏本，举荐了一个蛮人，恳请西太后加以重用，吹嘘说，假如打不败联军的话，甘愿全家人性命作保等。

# 第七章
# 策划晚清的改革

## 义和团被剿灭

辛丑和谈，前提条件就是处置义和团拳民头领。看到那些人被处死的情景，也可以证实上面的观点，从中可以看出中国人特殊的性格。中国政府之所以能长久坚固而不容易动摇，就是靠孔教忠君的大义维系。和谈的时候，各国要求杀死义和团拳民头领和协助拳民的人，刚开始西太后不愿意答应，原因是当初西太后也赞成这件事。后来，西太后和大臣们商议，假如不答应洋人这项条款的话，那和谈就难以成功。没办法，最终被迫在 1901 年 2 月下达谕旨判处一些人的罪行，而那些人正是当初西太后感觉能够排外的官员。那道谕旨出自荣禄的手笔，而背后的主谋还是西太后，原因是现在要保平安，所以必须赐死这几个人。阅读这道谕旨的人，肯定都会有感触。不过，西太后依然不想答应西方列强的全部要求，依然在想办法营救端亲王、澜公、赵舒翘三人的性命。谕旨内容如下：

谕：京师自五月以来，拳匪倡乱，开衅友邦。现经奕劻、李鸿章与各国使臣在京议和，大纲草约业已画押。追思肇祸之始，实由诸王大臣等昏谬无知，嚣张跋扈，深信邪术，挟制朝廷。于剿办拳匪之谕，抗不遵行，反纵信拳匪，妄行攻战，以致邪焰大张，聚数万匪徒于肘腋之下，势不可遏。复主令鲁莽将卒，围攻使馆，竟至数月之间，酿成奇祸，社稷阽危，陵庙震惊，地方蹂躏，生民涂炭。朕与皇太后危险情形，不堪言状，至今痛心疾首，悲愤交深。是诸王大臣等信邪纵匪，上危宗社，下祸黎元，自问当得何罪？前者两降谕旨，尚觉法轻情重，不足蔽辜，应再分别等差，加以惩处。已革庄亲王载勋，纵容拳匪，围攻使馆，擅自违约告示，又轻信匪言，枉杀多命，实属愚暴冥顽，著赐令自尽，派署左都御史葛宝华前往监视。已革端郡王载漪，倡率诸王贝勒，轻信拳匪，妄言主战，致肇衅端，罪实难辞，降调辅国公载澜，随同载勋妄出违约告示，咎亦应得，著革去爵职。惟念俱属懿亲，特予加恩，均著发往新疆，永远监禁，先行派员看管。已革巡抚毓贤，前在山东巡抚任内，妄信拳匪邪术，至京为之揄扬，以致诸王大臣受其煽惑，及在山西巡抚任，复戕害教士教民多命，尤属昏谬凶残，罪魁祸首，前已遣发新疆，计行抵甘肃，著传旨即行正法，并派按察使何福堃监视行刑。前协办大学士、吏部尚书刚毅，袒庇拳匪，酿成巨祸，并曾出违约告示，本应置之重典，惟现已病故，著追夺原官，即行革职。革职留任甘肃提督董福祥，统兵入卫，纪律不严，又不谙交涉，率意鲁莽，围攻使馆虽系由该革王等指使，究难辞咎，本应重惩，姑念在甘肃素著劳绩，回汉悦服，格外从宽，著即行革职。降调都察院左都御史英年，于载勋擅自出违约告示，曾经阻止，情尚可原，惟未能力争，究难辞咎，著加恩革职，定为斩监候罪名。革职留任刑部尚书赵舒翘，平日尚无嫉视外交之意，前查办拳匪，亦无庇纵之词，惟究属草率贻误，著加恩革职，定为斩监候罪名。英年、赵舒翘两人，均著先行在陕西省监监候。大学士徐桐、降调前四川总督李秉衡，均已殉难身故，惟贻人口实，均著革职，并将恤典撤销。经此次降旨以后，凡我友邦当共谅拳匪肇祸，实由祸首激迫而成，决非朝廷本意。朕惩办祸首诸人，并非轻纵，即天下臣民，亦晓然于此案之关系重大也。

谕旨下达以后，西方列强的心情依然没有满足，尤其感觉对端亲王、澜公二人的处置非常不适当。西太后只得在一个星期之后又下达一份谕旨，判处以上二人监禁候决，后来又改成发配新疆，永远不再赦回。刚毅已经去世，就判处他开馆戮尸的罪行。这种罪行是中国人心目中最为严重的惩罚了。赵舒翘、英年两个人被赐自杀。军机大臣启秀和徐桐的一个儿子，在京城被处死。后来，应西方列强的要求，犒赏并恢复了另外五个人的原职。这五个人曾经在义和团运动时上奏本予以劝阻的。阅读谕旨中的言辞，明显可以看出西太后是被迫说的话。因为要改正之前做的事，因此被迫推卸至其他原因。谕旨内容是：

谕：本年五月间拳匪倡乱，势日鸱张，朝廷以剿抚两难，迭次召见臣工，以期折衷一是。乃兵部尚书徐用议、户部尚书书立山、吏部左侍郎许景澄、内阁学士联元、太常寺卿袁昶，经朕一再垂询，词意俱涉两可。而首祸诸臣遂乘机诬陷，文章弹劾，以致身罹重辟。惟念徐用议等宣力有年，平日办理交涉事件，亦能和衷，尚著劳勋，应即加恩徐用议、立山、许景澄、联元、袁昶均著开复原官，该部知道。

第一，赵舒翘的死。赵舒翘原本是军机大臣，并且还是西太后所器重的人，因此，西太后自始至终都想保全他。刚开始判定赵舒翘的罪名是永远监禁，在陕西臬署监狱看押，其家属可以随时前往探视。在监禁的前一天，西太后就对人说："哀家不相信赵舒翘也支持义和团拳匪，他的罪行充其量不过是贻误国事，匿不上闻。"这样的话就传到了赵舒翘耳朵里，赵舒翘就非常高兴，感觉自己可以免去死罪。几天之后，有传闻说，西方列强强烈要求定赵舒翘死罪，不然不甘心。西安城里的人们听说之后非常震惊，原因是西安毕竟是赵舒翘的家乡。于是，城里的乡绅联合了三百多人给军机处上书，请求赦免赵舒翘的罪行。军机处不敢将这件事上奏，刑部尚书就在书辞末尾加了批语，代替众人鸣不平。新年的元旦时期，传闻更加兴盛。西太后召见军机大臣，从六点一直到十一点还不能决定。城内鼓楼区域集中了很多人，大家齐声喊：如果赵舒翘就刑，一定要去劫法场。军机大臣担心会发生动乱，于是就恳请西太后下谕旨赐赵舒翘自尽，西太后答应了。第二天下达谕旨，要求下午五点答复圣命。岑春煊巡抚来到监狱宣读谕旨，赵舒翘听完后问："难道就没有其他旨意吗？"岑春煊说："没有。"赵舒翘说："肯定还会有的。"

这时候，赵舒翘夫人一旁说："不会有指望了，跟你一起死吧。"随后，有人递过去毒药，赵舒翘只喝了一点。到了三点，没有一点动静，赵舒翘精力充沛，还在和身边人说死后的一些事，和家里人商议如何办理丧事。赵舒翘还非常惦记自己死后家中年迈母亲无人照顾。他身边聚集了很多之前的朋友和同僚。岑春煊刚开始下令禁止旁人观看，后来也允许了。来的人非常多，赵舒翘说："走到这步田地，我都是让刚毅拖累了。"岑春煊看他说话声音洪亮清晰，没有丝毫要死的状态，就下令送给赵舒翘鸦片。赵舒翘吞鸦片后依然常态。岑春煊只得下令给赵舒翘吃砒霜。赵舒翘吃了之后满地打滚并呻吟，还不停用手捶胸，大喊疼痛，恳请旁人按摩他的胸膛。赵舒翘过人的体质，超乎寻常的意志，依然在等候赦免他的谕旨到达。一直折腾到夜里十一点，赵舒翘还没有死。岑春煊非常焦虑，担心西太后问询推迟的原因。岑春煊就说："太后让我五点钟复命，此人竟不死，怎么办？"下属恳请用烧酒浸泡厚纸，然后塞进赵舒翘的喉咙，便可以将其闷死。岑春煊就照这个办法实施，共用五次纸张才让赵舒翘气绝。赵舒翘始终不相信西太后会让自己死，因此不愿意多吃鸦片，宁可忍受剧烈疼痛也要拖延等待赦免的谕旨。

第二，庄亲王的死。庄亲王带着两个小老婆和孩子前往山西南部的蒲州，居住在一个官署里等待西太后的谕旨。钦差大臣葛宝华奉命捧谕旨来到时，正是某天的早起。地方官员放鞭炮迎接。庄亲王听到鞭炮声非常不高兴，感觉这是凶信，就对下属说："此刻为什么要放鞭炮？"下属回答说："一位钦差大人来到了。"庄亲王接着问："他是不是因为我而来？"下属回答说："不是。钦差大人是路过这里，要去其他地方办事。"钦差大人走了进来，庄亲王就问他朝廷里的一些事，葛宝华非常镇定地回答着。几句话之后，葛宝华退出来观察房子，看到房子后面有一座古庙，就择选了一间空房准备让庄亲王自尽，还在房顶上系上一条丝绳。处理完一切之后，葛宝华命令府县官员带兵压阵，再一次来见庄亲王，说："有谕旨到，请王爷跪下迎接。"庄亲王便说："是不是要我的脑袋?"葛宝华没有回答。庄亲王就跪了下来，听完宣读谕旨，然后说："赐于我自尽，我早就清楚。他们看不到我死，肯定不甘心，不然老佛爷也不会长久的。"说完之后，庄亲王恳请葛宝华允许他和家人告别，葛宝华答应了。这时候，庄亲王的老婆、孩子知道了事情的原委，都来到了屋内。庄亲王对儿子说："你要记住，以后努力做事，报效国家是你应尽的本分。不要忘记，不管如何，只要对国家有好处，就不能让洋鬼子抢夺祖宗留给我们的大好河山。"他儿子听完之后，痛哭失声。庄亲王小妾因为过度害怕晕了过去，庄亲王没有在意，就问："让我在哪里死去啊?"葛宝华回答："王爷是不是到后边屋里来?"庄亲王就跟着葛宝华走了进去，发现屋顶上系着一条丝绳，就转身对葛宝华说："钦差大人考虑事情很周全，太好了!"说完，就将脑袋伸进绳套，很快就气绝了。

第三，英年的死。英年天生胆子小，接到监禁的谕旨之后就和家人诀别，当天夜里就大哭不已，还不停对人大骂庆亲王没有想办法救自己。第二天就是元旦，别人事情非常多，没有专意留心英年，英年就不停地哭泣，到了夜里才停下来。天亮之后，英年的下人发现他在地上躺着，满身都是污泥，已经临近半死。因为英年吞食烂泥，因此哽咽导致气绝，而当时赐他自尽的谕旨还没有下达。因此，英年的死讯就积压了两昼夜没有发布。等时刻到了以后，岑春煊巡抚才把实际情况做了上奏。

第四，毓贤的死。下令让毓贤正法的谕旨下达的时候，毓贤正在动身前往充军发配的地方，并且带着病行走。听到谕旨的内容之后，毓贤当时面无人色，和在山西巡抚任上的凶狂面目大不相同。临死前一天，毓贤病得非常厉害，前往刑场时还需要人搀扶才能走。有些兰州的士绅想送毓贤辞世宴席，毓贤谢绝了，还为此写了一副对联酬谢。士绅还在刑场上挂了红绸子对毓贤表示尊敬。下午，大街上张贴了告示，有老百姓恳请赦免毓贤死罪，可是毓贤知道这么做没有用，就写了一篇文章叙述自己的一生，还说死是一件光荣的事情，自己的死是为了忠节，奉劝老百姓不要干涉。毓贤还写了两副对联，成为了他的遗笔，流传很广。内容是：

> 第一副对联：臣死国，妻妾死臣，夫复奚疑，最难老母九旬，稚女十龄，未免凋伤慈孝治；我杀人，夷狄杀我，亦有何憾。所愧奉君廿载，历官三省，空嗟辜负圣明恩。
>
> 第二副对联：臣罪当诛，臣志无他，念小子生死光明，不似冤沉三字狱；君恩我负，君忧谁解，愿诸公老成谋国，切须早慰两宫心。

毓贤在另一篇文章里说：

> 人臣负罪应当诛杀，我此时心无他念，唯一想的是一死足以为荣（毓贤这里夸张的言辞并不都是虚假的。毓贤为人比较冷酷，但他的操守非常廉洁，具有非常高的声誉。毓贤死后，家中贫穷没有钱，居然没有一件新衣服为他入殓。直到现在，山西人依然怀念毓贤，说他能够保护山西，不让洋人入侵到山

> 西，还为毓贤建了祠堂祭祀。后来担心外界人议论，这才拆毁），深盼速死，免受监牢之罪。太后的恩情极重，我无以为报，但诚心冀望朝臣之中，设法挽回国运，解除太后之忧。

第二天下午一点，毓贤已经身首异处，围观的人们都为之惊叹。

第五，启秀的死。启秀和徐承煜一起在北京菜市口被处斩，时间是 1901 年 2 月某一天的早晨，当时有几个西方洋人围观。启秀听到被正法的命令，就问："是何人下的命令？"有人回答："有来自西安的谕旨。"启秀说："既然是太后的旨意，并不是洋人的意思，那我死而无怨。"几个月之前，启秀曾经让日本人抓去了，幸亏庆亲王救了他，言说他母亲年迈，所以才得以脱身。结果，启秀母亲不久去世了。庆亲王就奉劝启秀自杀，说当时死的话，难道不是忠孝两全？可启秀没有听从。这事是庆亲王说的。

## 醇亲王考察德国

义和团拳民的头领，有的被杀，有的被充军发配到了远方，西方列强为此也消了怒火。西太后默默审时度势，感觉今后在政策方面不能再固守传统，应该实施必要的改革。为此，西太后下达谕旨：

> 谕：本年夏间，拳匪衅起，凭恃诚社，挟制朝廷。当时所颁谕旨，首祸诸人竟于事机纷扰之际，乘间矫擅，非出朝廷本意。所有不得已之苦衷，微言宣示，中外臣民，谅能默喻。现已将首祸诸人分别严惩，著内阁将五月二十四日以后，七月二十日以前谕旨汇呈，听候查明，将矫擅妄传各谕旨，提出销除，以重纶者而昭信史。

这道谕旨是在光绪二十六年（1900）12 月26 日下达的，在同一天还有一道谕旨，是以皇帝的名义下达的，叙述了庚子年朝廷的情况，还有西太后和皇帝蒙尘的艰难，承认了自己的错误，并表明今后要痛改前非。这道谕旨非常重要，其内容是：

本年夏间，拳匪构乱，开衅友邦。朕奉慈驾西巡，京师云扰，迭命庆亲王奕劻、大学士李鸿章作为全权大臣便宜行事，与各国使臣止兵议款。昨据奕劻等电呈各国和议十二条，大纲业已照允，仍电饬该全权大臣，将详细节目悉心酌核。量中华之物力，结与国之欢心。既有悔祸之机，宜颁自责之诏，朝廷一切委曲难言之苦衷，不能不为尔天下臣民明谕之。

此次拳教之祸，不知者咸疑国家纵庇匪徒，激成大变，殊不知五六月间，屡诏剿拳保教，而乱民悍族，迫人于无可如，保既苦禁谕之俱穷，复愤存亡之莫保。迨至七月二十一日之变，朕与皇太后誓欲同殉社稷，上谢九庙之灵。乃当哀痛昏瞀之际，经王大臣等数人勉强扶掖而出，于枪林炮雨中仓皇西狩，是慈躬惊险，宗社贴危，阛阓成墟，衣冠填壑，莫非拳匪所致，朝廷其尚护庇耶？夫拳匪之乱，与信拳匪者之召乱，均非无因而起。各国在中国传教，由来已久，民教争讼，地方官时有所偏，畏事者袒教虐民，沽名者庇民伤教，官无持平办法，民教之怨，愈结愈深，拳匪乘机浸成大衅。良由平日办理不善，以致一朝骤发，不可遏抑，是则地方官之咎也。涞涿拳匪，既焚堂毁路，急派直隶练军弹压，乃练军所至，漫无纪律，戕虐良民。而拳匪专恃仇教之说，不扰乡里，以致百姓皆畏兵而爱匪。匪势由此大炽，匪党亦愈聚愈多，此则将领之咎也。该匪妖言邪说，煽诱愚人，王公大臣中或少年任性，或迂谬无知，平时嫉外洋之强，而不知自量，惑于妖妄，诧为神奇。于是各邸习拳矣，各街市习拳矣。或资拳以粮，或赠拳以械，三数人倡之于上，千万人和之于下。朕与皇太后方力持严拿首要，解散胁人之议，特命刚毅前往谕禁，乃竟不能解散。而数万乱民，胆敢红巾露刃，充斥都城，焚掠教堂，围攻使馆。我皇太后垂帘训政将及四十年，朕躬仰承慈诲，夙昔睦邻保教，何等怀柔？而况天下断无杀人放火之义民，国家岂有倚匪败盟之政体？当此之时，首祸诸人叫嚣㒓突，匪党纷扰，患在肘腋，朕奉慈圣既有法不及众之忧，浸成尾大不掉之势。兴言及此，流涕何追！此则首祸王大臣之罪也。然当使馆被围之际，屡次谕令总理衙门大臣前往禁止攻击，并至各使馆会晤慰问，乃因枪炮互施，竟至无人敢往，纷纭扰攘，莫可究诘。设使火轰水灌，岂能一律保全？所以不致竟成巨祸者，实由朝廷极力维持，是以酒果冰瓜，联翩致送，无非朕仰体慈怀，惟我与国应识此衷。今兹议约，不侵我主权，不割我土地，念列邦之见谅，疾愚暴之无知，事后追思，惭愤交集。惟各国既定和局，自不致强人以所难，著奕劻、李鸿章于细订约章时，婉闻力辩，持以理而感以情。各大国信义为重，当视我力之所能及，以期其议之必可行，此该全权大臣所当竭忠尽智者也。

当京师扰乱之时，曾谕令各疆臣固守封圻，不令同时开衅。东南之所以明订约章，极力保护者，悉由遵奉谕旨，不欲失之之意。故列邦商务得以保全，而东南疆臣亦借以自固。惟各省平时，无不以自强为辞，究之临事张惶，一无可恃，又不悉朝廷事处万难，但执一偏之词，责难君父。试思乘舆出走，风鹤惊心，昌平宣化间，朕侍皇太后素衣将敝时，豆粥难求，困苦饥寒，不如氓庶。不知为人臣者，亦尝念及忧辱之义否？总之臣民有罪，罪在朕躬。朕为此言，并非追既往之愆尤，实欲儆将来之玩泄。

近二十年来，每有一次衅端，必有一番诰诫，卧薪尝胆，徒托空言，理财自强，几成习套。事过以后，徇情面如故，用私人如故，敷衍公事如故，欺朝廷如故。大小臣工，清夜自思，即无拳匪之变，我中国能自强耶？夫无事且难支持，今又构此奇变，益贫益弱，不待智者而后知。尔诸臣受国厚恩，当于屯险之中，竭其忠贞之力。综核财赋，固宜亟偿洋款，仍当深恤民难，保荐人才，不当专取才华，而当内观心术，其大要无过去私心、破积习两言。大臣不存私心，则用人必公；破除积习，则办事着实。惟公与实，乃理财治兵之根本，亦即天心国脉之转机。应即遵照初十日谕旨，妥速议奏，实力举行，此则中外各大臣所当国尔忘家，正己率属者也。朕受皇太后鞠劳训养，垂三十年，一旦颠危至此，仰思宗庙之震惊，北望京师之残毁，士大夫之流离者数千家，兵民之死伤者数十万。自责不暇，何暇责人？所以谆淳诰谕者，则以振作之与因循，为兴衰所由判，切实之与敷衍，即强弱所由分。固邦交，保疆土，举贤才，开言路，已屡次剀切申谕。中外各大臣其各凛遵训诰，激发忠忱，深念殷忧启圣之言，勿忘尽瘁鞠躬之谊。朕与皇太后有厚望焉。将此通谕知之。

这封谕旨是在光绪二十六年（1900）12 月26 日发出，也就是在西太后承认西方列强要求的和议条款大致情况的时候。从那一时刻开始一直到 6 月，西太后时常处于一种恐惧的氛围里面，西安行宫难比京城宫廷的安逸，荣禄以及南方的一些都督都在进言奉劝，西太后自己也非常希望回到京城，并且心里非常焦急。此时，朝廷且有一件非常棘手的事情需要处理，即如何对待大阿哥的问题。西太后清楚义和团拳民首领的儿子在皇嗣位置上一天时间，就一天难以和列强成全友谊关系。还有，大阿哥是未来的皇帝，肯定不可能让自己亲生父亲长期在监牢里边，可要此时赦免了端亲王，那列强肯定不会答应。然而，大阿哥已经正式成为了皇位继承人，这是国家大事，绝对不可以轻易调换，因此这事变得非常棘手。

品行非常低劣的大阿哥尽管是西太后所立，可此刻西太后为此事也非常悔恨。大阿哥在众人面前显露粗鄙景象是家常便饭，西太后为此颜面尽失，此事绝对不止一次了。有时候在西太后面前，大阿哥同样难守规矩，往往任性作为，根本不顾及自己的身份。因此，西太后决定痛下决心放弃他，随后下谕旨说：端亲王做事将国家推至危机境地，有愧于列祖列宗，永世难以洗脱。西太后还想给端亲王和大阿哥留个面子，就在谕旨里说：此时的形势下，大阿哥继任困难非常大，端亲王恳请西太后收回之前的任命，西太后已经答应。废除了大阿哥，西太后还想让他永远和宫廷断绝来往，就赐予他最低等的公爵，大年时候的礼节，全部免了。西太后感觉这样处理大阿哥，足以证明自己废弃的决心。这样一来，这个嗣子失去了复升的机会，能够得到的只是最低的公爵，没有职务，没有俸禄，一辈子将成为穷苦的人。后来，北京南城的一些比较脏乱的地方，时常可以看到他的人影，常常喝醉酒，并且身上非常脏，以赌博为生。

此人身上唯一的亮点就是面容漂亮，还能够说一些大话。这样的一个人，假如不是命运不好以及列强的反对，说不定就会成为中国的主人了。废弃大阿哥之后，西太后又下达谕旨，准备暂停承嗣同治皇帝的事件，等有合适的人选后另行商议。后来听皇上说，西太后在外蒙尘艰难，对之前做的事情非常后悔，期待重回北京城，恢复之前的样子。不过，北京的义和团事件刚刚过去没多长时间，西太后也清楚外国人不可能在短时间内忘记那件惨痛的经历。

光绪二十七年（1901）6 月，议和条款达成一致。到了 9 月 7 日，各国的外交代表都正式签字。这项合约上的条款，后来成为很多困难问题的根源所在。可在当时，西太后在极度悔恨之余，还存在一种恐惧的心理。回京城的时候，西太后想利用恩荣的办法笼络外国人。在北京的大员看到议和成功，危机已经消除，就感觉瞬间又回到太平盛世一般，之前的畏惧心理都忘记了。老样子再次出现，呈现出一派醉梦景象。从各个方面，都能发现这样的现象，一直到后来修订商约时最为明显，可以证实这个评定的正确性。这个评定是几年前北京城内的一个英国外交官下的断言。他这样说："这类人丝毫不讲道理。假如能够让他们恐惧，就能说明他们向我们屈服了。"当时发生了一件事，足以看出当时中国官场骄横的状态。中国政府特意派谢罪大臣去德国的事情，而特派员就是皇帝的弟弟醇亲王，因为这件事，中国和德国几乎到了断交的地步。当时，条约第一条款就是中国政府派醇亲王去德国柏林，对此前杀死德国大使克林德的事件表达歉意。醇亲王在 1901 年 7 月 12 日从北京出发，奉命向德国皇帝表达中国政府的歉意。可是，到了柏林之后，醇亲王感觉德国皇帝针对这件事拟定的礼节与自己在北京得到的训示不一样。德国政府踌躇了很长时间，最终因迫于中国在外交方面向来善于拖延忍耐而做出了让步。9 月 26 日，醇亲王在德国给北京的议和全权大臣庆亲王和李鸿章来了一封电报，其内容是：

前接啸抠电，相机因应，并示折中，仰见周密，欣有遵依。十四德皇停止礼节后，遣来朝车提督礼官俱未撤回，察其动静，似有挽回之机。因与荫昌、李希德等再回筹维，命荫昌用德文信致赓音泰，婉商外部。以跪礼我国万难应允，于德既无所取，更与两国体面大有相关。作为出自沣意，恳请德皇宽免。一面又与驻巴在尔艾领事面商，或将此意由沣备函，径达外部，托其先为代通消息。后于十八晚面命吕使赶回德京，设法接办。十九召回后，接啸电，亦即转电召，命其照示，再与外部切商。旋于二十申据艾领事来称，顷得外部电，命询王爷何对起身，以速为宜，我皇必见，跪礼已免，递书只带荫昌一人，余在别殿伺候等语。当晚复接吕回电云，德皇六号出巡。现据外部大司员云，王爷前来，德皇必见，事有转机云云。据以上各情，事已挽回，但为时甚迫。沣未敢稍涉拘泥，赶即于十一钟时令该国来接，各官备车前往。二十一三时到坡思丹，德皇又遣朝车并头等提督，接沣等均至旧皇宫居住，供应优渥，随商定次日进见，并送德后花圈礼节。二十二巳刻亲至故德后墓如礼，十二时复遣朝车提督迎至新行宫。沣随带荫昌进见内殿，递书宣读颂词，张冀六人在外殿待立。礼成，德皇遣马队送归旧行宫。两时德皇亲来答拜，意极殷勤，坐谈良久，并命备舟车游览哈芳湖孔雀岛。二十三早看操，午后仍至新行宫进见，德皇并留多在柏林居住，看各广院，又面属前赴丹西，会晤亨利亲王，看其水师，沣拟见德后后，即赴柏林，另往客寓。所有一切，均赖国家鸿福，俱臻妥协，堪慰宸念，祈代奏。

了解到醇亲王此行的结果之后，西太后给予其嘉奖。中国政府感觉，这就属于外交上的胜利。不过，这只是表面上的虚荣，实际情况已经非常糟糕了。原因是，中国人做事比较粗野，杀死德国大使，醇亲王此行任务是谢罪。可是，细看上面的电文之后，就会发现与此行的目的有些不符合。现在，北京的外交使团，都说监国摄政王从德国回来，获得了很多的知识。当时，王爷的两个弟弟在各国游历，学习海陆军知识，其目的在于把重振海陆军作为中国政府第一件大事。各个文明国家都用亲贵的礼节加以招待，异常隆重，可是，真正了解北京政府内部情况的人，却都将这种游历看作一般的戏剧。不过，以他身份地位的原因，得到众人暂时的尊敬和虚荣，此举怎么会是真正意义上的改革者呢！

## 两宫回京

自从出京城之后，一直到西安行宫的时期，西太后的心情一直处于不稳定状态，和之前的坚毅果敢大有不同。西太后的性情有点像义和团拳民动乱的时期，不断呈现变幻莫测的情景。仔细分析一下其中原因，一部分原因是西太后岁数已经大了，另一部分原因是西太后过分迷信邪术类的荒唐言辞。一旦事情到了危机时刻，西太后就会相信这些不经之辞。笔者在其他地方已经说过，西太后对于这类荒唐的言辞，非常容易受到触动，她的言辞很有力度，这一点在从西安回京城途中的一些小事上能够看出来。当时，荣禄在西安行宫，李鸿章在北京城，他们都在奉劝西太后回京城。西太后应允了。不过，西太后开始时还有些疑虑，这一点从当初她从太原往西安转移的时候可以感觉到，一直到议和条款确定，义和团拳民头领的罪名都确定下来之后，西太后的心情才稳定下来。

从义和团运动刚刚开始的时候，李鸿章就认定政府引领拳民围攻使馆是非常愚蠢的事情。这位伟人因为具备这样的心理，再加上自己的势力，最终让西太后逐渐清楚了此前政策的错误之处。因此，在义和团运动时期，看到外国联军来到中国，不论是义和团拳民还是官兵，都难以抗击，因此马上任命李鸿章为直隶总督，并命令他从广东即刻北上，原因是此刻需要清楚外事的大员。为此，西太后甚至让李鸿章在上海到天津段搭借俄国轮船。李鸿章的复奏让袁世凯转呈，字面言辞看似非常恭敬，可其中暗含的意思，就是在嘲讽西太后错误地招致这次祸端。电文中这样说："仰蒙倚任优隆，曷胜感悚！惟念前往北洋二十余年，经营诸务，粗有就绪，今一日败坏，扫地尽矣。奉命于危难之中，深惧无可措手，万难再当巨任。"李鸿章还说，上海没有俄国的轮船，如今战争还没有停下来，即便有轮船也一定不会借用。接下来，李鸿章请西太后饶恕难以速行的罪过，言说英国大使曾经请他，要等外交使臣平安抵达天津后，他才能启程，也不清楚外国使节是不是平安到达天津了？还说等身体稍微恢复之后，马上就从陆地上北上……

西太后对李鸿章的电文批复只有两三句话，内容是："李鸿章电悉，现在事机甚紧，著仍遵前旨迅速北来，毋再籍延。"

尽管得到了这样的特别电报，李鸿章依然在上海滞留不立即动身。他心中早已有计谋，外表看起来好像有事情需要料理，实际就是想看看围攻使馆的最终结果。当时在上海，泰晤士报社记者曾经在7月23日拜会了李鸿章。李鸿章说，假如西太后没有认识到之前的失误，进而调整策略来应对怒气冲天的列强，他不会马上北上到北京任职。7月底，有传闻说西太后准备离开京城，李鸿章就赶紧写了一份电文奏折。这份奏折非常著名，意在恳请朝廷开诚布公，及时改变策略。这份奏本到达北京之后，西太后还尚未出京。通过阅读这份奏折，可以发现李鸿章的为人，而且还可以了解其胆识。作为二十年以来中国的著名人物，李鸿章曾经得到了全世界的赞誉，这并非属于侥幸获得。这份奏折内容是：

自古制夷之法，莫如洞悉虏情，衡量彼己。自道光中叶以来，外患渐深，至于今日危迫极矣。咸丰十年，英法联军入都，毁圆明园，文宗出走，崩于热河，后世子孙固当永记于心，不忘报复，凡我臣民亦宜同怀敌忾者也。自此以后，法并安南，自攘朝鲜，属地渐失。各海口亦为列强所据，德占胶州，俄占旅顺、大连，英占威海、九龙，法占广湾，奇辱极耻，岂堪忍受？臣受朝廷厚恩，若能于垂暮之年，得睹我国战胜列强，一雪前耻，其为快乐，夫何待言？不幸旷观时势，唯见忧患之日深，积弱之军实不堪战，若不量力而轻于一试，恐数千年文物之邦，从此已矣。

以卵敌石，岂能幸免？即以近事言之，聚数万之兵以攻天津租界，洋兵之为守者不过二三千人，然十日以来，外兵之伤亡者仅数百人，而我兵已死二万余人矣。又以京中之事言之，使馆非设防之地，公使非主兵之人，而董军围攻已及一月，死伤数千，曾不能克。现八国联军，已将来华，携带大炮无算，

> 不知中国何以御之？但有十万洋兵，即得京师易如反掌，皇太后、皇上即欲避往热河，而今日尚无胜保其人，足以阻洋兵之追袭者。若俟之彼时，乃欲议和，恐今日之事非甲午之比。盖其时日本之伊藤，犹愿接待中国议和之使。若今日任用拳匪，围攻使馆，犯列强之众怒，朝廷将于王公大臣之中，简派何人以与列强开议耶？以宗庙社稷为孤注之一掷，臣思及此，深为寒心。若圣明在上，如拳匪之妖术，早已剿灭无遗，岂任其披猖为祸，一至于此。历览前史，汉之亡，非以张角黄巾乎？宋之削，非以信任妖匪，倚以御敌乎？
>
> 臣年已八十，死期将至，受四朝之厚恩，若知其危而不言，死后何以见列祖列宗于地下？故敢贡其赣直，请皇太后、皇上立将妖人正法，罢黜信任邪匪之大臣，安送外国公使至联军大营。臣奉谕速即北上，虽病体支离，仍力疾冒暑皭行。但臣读寄谕，似皇太后、皇上仍无诚心议和之意，朝政仍在跋扈奸臣之手，犹信拳匪为忠义之民，不胜忧虑。臣现无一兵一饷，若冒昧北上，唯死于乱兵妖民，而于国毫无所益，故臣仍驻上海，拟先筹一卫队，措足饷项，并探察列强情形，随机应付。一俟办有头绪，即当兼程北上……

这份奏折直言劝谏，西太后审阅之后肯定不会无动于衷。8月12至13日，西太后在怀来就下达谕旨，第一次向全国通告，非常明显地说要调和策略，并以此作为之后回京城的基础。并且，西太后也有先见之明，她清楚联军里边有相互猜忌的现实，出现争执是难免的事情，因此，返回北京肯定就会成功。

8月19日，西太后的一份谕旨里提及拳匪围攻使馆的原因，都是教民和非教民平日积怨太深，最终致动乱爆发。谕旨中还说，列强的军事行动目的在于剿灭拳匪，尽管没有疑义，可内含赞颂侵略的意思，不顾及友谊，实在让人感到伤悲。还说，中国政府在动乱时期，煞费苦心，千方百计保证驻京城外国人的生命安全，可列强在这一点不仅不予理解，居然还采用这样的手段来感谢我们，我们实在没有想到会是这样。中国朝廷，往往听信一些无稽之谈，因此才出现那样的谕旨，若非外交使团具备往日的阅历，对中国国情深有研究，根本不会相信这样的言辞，居然能出自西太后的手笔。不过，这份谕旨也并非一无是处，原因是俄国当时也出现了类似的文书，为中国朝廷解脱，正如西太后所说的那样。

之前那封谕旨在结尾，指令荣禄、徐桐、崇绮一些大臣留在京城准备议和。不过，西太后提及与外国将领交涉，感觉他们有获胜的意思，肯定难以让协议条框折中，可以考虑直接向各国外交部，或直接与上海总领事商量，希望能有和平的空间。西太后非常聪慧，她清楚此时在北京很难进入谈判的状态，假如能够直接向各国外交部或者上海总领事去电，有些事可以遮掩过去，这些人要比从北京虎口逃出来的洋人更容易打交道。

第二天，西太后又下达一份谕旨，言辞和之前大为不同，朝廷承认了错误，以此想触动众人的怜悯，也想以此作为劝勉。谕旨这样说："涤虑洗心，匡予不逮，朕虽不德，庶几不远而复，天心之悔祸可期矣。"观其全文，极为诚恳，自己承认国人遭受的祸害，都是朝廷没有处理好的缘故。谕旨里还训示了百官："乱事发生之源，皆由内外百官酣嬉怠情，不知振作，此等锢习速宜除拔。"谕旨中自述朝廷的一些族人，说："知人不明，皆朕一人之罪，小民何辜？遭此涂炭，朕尚何所弛其责备耶！朕为天下之主，不能为民捍患，即身殉社稷，亦复何所顾惜？敬念圣母春秋已高，岂敢有亏孝……”如此一来，改革的策略已经明谕天下人民。另外，还指令京外的官员即刻赶往西安的行宫，准备迅速推行改革的新兴政策，还奖励和感谢长江流域的一些督抚能维持东南、恪守天悦的和善政策。对于教民，西太后再次重申要予以保护。谕旨中还不时提及庆亲王一些人奏议和的情景和列强的形态，从中可以发现和平的目的已经达到。

9月上旬，各个省份的督抚联名上奏，恳请西太后和朝廷回到北京。假如当时的八国联军有用暴力手段抗击西太后的言辞，那这样的联名上奏不会出现。当时，关于都城的事情议论非常多，还为此起了不少的争执，各个省份联名上奏，让袁世凯起草奏本，再交给刘坤一，刘坤一再发往各个省份。奏本说：“奉党诸人之罪，其祸中于国家甚酷。今幸和议已开，困难已过，亟宜宣布回銮以定人心”，还说“臣等闻朝廷由太原往西安，实深悲痛……”奏本的内容如下：

> 刘坤一等奏：窃自拳匪肇乱，媾衅列邦，京师相继失陷，辽东亦多失守，以致宗社震惊，乘舆播迁，薄海臣民，仓皇失措，莫不谓拳匪酿祸，贻误国家，疾首痛心，同切忧惧。迨叠奉明诏，车驾暂幸太原，议及亲贵，仰见我皇太后、皇上昔者之苦衷，今者之明晰。虽外人尚未满意，有待调停，而天下士庶，莫不钦仰感动，鼓舞欢欣，方冀畿辅廓清，指日回銮，上慰九庙在天之灵，下遂亿兆苍生之望。昨日恭读电传本月初六日谕旨，现定闰八月初八启銮，西幸长安等因，钦此。臣等私忧过虑，诚有不得不具陈于我皇太后、皇上之前者。
>
> 伏查自古国家多难之时，亦有迁都之举，然必须敌人不能

悬军深入，即深入亦不能持久，我始能立国图存。今日联军谋坚势众，实与古来不同，况陕西自宋元明至同治以来，屡次兵火，商稀民瘠，古称天府，今非雄都。又与新疆、甘肃为邻，新疆逼迫强俄，甘肃尤为回薮，内讧外侮，在在可虞，较之京师素云完善。即就日下言之，各国方以新胜之师，谋合图进。我能往，彼亦能往，不畏数万里之海，岂畏数千里之陆？恐山川之险，未可凭恃，即偏安之局，不可幸成。且京师根本重地，四方所拱极而朝宗者也，宗庙宫阙，列祖列宗之神灵所式凭者也。二百余年，基业固矣，一旦弃之，不特失臣民之望，亦非圣心之所安。前闻各国曾请退兵回塞，不占土地，无论所请果否出于至诚，正可籍回塞之说，以速其撤兵之议。倘西幸愈远，拂各国之请，阻就款之忱，万一激变宗旨，洋兵不撤，京畿从此沦胥矣。辽东不复，陵寝从此鼎革矣。一国变计，各国争先，外而沿江沿海，处处侵占，内而奸宄生心，纷纷扰乱。瓜分之势成，糜烂之祸亟矣。人心愈摇，饷源愈竭，运道愈梗，而朝廷徒局促偏安。为闭关自守之计，夫以偏僻凋蔽之秦陇，供万乘百官之资粮，久将不给。以屡次挫失之弱兵，抗合纵连横之强国，势必难支，存亡关键实在于此。臣等万死，奚足补救，伏乞皇太后、皇上追念列祖列宗创垂之艰难，俯念满洲八旗生齿之蕃衍，外顺各国迎驾之请，内慰臣庶恋阙之心，拟请睿裁，收回幸陕成命。倘若乘舆而发，驻陕伊迩，势难折回，亦乞明降谕旨，以告天下，具言此次幸陕亦系暂计，俟畿辅稍定，即行回銮，并简派王公大臣致祭宗庙，恭谒诸陵，示天下以朝廷不忘宗庙陵寝之重，断无终不回銮之理。一面饬令全权大臣，婉告各国使臣，果真退兵，示以必返，庶足定人心而安大局。

又奏，接使俄大臣杨儒电述外部之言曰，势必大举西向，恐未成咸阳之宫，又将税兰州之驾等语。臣等闻各国议论，大率皆同。今日幸陕之举，议者必以秦中迭隔海口，有黄河潼关之阻限，其险隘可守，敌来较难，拒敌较易。不知古今兵事，实有不同，八国环攻，与一国构兵又不同。今日战斗须凭枪力，守险须凭炮力，潼关、同州等处之黄河，仅宽四五里，愈上愈狭，外国陆路行营快跑七生之口径者，及八九生之口径用马脱运者，可击七八里，新式长田鸡炮可隔山遥击七八里，中国皆无之。仅凭土炮、小洋炮，岂能守关守河！各省枪少弹缺，自造无多，假使洋兵深入中原，运道必然梗阻，不过数战，弹子即罄，虽有忠义军民，徒手亦难击敌。盖一国则深入难，八国则接济易，此陕省拒敌之难也。

又查外洋通例，凡系有和约之国必驻公使，若其国不能为公使驻者，即不视为与国。一立和约，即使迁都陕西，各国肯允，亦必各遣公使，来陕驻扎。经此次变故以后，使馆必留洋兵保守，距海愈远洋兵愈多，且山西、河南、直隶必至于节节皆驻重兵，是无论迁都何处，必有使馆洋兵，徒使中原数千里皆为洋兵盘踞，此陕省建都之难也。总之迁都之计，全在平日经营，若战败以后，敌人必不许我矣。守险远海，亦拒敌之一策，若海口即已属人，内地素无守具，则险者失其险矣。各国并力，各省纷扰，彼有接济之便，我无持久之力，腹背受敌，跋前疐后，则远者失其远矣。此须俟事定以后，从容筹之。遇一国生衅之时，必先结援数国，移跸陪都，军械充足，炮台周密，再行开战，然非所论于此时也。以上各情，恐议者或未详考，臣愚见所及，不得不据实上陈，以备朝廷裁夺。

在回銮的事情还没有确定之前，西太后非常需要了解各国对于她权力地位的看法，各位大臣为此提出了很多谏议，各自叙述了列强不会干预其身份地位的态度，西太后这才放下心来。当时，比较顽固一些的官员，都在预料西太后肯定不愿意返回已经遭到洋人涂毁的北京城。可是，西太后尽管非常迷信，却具备远见卓识，假如不是因为自己政权处于危机状态，她时常会听取众人的建议，此前讨论的迁都问题，只不过是表面现象，当确定列强不会干涉她至高无上的地位后，西太后就明确表示愿意回到北京。后来，北京的议和逐渐有了结果，西太后又了解到列强之间也在互相妒忌的原因，清楚回京不仅不会有危险，而且列强还非常欢迎她，于是，西太后就决定早日返回京城，每天让议和全权大臣奕劻一些人汇报议和的进展详情。等议和已经成功之时，西太后非常兴奋，马上说等道路修筑竣工之后即刻动身。或许，因为每年夏季大雨之后，道路难以行走；还有就是动身之前需要预备行装，还要清点各个省份进贡的财物；再有，一条非常让人动心的消息从北京传来，联军没有掠夺北京宫廷内的宝藏。如此一来，西太后回京的念头更加紧迫，她担心宫内宦官偷窃财宝。

阴历八月二十四，即公历 1901 年 10 月 20 日，西太后、光绪皇帝从西安动身，随行的侍从很多。西太后首先来到城外的庙里祭祀，随后开始向北行走，每天大约走 40 千米。到达河南府后稍微歇息了一下，随后就向开封进发。在开封驻留了几周时间，还庆贺了西太后的万寿节。这次返京旅程，沿途预备有行宫，给养非常丰盛，和之前仓皇出走相比有天地之差。西太后在开封的时候，议和签字成功结束，李鸿章过世。李鸿章是外交家，对西太后帮助非常大，《辛丑条约》之所以能够顺利签订，并能让列强宽让很多条款，都是李鸿章的功劳。但是，西太后尽管对李鸿章的才干非常赞赏，却并没有对其优待，时常以听不懂李鸿章口音为理由，没有让其晋升军机大臣的职务。不过，李鸿章死后，西太后非常哀痛，给了他 200 年来汉臣去世从未有过的荣誉。朝廷除了在李鸿章建立功勋的地方建立专门祠堂外，在京师也建立了一处。甲午作战失败后，西太后曾经问责李鸿章的罪行，而光绪皇帝还想一度罢免李鸿章的职务，但西太后没有答应，从中可以发现西太后的远见卓识。合约签订之后，西太后赏赐李鸿章很高的荣誉，另外还犒赏了庆亲王和袁世凯一些人，都是因为这些人对议和有功。西太后还提及荣禄的忠诚。荣禄是首位奉劝西太后剿杀义和团的人，他除了主持军机处的事务，还在保护使馆方面颇有建树。在开封演戏庆贺了西太后的万寿节以后，一行人再度启程。期间，有一位名叫文悌的知府官员，是满洲人（光绪二十四年时候担任言官，因为他顽固守旧，光绪皇帝就罢免了其职务。戊戌变法之后，西太后恢复了文悌的职务），他恳请西太后不要返回京城，言说洋人性情难测。西太后非常严厉地斥责了文悌。渡黄河的时候，天气非常好，西太后祭拜了河神。地方官员特意赶制了一艘龙舟，西太后和一些嫔妃坐龙舟渡过黄河，然后向北行进。途中有外国人要瞻仰，西太后都给予特殊的礼遇。在没有抵达北京之前，西太后下达谕旨：“但凡有西方人要求瞻仰，不要阻止。”尽管西太后下达了这样的谕旨，外国大使团依然按照之前的惯例下达通知：不许参观。西太后想和列强调和，只要能推行的事情都可以推行下去，以此让中外友谊加深，也为其后来施政做好准备。西太后感觉，瞻仰对自己没有什么损害，而洋人则可以从容参观，这样对国际交往有益。在直隶边界，西太后再次下达谕旨："皇帝进宫之后，马上接见外国大使。"还说明接见的地点在正殿。不了解《辛丑条约》内容的人，都会感觉这是朝廷出于优待洋人的礼仪，却不清楚这都是合约里边确定的款项之一。另外还说，西太后非常愿意接见外国使节的夫人，之前和这些夫人的关系非常好……

1902 年 1 月 6 日中午，西太后、光绪皇帝一行人乘坐特制的火车抵达北京车站。这个车站建在北京城南一个地方，车站旁边设有非常大的帐篷，里边装饰非常奢华，有金漆宝座、祭祀用品以及各种贵重的瓷器等，都是用来迎接西太后、皇帝的物品。大约有 200 多京城的大员在那里等候，另外还设了一个洋人款待处。列车从远处缓缓进站，从车上的一个窗户里可以看到西太后的面容。坐在西太后旁边的是皇后、皇贵妃和宦官总管李莲英。官员们看到西太后来了，马上都跪到地上迎接，其中的内务府大臣继禄高呼西方人脱帽。首位下车的人是李莲英，他马上开始清点随行携带的各个省份的贡品。所有的箱子和包裹堆积如山，都是从西安一起拉运过来的。皇帝下车了，身体和相貌看起来非常健康。西太后看了一眼皇帝，皇帝就急匆匆上了轿子走了，尽管文武百官站在旁边，也没有接见并说上一句话。庆亲王疾步上前恭请圣安，王文韶随后跟着，他是继李鸿章之后担任的议和大臣。庆亲王恭请西太后上轿，西太后说不忙，她来到众人中间站了五分钟和旁人谈话，精力充沛，不像一位年迈的老人。宦官总管李莲英上前呈上随身托运的物品清单，西太后仔细看了一遍，随后又交给李莲英。应直隶总督袁世凯的恳求，西太后应允他带领铁路洋总管进见，西太后感谢他路途中完善的照顾。铁路洋总管退下去之后，西太后上轿，轿子比皇帝的还要大、还要好。轿子旁边有宦官一路跟随，负责指点沿路的景色和建筑物，让西太后欣赏。假如遇见了洋人，宦官就给西太后介绍。有人曾经听宦官喊这样一句："老佛爷，你看那个洋鬼子！"西太后只是微微一笑。过了南城，径直经过前门进入内城。内城有一座庙，里面供奉着满洲的保护神。正阳门城楼上面有许多西洋人在等候，向下看院子里，发现西太后下轿后就走进庙里，随后跪在神像前面，旁边有几个道士在赞礼。西太后起身之后，抬头看见了西洋人，低头微笑，然后上了轿子进入大内。

来到宁寿宫时已经到下午两点了。西太后马上下令让宦官挖掘此前埋藏的金银财宝，发现没有变化之后，非常高兴，随后下达谕旨，赏赐珍妃身后的荣誉，并以此向中外昭示。庚子年间大家出走的时候，珍妃是被人奉西太后的命令推到井里的人。这份谕旨里，西太后赞扬珍妃性情刚烈忠诚，言辞间说她因为无法随圣驾西行才自尽身死，不愿看到京城被洋人攻破、宗社被辱等。赏赐珍妃封号，升位一级，众人都感觉这道谕旨是必须有的。或许，中国人感觉人死后阴魂不散，依然有感觉，因此珍妃生前让西太后震怒的一些事，众人都感觉无所谓，而优待死后的珍妃则显得尤为重要，以此安慰其在天之灵。

尽管西太后已经离开车站，可西洋人依然在那里观望。接下来走的是皇后、嫔妃等一些人，乘坐黄色轿子，还有次一些的绿色加黄边的轿子。剩下的人（宫女）就乘坐官车，一辆车上坐两个人，大约 90 个人。安排这些人上轿的时候非常嘈杂，其中的几位年长的人，口舌清楚且伶俐。这些人离开之后，宦官和官员一些人开始照料剩下的随身物品。其中，日常用品和各个省份进贡的东西，由军机处的官员负责管理，可此事不能很快就可以了结。没有多长时间，荣禄带领大伙各自上轿进城了。荣禄身体有点衰颓了，走路时旁边需要有两个人搀扶。

## 目睹西太后容貌

西太后这次回京城，从正定至北京，所有人都是乘坐火车，这是中国历史上的首次。下面的记录，是当时伦敦《泰晤士报》1902年3月登载的报道，这是重新翻录。从记录的内容可以发现西太后充沛的精力，平日日理万机，国事繁乱，同时还要耗费精力料理家务、钱财、运输等事务，这就是她不同凡响的地方。这份登载非常有趣，其内容是：

> 1901年12月31日早起，宫里的所有人都来到正定府，有一支人马护送，另外还有很多随行官员和宦官，行李箱子都依靠马车来托运。有人亲眼所见，车队有三千辆大车之多，宦官大约有三四百人，另外还有厨子、杂役等。由于人太多，因此供给安排上困难非常大，大官占据了城内外所有的好客店。高级官员还随身带一些随从，都是从北京赶来迎接西太后的。一行人在正定府居住了三天。三天之内，情景的嘈杂难以用语言形容。几乎每间屋子都堆放着箱子等物品，宦官和随从都在旁边聚集围绕看管。当时气温很低，温度表显示是零下2摄氏度，旅行的人们冻得不停唉声叹气，还有的在流鼻涕。中下层官员

都没有住宿的地方，只能被迫在车站的左边寻找一个歇息的地方，艰难地度过这几天。车站的旁边有一支没有受过训练的士兵。第二天晚上，行宫附近的马圈失火了，尽管很快被扑灭了，也没有受到大的伤害，可还是让人虚惊一场。当时，这里的管理根本没有制度，幸亏没有出大事而已。当1月3日动身的命令宣布之后，所有的人都如释重负。

从当时的情景可以看出一个东方大国的尊荣。黄河岸边至正定车站，总共大约400千米，皇家随行的马车连续不断。看到这样的场景，让人好像看到司格德记录的欧洲中古时期的赛会建醮仆仆于道的状况。每一个王公身后都有30至100个随从，都在北方冻裂且坎坷不平的道路上行走，装满货物的车流连续不断，“吱吱呀呀”行走在冬日短暂的白天里。黑影下来后让士兵高举火把领路。冬夜寒风刺骨，颛行借宿。可是，西太后、皇帝、嫔妃、宦官总管，行走的路线和其他人不同，道路非常平整。从西安开始，沿途都用黄土铺平，很细软，人走在上面悄无声息。道路上没有一颗石子。并且，銮驾来到的时候，还有一班用扫帚扫地的人。大约每相隔16千米还安排有专门的休息地方，都是提前预备好的。据一位承办这件事的官员说，修路的花费巨大，当时折算是：每8码需要50墨西哥元，1600米1000英镑。或许，铺路用的泥土要从很远的地方运过来。平时，中国的道路都很杂乱不平，因此这件事就属于大清政府临时滥用开支。

定在1月3日动身，西太后又定于上午九点半正式开车。当时，西太后已经年迈，此等小事没有必要亲自作为，但她丝毫没有马虎。西太后的性格，从这件事可见一斑，这就是此人能够掌控至高无上的大权的真正原因，其精力能够关注到国家每个角落。西太后执掌大权40年以来，涉及家中小事、运输诸方面的琐碎事，都不曾忽视，都要亲身作为，从容果断，毫无焦虑之感，的确有过人的才能，旁人难以揣测。其实，特制的火车早已经由比利时铁路公司与盛宣怀签订了协议。等西太后来到之后，皇帝带领官员们跪地迎接，此刻距离开车时间还有两刻钟。西太后检查办事员工作并安排发货一些事，行李，包件，非常多，又因为宫内的东西很重要，她就叮嘱这些人好生照料。货车开动后，西太后才放心，随后还说到了保定后还有一次检查，还不准备让行李车先行抵达北京。从这些小事上，可以发现妇女的一种普通天性，即便是皇太后也一样，由此让人想到内外各位大臣的忠心。

台上的情景非常有趣味，原因是中国的宫廷一直比较神秘，所有的举止都深藏不露，而眼前却大不一样。沿途中，以及现在上车的地方，都没有设立禁区，任凭人随意参观，人们都很随意。袁世凯带来了大约一千兵力，是西太后的卫队。每当西太后召见高级官员的时候，身边人员都会退下。但凡有去往各省督抚、州县衙门的西洋人，肯定要铭记这样的景象。现在的情况很特殊，从某些角度上分析，尤其会铭记在西洋人的心里，难以忘怀。而从当地人来看，他们感觉宫里的嫔妃和宦官一些人，有点像刚见到外国人一般，眼前是一种新颖奇特的观念。瑾贵妃很年轻，活泼神气，满面微笑，成为周围人的焦点。她的穿饰非常华丽，妆化的非常浓，她在列车上走来走去，似乎关心火车上所有的事情。瑾贵妃和其他宫里女人讲话，声音很响亮。中国宫廷人员此次乘火车，这和国内将来铁路事业的兴起会有直接关系。所有的官眷都戴上了很多珠宝，尤其皇后头上戴的更好。官眷都在吸雪茄而代替了烟筒（可能是旱烟），或许这也是将来兴旺发达的预兆。西太后召见高级官员时间约一刻钟，皇帝则在太后身边侍立，默不作声，偶尔也说一句话，可以从中发现皇帝的智慧。不过，皇帝面容有懈怠之意。皇后的面容非常好，可要以我等从政人角度说，化妆太浓，这样反而会遮掩她的秀美，她也像皇帝那样面露忧郁，似乎对周围的一切都不感兴趣，所穿戴的衣物都显得素净雅致。

九点半准备开行的特制火车装载了全体官廷人员，一个火车头拉着21个车厢。车厢的次序是：9个货物车厢；装载奴仆、骡轿的车厢；铁路办事员的车厢；接下来是两个头等车厢，里边是王公大臣；后边就是皇帝的特别车厢；再往后的车厢里面坐的是荣禄、袁世凯、宋庆、鹿传霖、岑春煊和内务府的一些人；紧接着才是西太后的特制车厢；还有皇后、嫔妃等人的特制车厢。另外，还有两辆二等车，乘坐的人都是侍从宦官；还有一辆头等车，里边坐的是李莲英；最后是杰多第的事务车。当时，中国的铁路总理是盛宣怀，他为了这些特制车辆花费了很多钱财。西太后、皇帝、皇后的特制车箱都是用非常华丽新奇的黄色绸缎装饰的，里边都设置宝座、睡榻、军机厅等特别设备。各位嫔妃的车厢都设置了非常厚重的帘幕，尽管制作方考虑得非常周全，可妃嫔们都喜欢观赏车外的景物，所以那些帘幕根本没有什么用途。火车开始行进的时候，西太后的车厢时常成为聚会之地。西太后和皇帝、李莲英谈话比较多。西太后的性情和仪表，的确属于人中之主，可能是出于天赋，也有迷信成分。西太后对这些人非常信任，于是就给杰多第下达了抵京限定时间的通知。为此，西太后还特意叮嘱了好几次，一定要在特定的时辰到达京城永定门，很重要。总工程师汇报说，假如在那个时间到京城的话，需要在保定府七点动身。西太后已经拿定主意，即便动身早一点也没有问题。

六点钟时，性情刚毅的西太后已经抵达车站。当时，霜非常重，尘土飞扬，士兵们都高举着火把给轿夫照明，或许是因为天色尚未大亮。从这样的情况可以想象一下当时的情景，寒风凛冽。此刻，西太后对随身携带的行李非常留心，她在这种运输事务中，都会亲身料理，此举让负责车务的工作人员对自己的职责更加重视，只得非常小心地工作。在保定时，忽然发生了一件事，可以从中发现西太后的性格。之前说的随行大臣的车厢，正处于西太后特制车厢和皇帝特制车厢中间，里边的人非常多，有点拥挤，不舒适，铁路办事人员于是商议加挂一辆头等车厢。西太后了解情况后，就询问其中的原因，有人如实做了回答，西太后马上否决，于是各位大臣只得老老实实挤在一辆车厢内。西太后还专门来到那辆车厢看了一下，询问大家感觉可舒适？里边的人都说非常舒适。

火车到达丰台时，时间是上午 11 点 30 分，芦汉铁路与京津铁路在这里接轨，英国士兵在这里驻守。西太后来到时，非常兴奋，可依然在牵挂着抵京的时辰问题，不停地拿自己的钟表与铁路上的表对照。杰多第在这里向西太后告辞，西太后对他大加赞誉，称赞他办事稳妥，首次坐火车就特别满意，说今

> 后还会多次乘坐，还说芦汉铁路举行通车典礼，一定要亲自到场，另外犒赏5000块大洋，以此酬谢铁路上中外工作人员的辛勤工作，犒赏杰多第双龙宝星。丰台至北京前门铁路归英国人管理。占卜的人说，西太后应当在马家堡下车，如此也能够遵守祖宗的制度，所以，西太后在中午就下了火车，然后坐轿从永定门入城。一路上非常繁华，洋人都在称颂西太后的尊荣。有一个日本访事，言辞间说此情此景充其量是他们国内乡间将要开演戏前的情景。皇帝每次都要在西太后前面走，这样方便迎接，这都是惯例。入城的时辰正好符合西太后预定的时间，如此西太后再一次来到了北京城。
>
> 在外出逃的时间，或许已经有18个月了。当初，一行人仓皇出逃时，那种狼狈相确实难以回首。在临近北京城时候的情感以及谕旨中自责的言辞，可以发现聪慧的一国之主西太后选择的正确。有一件事需要提及，就是盛宣怀办理的西太后卧车里，西太后的床位属于欧式风格，上面还有鸦片烟具。

上面的记述就是《泰晤士报》的报道。

回到京城一周后，依照和议上的规定，西太后和皇帝接见了各国的使者团。一切如旧，西太后坐在大殿上的宝座内，皇帝坐稍微低一点的宝座，后来还接见了公使夫人等。大使领袖带领上殿后向西太后做祝词，祝贺西太后再次回到美丽的北京，言辞非常和睦。从中可以看出，西太后奉行的调和列强策略已经达到了初步的效果。庚子年间使馆危急的时刻，进入京城之后已经忘记了。各国的大使又恢复了往日的态度，他们开始彼此间互相猜忌、互相遏制、互相竞争，都想求得中国的欢心。西太后得到大使夫人们的祝词后进行了酬答，言辞也非常和悦，非常感人。西太后用极其诚恳的语气说："庚子年间，宫内的谣言非常多，我被迫出走。可是，当时以友谊素敦的各位大使所感受的灾难为念，深深感到不安。入京事情已经过去，期望今后依旧像此前那样和好。"大使夫人们告辞退出，都对西太后谦和的态度表示非常满意，对于西太后如此殷勤的招待，都非常兴奋，从中可以发现西太后联络邦交的手腕。自此以后，那些大使夫人们时常入宫，而之前只不过是第一次。西太后经常对荣禄说："古代经传里接待蛮夷的办法很宝贵，只需要用谦和的礼遇接待，那之前的事情就可以让其忘记，进而一笔勾销。"

那次觐见之后，国际邦交依然像之前那样。留守在北京的联军，时间一长就感觉到了不习惯。流离失所的老百姓，慢慢恢复了生计，商业也慢慢恢复到了之前的样子。列强与中国的外交关系，也在慢慢的恢复中。列强之前互相猜忌的情景，也恢复到了之前的样子。他们互相牵制，所以能够保持均衡的势态。

此刻，中国朝廷背后的大权都掌控在荣禄手里，一直到荣禄去世才结束这种状态。不过，各国的大使不清楚荣禄在庚子年间朝廷和列强之间维持的情况，所以都在猜疑他，对他所有的事情都猜忌，感觉荣禄也在行刑之列。实际情况是，列强得到的报告不准确。所以，荣禄首次拜会各国大使时，大使们对其态度都比较冷淡，此举让荣禄内心非常不舒服，他曾经对外交使团的一个人说："庚子年间，我曾经努力保护大使馆，此事只有天知道，我一丝一毫没有说假话。"那个人是荣禄的老相识，多少有点交情，可是这样的话依然没人相信。荣禄感觉到外交使团对自己不公平，内心非常不满，就恳求西太后罢免他军机大臣的职务。不过，西太后清楚他被诬陷了，就特意下达一份谕旨安慰他，让他理解朝廷的信任。内容是：

> 大学士荣禄奏沥陈下情，恳请开去各项重要差使一折。该大学士公忠体国，谨慎小心，久为朝廷所信任。上年拳匪之变，众口纷呶，该大学士独能坚持定见，匡扶大局，厥功甚伟。今虽时事粗定，而元气大伤，除蔽更新，百端待理，正当同心戮力，共济艰难，宫廷振历不遑，孜孜求治。该大学士受恩深重，更何忍置身事外，独使宵旰忧劳，揆诸鞠躬尽瘁之义，于心安乎？所请著不准行。

西太后在世期间，在北京居住的洋人，曾经有两次机会得以一睹西太后的风采。或许是因为西太后的短期旅行，乘坐火车返回京城才得以亲眼所见。每当能亲眼所见西太后温和的面容以及能言善辩的才华，时常都会成为京城一时议论的热点。首次看到西太后的尊荣是第二年的春季，西太后从东陵回京城，依旧到前门庙宇里祭祀，并和几位贵妃很轻松地交谈。走出庙宇之后，西太后让宦官拿过来望远镜，然后开始遥望城上的人群。假如看到了之前见过的熟人，西太后就挥动手绢，随后大声向这位大使的女儿问好。身边的王公大臣看到西太后如此放下身份对待西方洋人，心里都不高兴。或许，当时的满族王公贵族，尽管历经了庚子国变，可心中自我尊贵的性情依然没有改变，仍然将洋人看作是蛮夷，这种思想如今还没有消除。当时，王公大臣们都很愤怒，一起怂恿继禄恳请西太后上轿子，可西太后没有动，俨然一副以此为乐的样子。皇帝面色比较忧郁，没有一丝兴奋的神色，好像眼里根本就没有西方人一样。1903 年 4 月，西方人在北京第二次看到西太后的尊容。当时，西太后从西陵回到北京，那天也是西太后心腹荣禄去世后的第四天。这一次西太后不很高兴，慢腾腾地下了车，失去了往日的活泼。西太后弟弟桂祥跪在车台迎接，西太后没有说几句话，就对桂祥说："是你害了荣禄，推荐的郎中根本没用。"随后，西太后就上了轿子。

当初，西太后在保定府行宫时，曾经也接见了几位西方女人，言说保定教案的事情，和朝廷没有关系，因此大清朝廷不负责。但凡觐见过西太后的西方洋人，不论西太后说些什么，只要看到西太后庄严的表情，诚恳的神色，马上就会心悦诚服，即便不了解情况也会相信。西太后回到京城之后，特意下一道谕旨说明了情况，这就是西太后性情的表现，全国人看到这道谕旨，都会倾服，进而更加拥戴西太后。这道谕旨奉劝人民，要一心协助西太后变革政务，去除陈旧的弊端，励精图治。谕旨中，有段文字记述了西太后和皇帝倍受艰辛的过程。内容是：

> 兹者乘舆遄返，匕鬯依然，钦懔之余，弥增悚惧，惩前毖后，惟有恐惧修者，庶几克驾前烈，以敬迓天庥。若复徽幸图存，宴安逸豫，尚安有兴邦之一日？此虽时局粗定，而几辅黎庶，屡遭蹂躏，仅有孑遗。秦晋一带，时苦旱灾。东南则江皖数省，皆被水患。怜念吾民，疮痍满目，值此国用空虚，筹款迫切，何一非万姓脂膏，断不忍厚敛繁征，剥消元气，自应薄于自奉，一切当以崇俭为先。除坛庙各处要工已饬核实估修外，其余可省及应裁之处，皆应力杜虚糜。

## 西太后的新政

庚子国变给了西太后很大震动，让她在短时间内明白了中国衰弱的原因所在，被迫改变政策，准备补救。前面的文字已经叙述了西太后决心实施新政的谕旨，告示天下。或许，西太后此刻才清楚传统政策的弊端是国家衰弱的主要原因。后来西太后推行的新政，其实都是光绪二十四年（1898）时期光绪皇帝准备实施的新政。不同的只是，西太后在外界从来不违背自己曾经说过的言辞，而言谈的内容往往非常谨慎，很像是以中庸作为标准，不让新政走向极端，并调和新旧策略后才推行。并且，新政时时将权力集中到中央，避免各个省份出现互相背离的现象。

在 1901 年 1 月 28 日向天下人的诏书里，西太后首次显示出自己要改革的意图，当时还是在西安行宫以皇帝的名义下的谕旨。荣禄参与了这道谕旨的起草过程。尽管中国历来的谕旨都有重复的毛病，不过从那道谕旨中也能看出西太后聪慧的见识。国内的官员看到后，都欣喜若狂，即便是南方各个省份，诸如广州一些向来反对西太后的区域，看到这道谕旨后也精神振奋。中国报纸评论说这是中国历史上唯一可见的改革。那道谕旨言辞和立意都很好，包含了两种含义：让中国人民了解到朝廷变法决心的同时，还表明了中国在世界上的地位，言辞语气非常有气势。通过言辞的精妙，用来平复国内各党派的见解。如此一来，西太后的声誉更深入地传播到了各个角落，青年人都在为之振奋。从那道谕旨里，可以了解西太后已经抛弃了之前闭关自守的策略，这成为中国几千年以来奉行思想的重大改变。改革大事，将会和历代祖宗的制度相反，更不会是各位亲贵大臣的本意。因此，这次变革，假如没有历经1900年的艰辛磨炼，绝对不可能推行。在西太后再次回到残破不堪的京城后，马上以60多岁的高龄担负起了这个异常艰巨的使命，中外人士为此更加赞颂西太后的坚毅果敢。此举应该出自于爱国之心，也可能是为了巩固自己的大权地位。或许，西太后经历了国耻之后，将要直接面对之前的错误，感觉到新政是振兴国家的办法。这样一来，国内不论哪一方的人，都不会再反对了。

尽管如上所说，可国内的大部分人，还有一些外国人，为此依然还会有疑心，西太后此次推行新政是否真正出自诚心呢？存有这种心理的人肯定是有。不过，身居高位的人，都清楚此次西太后是真心要推行新政。为此，西太后在后来经常采用新法来对付反对新政的贵族。这样一来，中国的老百姓都看到了西太后的真心并诚心拥戴，即便是南方各地一些因为1898年疯狂镇压维新党而对朝廷心怀不满的人，如今也在回心转意。西太后或许是用言辞和做事证实了变革的决心，这绝对是正确的。

庚子年间的巨额的代价，让西太后增长了很多见识，于是等回到北京城之后准备将这些见识付诸实施。不过，西太后自始至终依然在怀念义和团拳民头领的功绩，不断追述这些人的忠心和勇敢，剿灭洋鬼子的雄心。可是，西太后尽管在称颂这些人的忠诚，可自己也历经了庚子国变的痛苦，也清楚那些人的作为不会有希望。形势所迫，让西太后清楚中国的未来，假如不能达到富国强兵的那一天，那就必须压制排斥洋人的作为。如此，西太后就果敢地宣示变革自强的意图，此举在中国的历史上实属罕见。从1898年光绪皇帝变法可以证实，一国的君王，要想突然实施革新政策，肯定要引起国内部分人的猛烈争论，而且还会引发内乱，最后才可以推行。西太后审时度势的见识如此明确，而昭示天下的谕旨，立意言辞果断有力，让新政具备了大致的规模。没有人为此提出异议，即便是最守旧的儒教人士，也没有对此提出任何反对意见。现在摘录西太后的部分谕旨，非常有关系且有趣味的篇章：

> 世有万古不易之常经，无一成不变之治法。穷变通久，见于大《易》；损益可知，著于《论语》。盖不易者，三纲五常，昭然如日星之照世，而可变者，令甲令乙，不妨如琴瑟之改弦。伊古以来，代有兴革，即我朝列祖列宗，因时立制，屡有异同。入关以后，已殊沈阳之时，嘉庆、道光以来，岂尽雍正、乾隆之旧，大抵法积则蔽，法蔽则更，要归于强国利民而已。自播迁以来，皇太后宵旰焦劳，朕尤痛自刻责，深念近数十年积习相仍，因循粉饰，以致酿成大衅。现在议和，一切政事尤须切实整顿，以期渐致富强。
>
> 懿训以为取外国之长，乃可去中国之短；惩前事之失，乃可作后事之师。自丁戊以还，伪辩纵横，妄分新旧，康逆之祸，殆更甚于红拳，迄今海外逋逃，尚以富有贵为等票，诱人谋逆，更籍保皇保种之妖言，为离间宫廷之计。殊不知康逆之谈新法，乃乱法也，非变法也。该逆等乘朕躬不豫，潜谋不轨。朕吁恳皇太后训政，乃得拯朕于濒危，而锄奸于一旦。实则剪除乱逆，皇太后何尝不许更新？损益科条，朕何尝概行除旧？执中以御，择善而从，母子一心，臣民共见。今者恭承慈命，壹意振兴，严禁新旧之名，浑融中外之迹。
>
> 中国之弱，在于习气太深，文法太密，庸俗之吏多，豪杰

之士少。文法者，庸人籍为藏身之固，而胥吏倚为牟利之符。公事以文牍相往来，而毫无实际，人才以资格相限制，而日见消磨；误国家者在一私字，困天下者在一利字。至近之学西法者，语言文字、制造器械而已，此西艺之皮毛，而非西政之本源也。居上宽，临下简，言必信，行必果，我往圣之遗训，即西人富强之始基。中国不此之务，徒学其一言一话、一技一能，而佐以瞻徇情面、自利身家之积习，舍其本源而不学，学其皮毛而又不精，天下安得富强耶！总之，法令不更，锢习不破，欲求振作，当议更张。著军机大臣、大学士、六部九卿、出使各国大臣、各省督抚，各就现在情形，参酌中西政要，举凡朝章国政、吏治民生、学校科举、军政财政，当因当革、当省当并，或取诸人，或求诸己，如何而国势始兴、如何而人才始出、如何而度支始裕、如何而武备始修，各举所知，各抒所见。通限两个月，详悉条议以闻，再由朕上禀慈谟，斟酌尽善，切实施行。

至西幸太原，下诏求言，封章屡见。而今之言者，率出两途：一则袭报馆之文章，一则拘书生之浅见。指其病，未完其根，尚囿于偏私不化；睹其利，未睹其害，悉归于室碍难行。新近讲富强，往往自迷始末，迂儒谈正学，又往往不达事情。尔中外臣工，当鉴斯二者，酌中发论，通变达权，务极精徽，以便甄择。特是有治法，尤贵有治人。苟无其法，敝政何从而补救；苟失其人，徒法不能以自行。使不分别人有百短，人有一长，以拘牵文义为守经，以奉行故事为合例，举宜兴宜革之事，皆潜废于无形，群旅进旅退之员，遂酿成不治之病。欲去此蔽，慎始尤在慎终；欲竟其功，实心更宜实力。是又宜改弦更张，以祛积弊，简任贤能，上下交儆者也。朕与皇太后久蓄于中，物穷则变，转弱为强，全系于斯。倘再蹈因循敷衍之故辙，空言塞责，遇事偷安，宽典具在，决不宽贷。将此通谕知之。

从这道谕旨中可以发现，西太后在用皇帝的名义斥责戊戌年间的维新派人士及其推行的新政，或许西太后感觉虽然诚心实施变革，可此事也是当下大势所趋。西太后是一位非常有主见、权力欲极强的人，从来不甘示弱，不甘心成就维新派的美名。西太后此刻计划推行的新政，很多条款出自于戊戌年间康有为一些人的主张。只不过照顾面子，要让国人清楚，西太后此次维新变革和之前的变法有区别，并且要比以前的更好。西太后宣布的新政条款，但凡带有戊戌年间痕迹的，一律不说，原因就是西太后曾经使用暴力手段扑灭了戊戌年间的变法。总之，目的就是要让天下人明白，西太后时下的推行新政，根本不像当年康有为乱党的所作所为。可是，西太后所推行的新政条款，的确和当初康有为一些人的没有两样，甚至程度有所超越。唯一不一样的地方就是，这次改革，是西太后倡导实施的，前一次则是其反对者推动的。

细看一下西太后回到京城六年推行的新政，绝对是诚心诚意的改革，不容置疑。即便有可疑之处，也非常细微。可此次改革相对于外人来说，那就让人难以相信此次变法好于上次。从义和团拳民开始到被剿杀，再到北京沦陷，西太后对此刻骨铭心、难以忘怀，深感国力的脆弱、国家处于危机之中。西太后已经体会到西方国家在物质文明方面的宏大，而中国传统经学很难与之抗衡。假如要在地球上立足，一定要学习日本改革自强，整顿军队向西方国家学习。西太后清楚之后，就想实施行动。满洲的贵族，头脑昏庸难识大体，就想听任气数，顺其自然，根本不想振兴图强。而西太后则是不知便罢，既然知道了，就要努力前行，这是西太后和满清贵族不同之处。

当初，西太后刚刚掌控政权的时候，国家的情况还比较简单，除了皇族权益之外，只需谨慎从事，掌控各个省份的士绅，这些士绅就是中国传统人文的集中体现。诸如满洲贵族骄横自大的性情，尽管不清楚事理，也有其长处，西太后一样重视。外交方面需要谨慎小心，努力保持自己的尊严，这是西太后的声誉，是中国人都拥戴的人。可是，历经光绪二十六年（1900）拳民动乱（史称义和团运动），时局发生了变动，而西太后威信受到影响。或许，西太后需要证实自己的清白，被迫昭示天下，此事并非自己所为，而是义和团拳民自己做的。尽管西太后的威信受到了影响，可在时局逼迫下，只能这样做。西太后当前要办的事情，困难很大。

## 真心想变革

西太后于光绪二十七年（1901）在西安行宫曾经下过一道谕旨，全国人都为此非常赞颂，有让天下人耳目一新的感觉。可是，当时人们都被传统习惯所束缚，官场里很多人没有重视，感觉这不过是一次偶尔的宣言，因此依然按照之前传统方法办事，不愿意改变。这些人的心里，都感觉西太后此举充其量是为了掩盖西方人的耳目罢了，尽管敷衍，可也不敢抗旨不遵。所以，西太后临终下达了非常诚恳严厉的遗诏后，依然有很多官员感觉西太后的新政并非出自真心实意。此类人都怀有固执偏见的心思，很多就是私利之心。细心观察，六年内，不论官方还是个人的记录中，都难以找出西太后变革不是出自真心的证据，正如官场内有偏私之心的人一样。当初，西太后动身回京城前，曾经下达一道谕旨，可以证实西太后的思维方式已经起了变化。其内容是：

> 自经播越，一载于兹，幸赖社稷之灵，还京有日，卧薪尝胆，无时不忘。推积弱所由来，叹振兴之不早。近者特设政务处，集思广益，博采群言，逐渐施行。择西法之善者，不难舍己从人；救中法之弊者，统归实事求是。数月以来，兴革各事，业已降旨饬行。惟其中或条目繁重，须待考求，或事属创举，须再参酌。回銮以后，尤宜分别缓急，锐意图成。兹据政务处大臣荣禄等面奏，变法一事，关系甚重，请申诚谕示天下以朝廷主意坚定，志在必行，并饬政务处以时督催，务使中外同心合力，期于必成。用是特颁懿旨，严加责成。尔中外臣工，须知国势至此，断非苟且补宜，所能挽回厄运，惟有变法自强，为国家安危之命脉，亦即中国民生之转机。予与皇帝为宗庙计，为国民计，舍此更无他策。尔诸臣受恩深重，务当将应行变通兴革诸事，力任其难，破除积习，以期补救时限。昨据刘坤一、张之洞会奏，整顿中法。仿行西法各条，事多可行，即可按照所陈，随时设法，择要举办，各省疆吏，亦应一律通筹，切实举行。大要不外言归于实，用得其人。予与皇帝宵旰焦劳，母子一心，力图兴复。大小臣工，其各实力奉行，以称予意。将此通谕知之。

西太后不仅看到了西方国家物质文明的优点，还看到了西方人民获得的知识、见识等，其原因就在于西方开放的学问和便利的交通。转身看看国内满族浅陋的样子，俨然一副难逃衰败的景象。因此，西太后时常在谕旨中说，国家危机。西太后有远见卓识，所以能说出这样有深意的话。西太后清楚，满族人所享受的特权，从开国以后，所获得者，都无法适应现在的时局，不久肯定要陷入危机境地。假如要免除这类特权，除了满汉大融合没有其他办法。祖宗规定让满人独立于汉人之外的制度，如禁止满汉通婚，绝对是隔绝满汉的一种戒律。南方的一些区域，尽管时常有违反这条规定的，可北方各省，这条戒律的约束力非常明显，京师最为严重。或许，满人感觉这条戒律能够保持自己特有的贵族阶层，进而维持自家高门第。可是，西太后现在已经认识到，假如要保证中国的主权，那就必须将汉族文化融合到满族，最终连成一体，不可以有隔阂。所以，西太后在光绪二十八年（1902）正月用自己的意思下达谕旨，准许满汉通婚。其内容是：

我朝深仁厚泽，沦浃寰区，满汉臣民，朝廷从无歧视。惟旧例不通婚姻，原因入关之初，风俗语言，或多未喻，是以著为禁令。今则风同道一，已历二百余年，自应俯顺人情，开除此禁。所有满汉官兵人等，著准其彼此结婚，毋庸拘泥。至汉人妇女率多缠足，由来已久，有伤造物之和，嗣后缙绅之家，务为婉切劝导，使之家喻户晓，以期渐除积习。断不准官吏胥役，籍此禁令，扰累民间。如通选秀女年份，仍由八旗挑取，不得采及汉人，免蹈前明弊政，以示限制而恤下情。将此通谕知之。

假如准许汉族大臣的女儿进宫，那么，今后将会产生乱事。祖宗规定的制度，需要永远遵守，不可以随便更改，那条戒律就是"没有满族宦官，没有汉族嫔妃"。西太后考虑到皇族的人，不了解国际大势，就下达谕旨让亲贵子弟出国留洋，以此拓展他们的知识、眼界，从15至25岁，选择身体好的人到外国去，政府负责出经费，这是有关满族的一项。至于全国的教育事宜，西太后和袁世凯、张之洞商量了很长时间，都深深认识到旧科举八股的制度必须废除，不然新政无法推行。中国难以振兴的原因就在教育，因此西太后非常重视教育的改革，在认真审查条款之后，马上决定改变传统旧制。谕旨宣示，在中国两千五百年前的夏商周时期，学校教学制度和当今社会的欧美学校几乎是一样的。考试本来不是传统的方法，主要是后世开始的，纯正的八股科举兴起在明朝。这份谕旨下达后，光绪三十年（1904），在袁世凯倡议、张之洞赞成下，下达谕旨停止科举考试，规定今后官员须从学堂里选拔。此刻，留学日本的青年学子很多，并且很大部分都加入了革命党，朝廷感觉这是心腹大患，因此下令今后派遣留学欧美国家的学生。

随着这份谕旨的下达，紧接着又连续下达了几道谕旨。其中最重要的一项，下令在10年内禁止鸦片贸易，此事不只是政府的意愿，中外舆论都对这项政策大加赞赏。禁烟的谕旨，效果非常显著，从中可以看到中国人对人道的尊重，准备发愤图强的决心。这项政策与其他新政条款的推行有很大的不同：效果明显，但没有实际意义。中国官场行政上的一些事，暮气厚重，暗箱反抗，最终收到的效果只不过是人人叱骂的弊端，挂羊头卖狗肉，巧立名目而已。当时，新成立的部门，旁人看了是非常进步的邮传部，可实际上这个部门设立之后，只不过增添了很多腐败的因素而已，中国人都明白这就是没有实际意义的功绩，浪费精力和钱财。

在群臣的请求下，西太后下令禁止裁判官滥用刑罚，从中还了解到各国都在停止领事裁判权，需要改定刑律，才可以成功地与文明国家接轨。不过，关于这件事的谕旨，从言辞上看非常不错，可实际上与其他领域改革的谕旨稍微有点区别。大概关于其他新政的谕旨都非常诚恳而清楚，让人看到就感觉是出于真心实意。可是，关于改革刑律的谕旨，其理论超出了西太后的见识范畴，所以尽管在起草改革法律，但收效甚微，甚至毫无成效。这一点，可以从各省州县衙门的野蛮情景看出来。西太后的谕旨上说："今后的刑罚以斩立决为极刑，诸如凌迟、砍头等残酷的刑罚统统废止，鞭挞、烙印以及株连亲戚的法律，也一起废止。"西太后还说，这样的残酷刑罚是从明朝开始的，大清入关之后继续沿用，并非出自满清本意。后来，西太后发现南方各省的舆论实力强大，于是就答应，派五位大臣出访欧美、日本，以载泽为首，考察各国的政治，这是西太后预备立宪的前奏。等到五位大臣回到国内的时候，西太后就在光绪三十一年（1905）秋季下发了一道非常著名的谕旨，决心实施立宪制度。至于宪政的期限，准备依照国内情况，取决于全国臣民勤奋实施，等等。这实际是朝廷言辞巧妙的地方，让人民清楚，这道谕旨绝对是皇皇文告。内容是：

> 朕奉慈禧端佑康颐昭豫庄诚寿恭钦献崇熙皇太后懿旨：我朝自开国以来，列圣相承，谟烈昭垂，无不因时损益，著为宪典。现在各国交通，政治法度，皆有彼此相因之势。而我国政令，积久相仍，日处阽危忧患迫切，广求智识，更订法制，上无以承祖宗缔造之心，下无以慰臣庶平治之望。是以前简派大

臣，分赴各国，考查政治。现载泽等回国陈奏，皆以国势不振，实由于上下相睽，内外隔阂，官不知所以保民，民不知所以卫国。而各国之所以富强者，实由于实行宪法，取决公论，君民一体，呼吸相通，博采众长，明定权限，以及筹备财用，经画政务，无不公之于黎庶。又兼各国相师，变通尽利，政通民和，有由来矣。时处今日，唯有及时详晰甄核，仿行宪政，大权统于朝廷，庶政公诸舆论，以立国家万年有道之基。但目前规制未备，民智未开，若操切从事，涂饰空文，何以对国民而昭大信？故廓清积弊，明定责成，必从官制入手。亟应先将官制分别议定，次第更张，并将各项法律，详审厘定。而又广兴教育，清厘财政，整顿武备，并设巡警，使绅民明悉国政，以预备立宪基础。著内外臣工，切实振兴，力求成效，俟数年后，规模粗具，察看情形，参用各国成法，妥议立宪实行期限，再行宣布天下，视进步之迟速，定期限之远近。著各省将军、督抚晓谕士庶人等，发愤为学，各明忠君爱国之义，合群进化之理，勿以私见害公益，勿以小忿败大谋，尊崇秩序，保守和平，以预储立宪国民之资格，长厚望焉。将此通谕知之。

尽管凭借掌控大权时间之长、威信的隆盛，西太后能以此来主持此次根本变革，国内依然有反对的声音。或许，那些守旧的人对待国家传统体制，就像西方人吃面包一样。北京区域，尽管没有明确提出反对的人，可在暗中依然存在隐隐约约的抵抗。一些官员，凭借自己之前的惯用伎俩，依然顽固不化，可不论哪一项新政的推行，都需要凭借这些地方官员的作为，这些人暗中作梗，那就不会收到令人满意的效果。假如换成另外一个人，不具备西太后的坚毅果敢，没有西太后在全国上下的威信，那么，满族人里边肯定会对新政的推行大加反对。这些人了解西太后，都害怕西太后的权威，所以变法的事宜，全部凭借西太后的特殊地位和至高无上的权势，才可能让中国为立宪做准备。或许，西太后准备在中国立宪的原因，就是因为她权势所在。中国改革变法的事宜，几乎都是在学习日本，从当时的形势分析，满族里顽固守旧的人，依然不认可中国变法的重要性。不过，朝廷既然已经宣布准备立宪，而当时南方的舆论，如香港、上海一些地方的报纸，依然在对西太后所行的政治大肆指责。他们认为，西太后奉行的外交策略过于软弱，还以此作为论调诋毁西太后，不惜余力。原因是这些人不具备西太后阳刚的远见卓识和坚毅果敢的性情、审时度势的艰难，这些人因为排斥满人的偏见，所以无法原谅西太后面临的困难。中国各个口岸的外国报纸，也在西太后之前排外事件上大做文章，开始对西太后新政大加猜疑，虽然不敌视，可也没有好感。因此，当时的中外报纸，都难以理解西太后阳刚活泼的性格。这类批评家，都对西太后的为人一无所知。西太后为人其实属于善恶兼顾，非常有智慧，当然也存在过错，其大概的方向也跟随周围的形势而转变，但仍然存在妇人之见。不管怎么样，西太后是中国天生的帝王身份，一流的政治家。下面记载的是刊登在上海一家报纸的文章，从中可以了解中国少年党非常偏见的见解，其中有排满的情绪。以西太后接待外交使团为题，充满了批评言辞：

> 其论大略说：“宴会上的一些事，议定宾主之间的事情，如果彼此之间互相猜忌那何必要这样虚假礼节呢？中国人如果有人向外国人献媚，众人都会嘲笑他。不相信那些身居高位的人，

比如皇太后，也会委曲求全，去巴结外国公使夫人。有时候，下层的一些商人，也会瞻仰款待，可谓自己放下身价了。宫里特意准备的西餐，接待外宾，客人走了之后，都会非常感谢。一两天之后，各个使节又到外边，开始百般要挟。因此，要想铲除外国人的蛮横，使用恭敬和盛情款待不会起到任何作用。外国人看来，都像庚子年间给大使馆送酒瓜的事情相差无几，都是国家礼节上差异。回想之前俄国接待李鸿章非常盛情，西太后也因此得到不少财务贿赂。现在西太后的心情，难道还有这样的希望吗？”

一些报纸还评论说：“西太后所推行的新政，不知道是不是出于诚心？西太后对外国使者如此优待，不知道是不是表面上的敷衍？或许，西太后尽管每天说要推行西法，每天说友情，其实都有深层次的智慧，准备以此筹措后来报复的策略。”可是，后来又说不相信西太后会暗中策划第二次拳乱的事宜，说法自相矛盾，自认无法深层次了解实情。那些报纸这样说：“在西太后掌控大权的时候，希望她诚心改革是不可能的事情。外国人拍着良心问一下，西太后的优待，的确是出于真心吗？或许，西太后优待的外国人，已经进入了西太后的宫殿，正在掠夺西太后的财物，还在追杀西太后心爱的人。”还说：“西太后当前的改革，重在敛财，这样的心境，绝对超越了为国家的心。她最大的意图，就是想让她晚年有所娱乐罢了。”

然而，西太后不管外界人的评论如何，依然在凭借内心自信的魄力，继续推行自己的新政策略。这项计划是西太后制订，目的是让中国富强。可是，西太后尽管已经按照顺次不断实施新政，而想要一朝一夕彻底清除改革的障碍物，依然难以做到。西太后去世的时候，国内依然有很多的旧制像壁垒那样难以攻破。诸如宦官的势力、官场内的弊端，依然根深蒂固，根本就没有议论改革这些问题的办法。或许，以西太后的作为，如此的旧制，根本就没想铲除他们。西太后生前，新政的推行已经初具规模，假如能一心一意继续推行，中国这艘濒临危机的船，说不定能在礁石混杂、风急浪高的波涛中，最终平安抵达岸边。

## 荣禄的遗折

荣禄的去世是西太后最为痛惜的事情。纵观西太后的一生，但凡遇到危机、遇到重大事情的时候，荣禄几乎都协助了她。西太后也给了这位忠实的奴仆不少东西。在保定行宫，西太后听说荣禄去世后，马上下达谕旨，赞扬荣禄忠诚的心和过人的才干，从担任官职开始，就在内务府任职，开始是将军、总督，后升任军机大臣。在所有任期之内，荣禄都为西太后立下大功。西太后特别提出，在庚子国变时期，荣禄一心为国，努力保护外国人，传递双方友谊，功劳超群，特赏赐陀罗经被，以此表示对这位忠臣的怀念。另外，西太后还命令恭亲王带领十名侍卫前去祭奠，谥号为文忠，赏赐荣禄之子优等世袭的职位。按照传统的惯例，没有立下战功，不是皇室的人，是不能得到如此待遇的。西太后还让荣禄死后进入祭祀贤良祠堂，另外犒赏三千两白银治丧费用。

荣禄留下一份遗折，但没有在外公开发表。西太后的近侍说，西太后阅读荣禄的遗折之后很感动，为此还特意写了一份谕旨：

已故大学士荣禄，当国步艰难之候，身任军机领首，竭忠尽智，深谋远略，当为中外所共知。朝廷以该大学士为国家一日不可少之臣，深资倚重。两月以前，因病呈请开缺，不得已给假调理，敦意医药同效，竟尔长逝。披阅遗折，具见忧国之深，谋虑之切，倦倦一心，皆为国计民谟。追念前勋，不觉陨涕，所有身后恤典，前已从重颁给，兹特再赐祭席一桌，派员前往祭奠。平生事绩，宣付国史馆立传，在任一切处分，均予开复，以示朝廷笃念荩臣之意。

荣禄在1903年4月11日去世，时年67岁。假如庚子年间没有荣禄从中维持局面，殚精竭虑，那荣禄寿命不至于如此。荣禄去世之后，庆亲王以及手下的一些平庸之辈才得以崛起，逐渐形成势力(荣禄去世后，满人王公里只剩下庆亲王有资格有威望继任军机处头领)。荣禄是一个善恶兼顾的人，其一生忠诚勤恳为西太后做事，拥戴西太后从政的思想，也就是斟酌和执中的策略。假如荣禄没死的话，他肯定不会赞成西太后推行难以被中国社会接受的宪政。他的反对，西太后肯定会听从。在没有回京城之前，荣禄已经有很多次恳请西太后在谕旨里昭示天下要改革旧体制，推行新政，是保全大清王朝最好的办法。不过，荣禄有点像日本的伊藤博文，所有的事情都喜欢认真审查之后再实施，不愿意唐突，担心误事。现在的人们都清楚推行新政，得力于荣禄的进言。下面记录的是荣禄的遗折，阅读之后就可以清楚政变的情景，还有西太后和皇帝的微妙关系，其中还有很多事情，都在遗折里有所表白。其内容是：

军机大臣文华殿大学士奴才荣禄，为病处危笃，恐今生不能仰答天恩，谨跪上遗折，恭请圣鉴事。窃奴才以驽下之才，受恩深重，原冀上天假以余年，力图报称。

追思奴才起身侍卫，咸丰十年，国势岌岌，内则奸臣蓄谋不轨，外则英法联军占据京师，宗庙震惊，宫驾出狩，驻跸热河，奴才备位侍从。文宗皇帝圣躬不于豫，渐至弥留，奴才乘间进言于皇太后，发觉郑、怡二王之阴谋，及圣驾宾天，奸主僭称摄政，图谋不轨，黄体后身处危险之中，有非臣下所忍事者。幸上天佑助，皇太后沉机默运，宗社危而复安。自此之后，两宫太后垂帘听政，叛乱削徐，升平复睹，奴才蒙恩升任内务府大臣。当穆宗毅皇帝宾天之际，皇太后亲命奴才迎请皇上入宫，以社稷重大之事，付之奴才。受命惶悚感激，曷可言喻？奴才虽竭尽全力，岂能仰报于万一耶？其后受任步军统领，触犯圣怒，七年之中，闭门思罪。皇上亲政，复蒙慈恩出任西安都统，既而仍回原职。

光绪二十四年，皇太后、皇上鉴于国势之弱，决意采行新法，以图自强。皇上召见奴才，蒙恩简任直隶总督，命以破除积习、励行新政，敦意康有为借口变法，心怀逆谋，致为新政之阻。皇上误信奸人夸诞之辞，一时之间，偶亏孝道，亲笔书谕，曰变法之事，为皇太后所阻，又谓皇太后干预国政，恐危国家。对于奴才，数动天威，凡罹斧锧之诛。奴才密见皇太后，陈述康党逆谋，皇太后立允奴才等所请，再出垂帘，以迅雷之威，破灭奸党。

光绪二十六年，诸王大臣昏愚无识，尊信拳匪，蒙蔽朝廷，虽以皇太后之圣明，而不免为其所动。直至宗庙沦陷，社稷阽危，竟以国家之重，轻徇妖术。奴才屡请皇太后睿识独断，不蒙信纳，数奉申斥，忧惧无术，四十日中，静候严罚。然皇太后仍时时召奴才垂询，虽圣意未能全回，而得稍事补救，各国公使不致全体遇害，故事过之后，时荷天语感谢。自西安回銮之初，即将肇祸之王公大臣，分别定罪，渐次改革庶政，不事急激，期臻实效，两年以来，改革已不少矣。圣驾回京，如日再升，东西各国，亦均感皇太后之仁慈。

奴才自去年以来，旧病时发，勉强支撑，两月之前，请假开缺，蒙皇太后时派内侍慰问，赏赐人参，传谕安心调理，病痊即行销假，恩意叠沛。无奈奴才命数将尽，病久未痊，近复咳嗽喘逆，呼吸短促，至今已濒垂绝之候，一息尚存。唯愿皇太后、皇上励精图治，续行新政，使中国转弱为强，与东西各国对峙。奴才在军机之日，见朝廷用人，时有人地不宜者，此乃中国致弱之源。奴才以为改革之根本，尤在精选地方官吏，及顾恤民为，培养元气之二端。皇太后、皇上等深居九重之中，闾阎疾苦难以尽知，拟请饬行康熙、乾隆两朝出巡之故事，巡行各省，周知民情。奴才方寸已乱，不能再有所陈，但冀我皇太后、皇上声名愈隆，得达奴才夙愿，则虽死之日，犹生之年。谨将此遗折，交奴才嗣子桂良呈请代递。临死语多纰谬，伏祈圣鉴赦宥，奴才荣禄跪上。

# 第八章
# 驾鹤西去

## 死在皇帝之后

光绪三十四年（1908），西太后本来康健的身体逐渐开始出现衰弱的迹象，这些都曾经在西太后的遗诏里有所记载。而从皇帝同时也得病的角度分析，可以判断出这些事之间有联系。皇帝驾崩的情景，还有得病的原因，外界人不可能了解真实情况。这件事和另外一些机密的事情，都秘密埋藏在李莲英及其心腹的内心深处，即便是北京城内满汉各位大臣，他们的说法也各不相同。关于西太后和皇帝几乎相继去世的事情，各执一词，互相矛盾。可是，要考察这件事情的真相，其实也不是没有线索。皇帝每天都处于忧郁危机的境地，假如有一天能够独揽大权，肯定会对李莲英一些人不利，这是必然要发生的事情。并且，当时颐和园内很多秘密的计划，或许连西太后也不知晓，都在预料之中。西太后不知道的原因在于，当时众人都感觉她会在皇帝之前去世，所以有些事不得不秘密布置，这是中国历史中特有的事情。根据当时目击者的回忆，这或许就是事态发展的趋势导致的结果。因此，要想从中搜寻确凿的证据，让事件本身天衣无缝，那就太困难了。

下面的记录，是两位大臣的叙述，一位是满族，另一位是汉族，都是当时的官员。他们的陈述和当时比较可信的报纸比较吻合，这些报纸也是根据官场里传出来的，都做了收藏。可是，其中最大的疑惑依然无法搞明白，或许是驾崩的时间比较巧合。不过，陈述者从西太后的亲信侍从那里听说，皇帝驾崩之后，西太后了解之后非但没有忧愁，反而非常安心。当年的秋天，皇帝病情不断加重，以至于祭祀大典这样的活动也不能亲自参加，外界人才了解到皇帝将要病危。西太后下达谕旨，用特别的奶妈抚养醇亲王之子。醇亲王的小儿子是1906年2月出生的，人们就感觉这就是将来继任皇位宝座的人。这道谕旨的发布，其实就是形势所迫，不得不如此。西太后其实并不想这样。之前也经历过这样的事情，时常在事后悔恨。还有就是，祖宗制度规定，只有皇帝病危之时才可以立嗣子，这一条非常严格。

当初，庚子年间，西太后立端亲王之子为大阿哥，其实已经背离了这条家法。西太后是一个非常迷信的人，她想起吴可读的话，于是对之前做的一些事感到非常后悔，立光绪为皇帝，最终灾难不断。于是，西太后下发谕旨，赏赐吴可读荣典，以此告慰其灵魂。西太后晚年，越南战役，庚子国变，国家不断遭受法国、日本以及列强的欺辱，西太后为此时常后悔，感觉之前的事情触怒了上苍，这才将灾难降临到自己头上。光绪二十四年（1898），康有为一些人的阴谋，西太后也感觉是上苍在严惩自己。因此，综合以上所有事情，西太后在庚子年间听信义和团拳民头领叙说的法术能够剿灭洋人，由此产生了希望，感觉这就是菩萨显灵了，可以赎之前的错误，于是立端亲王儿子为大阿哥，以嗣同治皇帝。尽管这种做法违背了祖宗的法制，西太后依然冒险做了，期待将来能得到更加高上的尊贵。或许，西太后之后，即端亲王，就是上苍降临来剿灭仇敌洋鬼子，来拯救自己国家的人。西太后认识到之前的错误，感觉损害了自己的声誉，于是决心不惜代价恢复名誉。从西安回到京城，一直到最后冒险的举动，与之前犯的错误属于同一类别。西太后这才决心推行新政，取消大阿哥的身份爵位，造成西太后与义和团拳民首领的关系彻底断绝。但凡之前下达的协助义和团拳民的谕旨，都一律不再提及，毫不顾惜，立新转意。西太后的醒悟，就是马上改正。

因为变法，最终让醇亲王小儿子继任大统，这样就让皇族一脉的地位越来越巩固。如今的人们都说光绪帝父亲、当今皇上祖父，即老醇亲王将要追封帝号，将以老醇亲王为始祖。这都属于继任皇帝的问题，几百年来汉族人也是众说纷纭，没有确定的观点。当时，人们都感觉西太后会让溥伦继承宝座，恢复长子继位的传统，这样做才符合国内士绅的意愿，也可以告慰吴可读的忠魂。莫礼逊博士在当时草撰了一篇论文，曾经这样写：“假如改立幼主，肯定要历经长时间的摄政，对于国家会有很大的危险。西太后掌控大权 50 年的威望可以震慑一切。如果一旦去世，幼主在宝座上，未来十年内，国家大权肯定要寄托于监国的手里，而监国从来都是处在皇族长支势力下边的人。”西太后内心清楚立醇亲王小儿子后面的情景，因此这件大事拖了很长时间没有决定下来，以至于到了临终时候才宣示出去。西太后临终之时，事情紧迫，这才决定将此事昭示天下。此刻，西太后心里有两件事难以放下，首先是西太后曾经答应荣禄的事，其次是因为庆亲王替溥伦进言引起西太后的厌恶。并且，皇后已经在西太后身边很长时间了，西太后也想让其享受尊贵，以此弥补其辛劳，这也在情理之中。

1907 年冬天至第二年春季，西太后身体一如既往康健。到了 4 月之后，西太后依然像往常一样到颐和园避暑。当时天气非常炎热，西太后得了痢疾，长时间没有痊愈。到了公历 8 月，西太后的神色开始出现变化。之前，西太后尽管已经 70 高龄，可神色丝毫不显衰老。另外，西太后没有病情，精神矍铄，言谈举止如旧，每天参与国政。西太后时常说自己能够高寿，可以像英国维多利亚女王那样，或许维多利亚是西太后时常赞颂且心中仰慕的人。有一个道士时常被西太后召见，颇得西太后的信任，他也曾预言西太后肯定要高寿，可这个道士的话没有得到证实。西太后去世时，寿命难以比肩之前三位太后。到了 7 月，西太后令很多医生入宫，替皇帝诊治病情，医生也有很多是外国学习毕业的。当时，皇帝气息微弱，身体非常消瘦。医生诊断说皇帝得的是肾病，他们开了一些病案，都粗略不很精细。或许是因为体质上的拘束，医生都确定皇帝的气脉非常虚弱。当时，南方的一些报社没有一点顾忌，对这次诊治皇帝病情大肆报道，企图掩人耳目。西太后病危，那皇帝性命也难以保存。观察当时北京方面的议论，言说西太后时常勉励皇帝鼓足精神，有顾恤之意，还令皇帝任命大臣，朝中事情按照之前旧例，谕旨一定先让皇帝先行审阅。维新党人王照从外国回归，向朝廷自首投案。西太后早就想对此人痛下杀手，而此时却问询皇帝如何处置？皇帝考虑了很长时间，请求饶其性命。西太后说："我的意思也是想饶了他性命，可很想听一下你的意思。我感觉，你也痛恨康有为一些人，因为我担心你要判王照死罪。"或许，西太后此刻了解皇帝已经没有反对其谕旨的心思了。

皇帝病情加重，西太后就严厉斥责宦官，说今后皇帝过来请安，不允许让皇帝在外面长时间等待，另外还下令会议讨论国政时，免除了皇帝跪地迎接的大礼。有一位满族的大臣曾经亲眼看到这样一件事：有一天，一位御史上了一份奏折，皇帝审阅后对军机说："外界的言论，可信度比较低，即便我的确有病。奏本中说没病，肯定有其他原因。"西太后说："谁要这样乱说话，必须治他死罪。"皇帝说："我自己感觉气血虚弱，太后万寿时间快要到了，我担心不能叩头祝贺。"西太后听完非常怜悯，就对皇帝说："保养身体最要紧，我希望你的病能够痊愈，比叩头的事情重要得多。"皇帝下跪叩谢西太后时，旧病复发。庆亲王就说可以命令御医屈永秋入宫诊治。屈永秋曾经去欧洲留学，当时没有被召入。第二天召医生入宫。这些郎中都顽固守旧，依照传统中医诊治。皇帝说："我心里非常不安。"有一位名叫吕用宾的医生回答说："现在皇上的病情并不十分要紧，请皇上安心才是。"此时，西太后也病入膏肓，外界有很多的传闻。西太后发现外界谣传很多，认为和宪政有关系，于是决定按期举行，不再拖延。8 月 1 日下发谕旨，昭示天下立宪期限为九年，正如日本当年的明治维新变革。或许，中国宪政的推行，实际是在向日本学习。同时，西太后下达谕旨，命令各部严厉推行新政。其内容是：

朕奉皇太后懿旨：宪政编查馆资政院王大臣奕劻、溥伦等会奏，进呈宪法议院选举各纲要，暨议院未开以前逐年应行筹备事宜一折。现值国势积弱，事变纷乘，非朝野同心，不足以图存立；非纪纲整肃，不足以保治安；非官民交励，互相匡正，不足以促进步，而获实效。该王大臣等所拟宪法暨议院选举各纲要，条理详密，权限分明，兼采列邦之良视，无违中国之礼教。要不外乎前次迭降明谕，大权统于朝廷，庶政公诸舆论之宗旨，将来编著宪法，暨议院选举各法，即以此作为准则。所有权限，悉应固守，勿得稍有侵越。其宪法未颁，议院未开以前，悉遵现行制度，静候朝廷次第筹办，如期施行。至单开遂年应行筹备事宜，均属立宪国应有之要政，必须秉公认真，次第推行。著该馆院将此项清单，附于此次所降谕旨之后，刊印誊黄，呈请盖用御宝，分发在京各衙门，在京各督抚府尹司道，敬谨悬挂堂上。即责成内外臣工，遵照单开各节，依限举办，每届六个月，将筹办成绩，胪列奏闻，并咨报宪政编查馆查核。各部院领袖堂官、各省督抚及府尹，遇有交替，后任人员应会同前往，将前任办理情形，详细奏明，以期各有考成，免涉诿卸。凡各部及外省同办事宜，部臣本有纠察外省之责，应严定殿最，分别奏闻，并著该馆院王大臣奏设专科，切实考核。在京言路诸臣，亦当留心察访，倘有逾限不办，或阳奉阴违，或有名无实，均得指名据实纠参，考按溺职例议处。该王大臣等若敢扶同讳饰，贻误国事，朝廷亦决不宽假。当此危急存亡之秋，内外臣工，同受国恩，均当警觉沉迷，扫除积习，如仍泄沓坐误，岂复尚有天良？该馆院王大臣休戚相关，任寄无重，倘竟因循瞻庇，讵能无疚神明。所有人民应行练习自治教育各事宜，在京由该管衙门，在外由各督抚，督饬各属随时催办，勿任玩延。至开设议院，应以逐年筹备各事办理完竣为期。自本年起，务在第九年内，将各项筹备事宜，一律办齐，届时即行颁布钦定宪法，并颁布召集议员之诏。凡我臣民，皆应淬砺精神，赞成郅治。如有不靖之徒，附会名义，籍端构煽，或躁妄生事，紊乱秩序，朝廷惟有执法惩儆，断不能任其妨害治安。总期国势日臻巩固，民生永保升平，上慰宗庙社稷之灵，下答薄海臣民之望。将此通谕知之。

10月20日，西太后和皇帝从颐和园回到了西苑，这是西太后人生的最后旅程。一行人乘船从颐和园抵达西苑，离开颐和园的时候看到了万寿山，西太后忽然对瑾妃说："皇帝病情加重，我们过去之后，恐怕一时半会儿回不到这里了。"西太后乘坐的船，上面雕刻着龙凤图案，西太后坐在藤椅上，周围是官眷和宦官簇拥着。抵达万寿寺，西太后下船，两个宦官搀扶着上了轿，依旧在寺内上了香。西太后去世后，侍从们回忆这次上香，都感觉有预兆，所有上的香，最后一根都没有点着。西太后走出庙宇时，命令僧众天天祈祷，以此为西太后祝寿，原因是西太后的万寿日快要到了。从这里出发到万牲园，在西直门外边，西太后进了园子后想下了轿子在里边走一走。她看到各种飞禽走兽，都是之前没有看到过的，非常高兴，说今后要常来这里游玩。西太后详细地询问了看守员各项事宜，尤其看到狮子非常高兴，向监督员询问这些动物都是哪里弄来的（监督是内务府的一位满族人），监督员答不上来，侍从们都大笑。西太后就说："在动物学方面，你好像不是很精通。"随后就向其他看守询问。李莲英陪从，感觉这样有点过于辛苦，恳请西太后歇息一下，不必过于劳累。可是，西太后决定要转行一周，想让他竭力跟随并以之为乐。这次游玩，对西太后来说是创举。有当时目击者说，游园的活动，都是因为西太后高兴。西太后记忆力很强，说端方从欧洲回来，送给西太后一头大象，另外还有其他几种动物，西太后感觉在宫廷无法喂养，于是就商议建立万牲园，这才是万牲园建立的根源。那头大象让两名德国人看管时，曾经对总理说每月的食物不充足，可总理没有听他们的话，那头大象就饿死了。负责看管的西洋人拿着没有满期的薪水回国了。这件事情让西太后非常不愉快，就提到这件事，还说看管这些禽兽，都喂养得很好，非常满意。只有负责看管老虎的人，受到了严厉的斥责。

回到西苑，西太后一心开始准备万寿节，因为这一年是西太后七十三万寿的期限，是公历 11 月 3 日。京城正街万象更新，宫内也在准备一些特别的戏场，准备大演五天。还有一种特殊礼节，是之前万寿节所没有过的，那就是达赖喇嘛进献的礼物。达赖带领手下属员，向西太后叩头祝贺。皇帝病情加重，无法用预定的礼节在仪銮殿叩头祝贺，就派一名亲王代替。这份礼物最重，可是皇帝却无法亲自赶到，由此可知皇帝已经病危。不然的话，如此重要的活动，但凡自己能勉强行走，肯定不会让人代替的。后来，在大殿特意赏赐达赖酒宴，皇帝依然没有亲自到场，可见皇帝病情已经更加严重了。万寿节当日早上八点，皇帝离开瀛台来到了大殿，面容消瘦，神色非常不好，西太后看到之后非常怜悯，命令宦官搀扶皇帝上了轿子。后来，西太后特意下达谕旨，赞赏达赖喇嘛的忠心，让其马上返回西藏，向藏民昭示皇帝恩德，遵守国家法令……

下午，西太后和嫔妃、宦官都用古代服装装扮了一番。西太后扮成观音菩萨，其他人则扮成龙女、善男、童子等，在湖里游玩。西太后非常兴奋，不幸在晚间着了凉，再加上吃乳酪、苹果比较多，结果病倒了，此次得病在夏季缠绵了很长时间。第二天，西太后一如既往处理国家大事，审阅多件奏本。到了公历 11 月 5 日，西太后、皇帝都无法到御殿召见军机大臣。达赖喇嘛听说西太后得病，即呈上一尊佛像，说马上要送到西太后的陵寝。此时，庆亲王负责监督修筑西太后陵寝，将要完工。达赖喇嘛说将这尊佛像送到西太后陵寝，以此震慑不详，则寿命可以增长。西太后听说后非常高兴，第二天依然像之前那样召见了军机大臣，命令庆亲王马上将那尊佛像送到陵寝（西太后皇陵在北京东部大约 150 千米，占地面积广阔，装修精美，是中国建筑的极品，有宫殿四重。第四重之后才是高大的丘陵，名字叫“宝城”，下面就是陵宫），并要小心安放。庆亲王听完西太后的命令，犹豫不决，就对西太后说，如今太后、皇上都身体欠佳，不宜离开京城。西太后就说：“我不会在这几天里死去。现在我感觉好多了。不管如何，你按照我说的去办就行了。”到了 11 月 9 日，西太后、皇帝一起在御殿召见了军机大臣。直隶提学使恳求训话，西太后就说学生最近的思想越来越倾向于革命，言下之意有些伤感，命令提学使一定要尽心尽力，挽救时下颓腐的风气。

接下来，召见四位医生来诊断皇帝的病情，他们都是各个省份推荐过来的。这天晚间，皇帝病情再次复发，并且非常严重。自此以后，皇帝再也没有离开寝宫。第二天，皇帝派人来给西太后请安，西太后也在宫里，没有到御殿去工作。御医向西太后汇报，皇上的病很严重，恳请另选高明的医生来代替自己的职务。军机处就派一个人去陵寝，恳请庆亲王迅速回京，原因是庆亲王时下是朝廷最重要的人。庆亲王听到消息，马上昼夜兼程，13日早上8点抵达京城，随即入宫。他看到西太后病情有好转迹象，精神也很好，只是皇帝病情已经非常严重了，整日昏迷，很少清醒。时而明白时，就恳请皇后过来禀报："唯恐不能长期侍奉太后，恳请太后择选嗣子，不要迟缓。"这类的言辞，绝对是出于皇帝本意，或者是授意。不过，是不是皇帝真的派过去让如此说？这就不好说了。

庆亲王回到京城后，马上在仪銮殿召见了各位大臣。西太后走出御宝座，尽管身体非常虚弱，可是性情刚强的西太后依然保持镇定，言谈如旧，声音坚定而洪亮。看到西太后这样的神态，众位大臣都非常吃惊。有目击者陈述当天的会议，基本都由西太后一人主持，参加会议的有庆亲王、醇亲王、军机大臣袁世凯、张之洞、鹿传霖、世续等。西太后说："现在时间已经到了，应该按照皇帝即位时的上谕为同治皇帝立嗣。我主意已经确定，还想给你们商量一下，你们是什么意思？"庆亲王一些人主张立溥伦或者恭亲王，说溥伦尤其比较合适，因为他是道光皇帝长支的后人。醇亲王好像也同意这个观点，另外一些人则主张立"醇亲王之子"。西太后听完众人的议论就说："之前，我将荣禄的女儿说给醇亲王做福晋，意思就是将其长子立为嗣子，以此作为对荣禄一生忠诚朝廷的报答。荣禄在庚子年间保护大使馆，努力维持大局，国家没有危亡，荣禄功不可没，因此今年三月还加封特殊恩惠给荣禄夫人。现在立醇亲王的儿子，即加封醇亲王为监国摄政王，这个职位高于之前的议政王名分。"醇亲王听完西太后的话，马上叩头辞谢，担心难以承担这个职务。随后，西太后下达两道谕旨：其一，醇亲王载沣担任监国摄政王职务；

其二，命令将醇亲王之子溥仪带入宫内抚养。西太后还下令将这道谕旨转告皇帝，此刻皇帝还比较清醒，他听完庆亲王宣读西太后的谕旨后说："立一长君，岂不更好？太后不必顾虑，这个主意很好。"后来，皇帝听说醇亲王任职监国摄政王后，非常高兴。当时时间是下午三点。两个小时之后，溥仪入宫，醇亲王送儿子进宫。第二天七点，御医言说皇帝鼻子不停翕动，胃部高高隆起，不是好现象。当天晚间，皇帝感觉病情难以好转，就开始撰写最后遗诏，可是此刻他已经神志不清了。

皇帝的遗诏落在皇后手里，开始属于机密。后来，朝廷再次下达谕旨，让各个省份继续推荐好医生，即刻送入京师。谕旨中，言辞间非常详细叙述了皇帝的病情，可是，这些话是否属实？这就难以证实了。不过，看到这份谕旨的人，都不以为然，感觉其实已经准备好了。下午三点，西太后到瀛台去探视皇帝的病情，皇帝已经神志不清，后来稍微有点知觉，侍从就开始为皇帝穿长寿礼服（即为寿衣）。或许，穿这种衣服去世是传统礼制，假如驾崩之后再穿，则为不吉祥。皇帝不愿意穿，最终到 5 点钟过世。西太后、皇后、两位嫔妃、几名宦官都在旁边。没有等到给皇帝穿龙袍的礼数完毕，西太后就回到宫里，马上下达谕旨降皇帝遗诏，随后颁布新皇帝登基的诏书。遗诏内容是：

> 朕自冲龄践阼，寅绍丕基。荷蒙皇太后帱有仁慈，恩勤教诲，垂帘听政，宵旰忧劳，嗣奉懿旨，命朕亲裁大政，朕承列圣家法，一以敬天法祖，勤政爱民为本。三十四年中，仰禀慈训，日理万机，勤求上理。念时势之艰难，折衷中外之治法，辑和民教，广设学堂，整顿军政，振兴工商，修订法律，预备

立宪，期为薄海臣庶共享升平。各直省遇有水旱偏灾，凡疆臣请赈请蠲，无不恩施立沛。本年顺、直、东三省，湖南、湖北、广东、福建等省，先后被灾。每念我民满目疮痍，难安寝馈。朕躬气血素弱，自去岁秋间不豫，医治至今，而胸满胃逆，腰痛腿软，气壅咳喘诸证，环生迭起，日以增剧，阴阳俱亏，以致弥留，岂非天乎！顾念神器至重，亟宜传付得人。兹钦奉慈禧端佑康颐昭豫庄诚寿恭钦献崇熙皇太后懿旨，以摄政王载沣之子溥仪入承大统，为嗣皇帝。在嗣皇帝仁孝聪明，必能仰慰慈怀，钦承付托，忧勤惕厉，永固邦基。尔京外文武臣工，其精白乃心，破除积习，恪遵前次谕旨，各按逐年筹备事宜，切实办理，庶几九年以后，颁布立宪，克终朕未竟之志。在天之灵，藉稍慰焉。丧服仍依旧制，二十七日而除。布告天下，咸使闻知。

此时，西太后神色安详，旁边的众人都暗自吃惊。接下来，西太后又以新皇帝的名义下达谕旨，陈述大行皇帝的品德以及太后的仁爱恩惠。当初，回忆光绪刚刚登基时未曾为同治皇帝立嗣，吴可读为此曾经尸谏。如今，新皇帝承继同治皇帝为嗣，实现了西太后的谕旨。可是，假如没有筹划一个兼顾的办法，那光绪皇帝又会像同治皇帝那样没有嗣子，天下士绅又要为这件事争论不休。或许，又会出现吴可读尸谏的事情，这类事谁也难以预测。西太后独断专行，新创兼祧的办法，新皇帝同时继承同治、光绪两位皇帝的嗣位，尽管此前没有征兆，则难以两全，或许这样即为因情制礼。这份诏书的内容是：

钦承慈禧端佑康颐昭豫庄诚寿恭钦献崇熙皇太后懿旨：前因穆宗毅皇帝未有储贰曾于同治十三年十二月初五日降旨，大行皇帝生有皇子。即承祧穆宗毅皇帝为嗣。现在大行皇帝龙驭上宾，亦未有储贰，不得已以摄政王载沣之子溥仪承继穆宗毅皇帝为嗣，兼承大行皇帝之祧。

凡是了解中国历来礼仪纷扰情况的人，都会感觉这次西太后所定的简便继承法，似乎在先代有例，可是，居然没有。假如再换一个人，不具备西太后坚毅果敢老练的手腕，却按照这样的办法做事，那些据章据典的士绅，难道会没有争论？肯定不会这样过去。西太后接下来又下达谕旨，说太后将国家大事托付给监国摄政王，假如有重要事情，仍然可以禀告西太后。这份谕旨就是在告诉天下人，监国摄政王依旧是一个虚名，大权仍在西太后手里。这个虚名或许要等到新皇帝长大，或者西太后宾天之后才可以结束。此刻，西太后依然幻想自己能够长寿，以此永掌大权。谕旨里边有句话说："监国摄政王秉承予之训示处理国事。"从这句话里可以发现，只要西太后健在，那监国摄政王绝对不可以独断国家大事，必须像光绪皇帝那样徒有虚名而已。

## 慈禧出殡

1908 年 11 月 14 日，西太后整整一天都在处理国家事务，到了晚间才歇息，尽管非常辛苦，可这样一来西太后反而气色非常好。第二天，西太后依然如旧 6 点起床召见军机大臣，和皇后、监国摄政王以及福晋（即荣禄女儿）谈了很多话，还以皇帝的名义下达了一份谕旨，尊西太后为太皇太后，尊皇后为太后。当时就开始筹备庆祝尊号典礼，还要预定监国的大礼。到了中午，西太后刚刚吃饭，忽然间晕了过去，昏迷了很长时间。等清醒过来之后，众人都说是因为前几天过度劳累，导致旧病复发，病源在夏季的痢疾上，是那次得病伤了元气导致的。西太后自己感觉时日无多，随即召见光绪皇后、监国摄政王、军机大臣，并下达谕旨，吩咐各项事务非常清楚，一如往日处理国事。谕旨内容是：

> 奉太皇太后懿旨：昨已降谕，以醇亲王为监国摄政王，秉承予之训示处理国事，现予病势危急，自知不起，此后国政即完全交付监国摄政王。若有重要之事必须禀询皇太后者，即由监国摄政王禀询裁夺。

凡是了解宫廷情况和西太后的人，可以从上面谕旨发现最后几句话的重要性，其中的含义或许是想给新太后和叶赫那拉氏族机会，遇到有大事时候能参与。这样，就能维持叶赫那拉氏永远的权贵，进而巩固当下的地位。假如监国摄政王和其他人有仇视的行为，那么新太后就可以拿着这份谕旨说话。纵观端方因为陵寝对新太后失敬后被立即罢免直隶总督职务的事情，就什么都清楚了。从这里可以知道监国摄政王职位的难做。隆裕太后使用特权，就是在给自己树立威信。

西太后下达了上面的谕旨后，病情开始不断加重，就命令草拟遗诏，军机大臣拟写诏书后呈上。西太后审阅后，修改了很多地方，还添加了很多句子，即遗诏中“不得不再行训政”那句话。西太后对众人说到添加几句话的意思：“我数次垂帘听政，不知情者认为是贪权，实际情况是迫于形势，不得不如此。”遗诏的末尾“回念五十年来……”也是西太后添加上去的，意思是回首一生没有悔恨的意思。遗诏确定之后，西太后就开始向身边的侍从诀别，周围的人都在伤心。西太后神智非常清楚，尽管在弥留之际，依然在连续说话，和平时一样，态度平和。后来，西太后渐渐昏迷，周围侍从都说时辰到了，而此刻西太后忽然间又清醒了过来，在临终前数分钟依旧保持生的希望。掌控朝廷大权长达 50 年的西太后，留在人间的最后一句话竟然出人预料。她说：“今后，不允许妇人预闻朝政，这样做违背祖宗家法，一定要严加限制，尤其要提防不可以让宦官专权。明朝末年的事情须引以为戒。”说完，西太后去世，当时是下午 3 时，西太后面向南方。或许，中国的传统认为君王临终都要面向南方。有目击者说：“西太后去世后，口张着没有闭合。”有人就猜疑这是灵魂不愿意离开身体的缘故。就这样，权威至高无上的西太后归天了！她的去世有点像其生前，也具有兴奋勇历的状态，或许西太后本来就是一位深不可测的人物。接下来，小心入殓，随后连同皇帝的遗体从西苑转移到了禁中，途中都是叩头的人。到达禁城之后，分别在大殿里停灵。现在，将西太后遗诏——50 年来最后的诏书记录如下：

予以薄德，祗承文宗显皇帝册命，备位宫闱。迨穆宗毅皇帝冲年嗣统，适当寇乱未平，讨伐方殷之际，时则发捻交讧，回苗俶扰，海疆多故，民生凋敝，满目疮痍。予与孝贞显皇后同心抚训，夙夜忧劳，秉承文宗显皇帝遗谟，策励内外臣工，暨各路统兵大臣，指授机宜，勤求治理，任贤纳谏，救灾恤民，遂得仰承天庥，削平大难，转危为安。及穆宗毅皇帝即世，今

> 大行皇帝入嗣大统，时事愈艰，民生愈困，内忧外患，纷至沓来，不得不再行训政。前年宣布豫备立宪诏书，本年颁示豫备立宪年限，万几待理，心力俱殚，幸予体气素强，尚可支持。不期本年夏秋以来，时有不适，政务殷繁，无从静摄，服食失宜，迁延日久，精力渐惫，犹未敢一日暇逸。本月二十一日，复遭大行皇帝之丧，悲从中来，不能自克，以致病势增剧，遂至弥留。回念五十年来，忧患迭经，兢业之心，无时或释。今举行新政，渐有端倪，嗣皇帝方在冲龄，正资启迪，摄政王及内外诸臣，尚其协心翊赞，固我邦基。嗣皇帝以国事为重，尤宜勉节哀思，孜孜典学，他日光大前谟，有厚望焉。丧服二十七日而除，布告天下，咸使闻知。

西太后的尊号已经达到22字，其生前已经有了16个字，去世之后又追谥了六个字。第一个字是“孝”，所有的皇后都有这个字；第二个字是“钦”，因此中国历史上称之为孝钦显皇后。西太后谥号的隆重，在中国历史上没有人可以相比肩。去世之后，人民的思念，世界各国的称颂，非常之多。金棺椁在宁寿殿停灵，后来转移到了煤山下面，准备择选时辰安放到陵寝。出殡的那天，哀戚仰尊的大礼超乎寻常。几乎所有臣民都说，西太后的去世，国家丧失了君主。从去世一直到出殡一年之间，祭祀的隆重景象一直没有停下来。当年七月十五那天，用纸做了一艘大船，长大约50米，放在禁城外面靠近煤山的地方。船上用纸扎着侍从、宦官、妇仆以及一些器皿，还有宝座，旁边周围环绕着身穿礼服的官员，就像日常召见臣工的样子，非常齐备。监国摄政王以皇帝的名义在大船前祭奠，然后放火烧掉了。到出殡前一两天，所焚烧的纸扎人物、驼马、器皿等数不胜数，都是西太后在冥间使用的东西。下面所记录的，是 1909 年 11 月 27 日《泰晤士报》登载的报道：

钦天监择选大行皇太后金棺椁从宫廷奉安到东陵的时辰是 11 月 5 日早起 5 时。所有的情景和前公历 5 月大行皇帝奉安的礼节大致相同，只不过军队更多，装饰更加美丽，官员也更加整齐，因此，此次景象更加隆重。不过，有一点不足就是，大行皇帝奉安的那天天气非常好，而这次却乌云密布，非常寒冷，加之礼仪时间非常长，观看者都感觉有些不耐烦。

刚开始由 84 人抬着金棺椁，这是有史以来过城门最多的人，出城的时候就变成了 128 人。走在前边的人是监国摄政王和诸位王公贝勒、军机大臣；后边是一队骑兵，再往后是骆驼等。骆驼驮着帐篷和行宫的用具，原因是从京城走到东陵需要四天时间，因此需要预备晚间宿营用具，预备放置金棺椁的地方。队伍再往后是伞队，都是庚子年间从西安回京城时老百姓恭送的，安葬之后都烧了；其后是喇嘛；最后是一队銮仪卫，都拿着祭器、佛幡、旗子等。队伍里有两乘车装饰得非常华丽，都用黄色丝帘罩住了，所有都装饰为龙凤花样。有两匹纸扎的马车和西太后平时用的差不多，大概是准备到陵寝上焚烧的。从整体上观看送葬的队伍，威武耀眼，让人看后难以忘怀。有中国人说，只有唐朝的武则天或许能与之比肩。根据历史记载，武则天下葬时，曾经殉葬了几百名侍从，如今已经不可能出现这样的事情了。警察的布置很有水平，观赏者都为之赞叹。梓宫经过的路线，家家关门闭户，军队戒严，预防发生意外事件。这些人纪律严明，没有丝毫的喧哗紊乱现象，都行走在平整的沙路上，队伍整齐地向东陵进发。

东陵距离北京城大约150千米，四面由葱郁的松柏环绕，后边是座山。当时，首先是荣禄负责施工，耗费800万两白银，和定陵比较接近。定陵就是咸丰皇帝的陵寝。西边是慈安太后陵寝，东边是咸丰皇帝中宫皇后的陵寝。中宫皇后在咸丰皇帝登基之前驾崩，皇后是追谥的封号。西太后一生非常挂念自己的万年吉地，经常去查看，还时常详细问询。1897年竣工之时，西太后说柱子不够大，就下令更换。荣禄去世之后，庆亲王继续这项工作，办理陵寝的雕刻装饰等业务，由此可见这项工程的巨大。奉安完毕之后，开始行辞别大礼，石门开始关闭，西太后一生，此刻也算画上了句号。中国的民俗，葬礼的隆重和简朴，费用的多少，事关去世者的威严和后代人的体面。比较一下皇帝和西太后的丧葬费用，皇帝丧葬费是457940.236两白银，西太后的丧葬费则是125万两到150万两白银。当时有传闻说，监国摄政王想去除一些费用，因为担心叶赫那拉氏家族不高兴只好作罢。西太后的葬礼，国民重视毫无疑问，或许是因为西太后实际上是中国50年以来大众拥戴的君主之故。

西太后的牌位从东陵带回北京、入驻太庙时的大礼也非常隆重。西方人看了之后都刻骨铭心，从中也可以发现中国人敬重祖先的用意。牌位是木质的，外层涂抹了漆，用满、汉两种文字书写，首先放到陵寝上。石门关闭之后，灵魂就会依附到牌位上，因此对待牌位与其健在时候一样。从东陵回北京途中，西太后牌位先供奉在华丽的黄色绸缎轿子里，后边有很多人恭送，夜里就放进特制的帐篷里。牌位走的路，称之为“神路”，有军人负责清扫，非常清洁，寻常人不可以在上面走动。临近北京城，监国摄政王带领各位王公大臣跪下迎接，商市停业，鸦雀无声。过了禁城正门，进太庙，随后安放在九祖三十五后的行列。在进入之前首先暂时撤下同治皇后的牌位，或许是因为牌位进入太庙，应该首先向祖宗叩头，可是，父母的牌位不可以给儿子和媳妇叩头。这个礼节让人来代替。西太后牌位进入太庙，由监国摄政王代替宣统皇帝实施。每个牌位都需要三叩九拜，总共需要跪拜大约四百次。安放好之后，还要迎请同治皇帝及皇后的牌位入驻太庙，再向西太后牌位叩头。西太后的牌位与慈安太后的牌位相邻，由此西太后的葬礼完毕。西太后尽管已经去世，而其灵魂依然监临在其臣民上面。随着时间的推移，西太后的过失逐渐被人们遗忘，可是，她的才干和伟业依然令后人敬仰。

## 不同凡响

柯勒律治有一句名言：“但凡一时非常时兴的言辞，都不能算公平的言论。”法国的一位知识分子也曾经说：“只有智者能对人苛刻。”纵观西太后的一生，要想为其下一个定评，首先需要去掉自己种族的偏见，然后仔细了解西太后身边的情景和所处的位置，才可以给出公正的定论。《观察》杂志社曾经登载一篇评论，非常有道理：“西太后的身世和治理国家的思想、处事办法，都与西方人的思想相差很远。因此，从西太后的历史上看，应该以西太后的规则加以评论，绝对不可以用我们的规则来对照。”从当今世界的公论和中国人的心理来看，西太后肯定属于中国历史上少有的一位君王，她聪慧的才智、坚毅果敢的性格，都远远超出了一般的男子。

期待中国人写书来说明西太后的真实作为，似乎不可能。京城的官员，也有习惯做笔记的，可以作为参考资料。其中，也有亲身经历，对西太后的性情比较了解，而回忆西太后做事的人，肯定不会撰写著作流传后代，进而引发后人的兴趣。或许，从中国的士绅角度分析，叙述西太后的真相属于大不敬。各个通商口岸假托欧洲人保护下的人，还有中国香港及新加坡的一些报纸，以及广东撰写有关西太后的两篇传记的人，文章具有排斥满族的偏见，观点有点偏向，言辞不可以相信，类似于枯燥乏味的官书。新加坡的报纸曾经登载了一本书叫《中国内部之危险》，文章署名是文庆，属于笔名，实际是康有为维新党做的，言辞间充满怒骂语句。或许是为了排斥满族，想蛊惑列强压制西太后难以回到北京。这个人的西方知识有些像印度的书商，以西太后比于色史、色密瑞密司、加色凌得麦地、雪麻沙里那、佛奴肥、客里阿格里批勒，还引用但丁的言论，对西太后大加污蔑，还掺杂一些实际事证实自己言论的正确性，其实没有一点价值可言。他们抹杀了西太后的美德，缺乏对西太后所处环境艰难及其学问的考虑，根本没有设身处地认真想一想，因此这些人的评论不足为据。

欧洲人对于西太后的评论，即便是公使夫人和其朋友的言辞可信度也不高。即便这些人曾经见过西太后，可是，他们看到的是朝廷接见外宾的情况，只能看到西太后非凡的仪表，待人的宽容大方，在这种神色笼罩下的内心却无法了解，或许西太后最擅长这些。中国的体制下，欧洲的政客、外交官及有名的觇国者觐见西太后，西太后也会用这样的神情接待他们。这应该属于天性，形态非常伟大，让人看到就会被感化。这种情况在西方也很常见，如德国的威廉皇帝、美国罗斯福总统，也具备这样的本领。外界看到西太后，都会让他们感受到温和的仪表。自始至终，都是这样。西太后从西安回到北京后，有些人觐见西太后都会极力赞扬，即便是围攻使馆时期的受害者，也这样表态。足见西太后的魅力可以让人永世难忘，难道会有什么法术？根据一些人的观察分析，这样的情况在《辛丑条约》签订时也有人如此说。笔者从《景善日记》里可以了解西太后的性情。景善肯定有机会长期观察了解西太后的做事，从各个方面可以证实，可以定论属于真实记录。西太后性格变化非常迅速，很难预测，尽管学问知识不很深，可是她贪图权势并且善于动怒，有仇必报，根本不像笔名文庆所写的那样："若一野蛮之怪物也。"

平心而论，西太后属于非常勇敢且性格活泼的妇女，意志力比较强，好大喜功。在东方的社会里，西太后所处的位置，所信仰的教理，只不过就是遵守自己种群以及阶层的风俗习惯罢了。《景善日记》里边曾这样说："西太后已经年迈，心中喜爱平和。我深深了解西太后的性情，平时非常和蔼，爱好书画，喜欢看戏，不过有时候也发怒，非常可怕。"这里描述的西太后性情，的确非常详细。西太后一生能够得到人民的拥戴，她自己信任的人，就更不用说了；好大喜功，尽管年迈但心身康健，志在强国，不会随环境的变化而改变；年仅 24 岁就开始步入朝廷权势圈内，所说言辞从来没人敢违背；她没有控制自己性情的理由，一生都在执行君权、领导大臣，从小受到宫廷习俗的熏陶，凡是宫廷里的罪恶，她很难排除在外。宫廷内部和外面的事情有着本质的区别，在争权夺势方面，都是以残酷野蛮的办法进行，阴谋诡计，每次都会出现在君王衰弱的时候。

笔者议论西太后，首先了解西太后所处的形势和位置，更能考虑到她周围的情境。从小的熏陶和学习，入宫就获得皇帝的宠爱，长时间在宫廷居住，耳闻目睹的都是虚假的礼貌、阴险的诡计，以此做成非常精美的罪恶罢了。中国还没有和欧洲列强实施交涉的时候，朝廷的情况，基本和欧洲中古时代有点相像，后来历经多次失败，历经多次外势力的入侵，传统旧习依然难以改变。最近有一位著名历史学家撰写的中世纪历史，认真阅读其中的言辞，就感觉北京的宫廷非常类似于欧洲十四世纪。他这样写道：

> 宫廷内部的情况，非常曲折并且幽深，幼稚并且拙劣，非常快乐而又容易酿成悲剧，变化非常快难以揣摩。然而，其中的罪恶尽管繁乱，可依然有清白纯洁的地方。对于一个问题，大约都要用非常诚实的心，和成人的阴险狡诈掺杂起来才可以做成。

纵观西太后一生的作为，有时或许有点狠毒，可是有其真实的道理，坚毅的力量。西太后做事，光明而磊落，没有一点假意的装饰，或许她清楚自己所处的位置。狠毒中有仁爱，在她兴奋的时候，一副天真的神态，都感觉她和蔼可亲，这就是西太后的特点。东方的君王如果没有威严的性情，那就难以有所作为。西太后手腕尽管狠毒，可也不能说她时常凶残地杀人。她所定死罪的人，肯定都属于妨碍西太后做事的人，都热衷于权术。在西太后愤恨别人蛮横地干预政治时，她就毫无顾忌地准备把国内的外国人全部杀死。皇帝的爱妃偶尔触犯了她的作为，马上毫不吝惜地赐死。西太后的手段干净利落。从东方人的角度分析，不能说是残酷。细看西太后处理大事所下发的谕旨，可以发现其意志的坚毅，独断专行，还可以知道她根本没有暴虐的刑罚。自古以来的专制暴君所用的酷刑，西太后从来没有使用。

从掌控大权开始，西太后就喜欢依靠自己的心态处理问题，从来不向别人求助。或许，她环顾周围，能够出手相助的很少。朝中除了衰老腐败的老人，就剩下沉迷鸦片或迷信天运的人，其他的亲贵都没有见识，趋炎附势，难以自立。唯有西太后具备坚毅的才干，可以比肩于英明果敢的列祖，最终继承祖宗基业毫无愧疚。在国家衰弱之时，西太后的才华一日不可缺少，假如她的言辞能定位法律，不会有人反对，这不足为怪。或许，除了西太后，的确难以寻找管理国家大事的人。

西太后具备普通妇女的性格，喜欢快乐，爱好繁华，尤其具备敛财的嗜好。她一生崇尚乐利主义，努力达到自己的满意。不过没有过分，适可而止。她聪慧的见识使她能够自律而不放纵自己，事情紧迫之时，从来不会因为快乐误事。西太后还像其他君王一样迷信，拘禁于礼节，敬重鬼神，所以让僧道一些人护持。不过，西太后尽管迷信，好像英国的伊丽莎白一世，都以人事为重。西太后坚毅的才华，群臣难以比肩，所以能统领一切，随心所欲，决不允许别人侵犯其大权，更不许用神权加在她大权之上。为此，她感觉自己大权神圣不可侵犯。

她是不同凡响的太后，性情非常复杂，之所以能得到至高无上的大权，能获得国人的拥戴，就是因为她坚毅果敢的性情，而纯洁无欺的性格和智慧才干则排在第二位，这两样品质成为她驾驭国家的根源。西太后坚毅的性格在危急之时，非常显露。庚子国变之时，危机出现，西太后的气度一如既往，景善亲眼所见西太后坚强不屈，平静而从容。此刻，即便是勇毅的男子也难以如此镇定，而西太后此时还在画竹子，或者下令停止进攻大使馆，让喧嚣停下来，去湖中游玩。细想一下，西太后在宫廷斥退拳民首领的时候，那种威严的情形是什么样子？西太后在仓皇出逃的那天早上说话依然沉静而安详，好像准备出去旅游，没有丝毫的惊慌。此刻，只能看到西太后的威严高大，令人钦佩，其他一无所有。

西太后有自知之明，自我感觉尊贵，且至高无上，言行举止事关全国。如此的心态，唯有德才兼备的君王才具备。有一件事情可以证实西太后的非凡。当初，美国大使曾经举荐一位名叫密司卡尔的画家为西太后画像，准备参加圣路易比赛。密司卡尔画好之后，准备让外务部将这张画像送达美国，西太后非常重视这件事，礼节上正如西太后亲自参展一样。为此特制了一条轻便的铁路，为这件事专用，西太后的画像放在黄色绸缎华盖下，恭敬地被捧起运走。西太后下令不许用轿子抬，原因是那样做不吉祥。正如出宫之前，皇帝要跪送一样，路经街道铁路，沿途人们都要跪下，如西太后亲临一样。这样的事情在欧洲人看来，肯定有人会说狂妄。要弄清楚西太后的心意，那就需要看之前的例子，还有时代的习俗。西太后看似言谈笨拙，可假如有人奉承她，马上就有所察觉，随即斥责。但凡西太后的心腹，都是坚强不屈的人，诸如荣禄、曾国藩、左宗棠等。一些阿谀奉承献媚、求恩宠的人，西太后则非常鄙视。尽管有时候也优待这些人，那肯定是因为此人学问优秀，或者具备才干。现在说一件非常有趣的事情，可以证明西太后的性情。有一次，殿试的卷子呈报上来，西太后审阅之后，下达一道谕旨：

朕奉慈安皇太后、慈禧皇太后懿旨：本年庶吉士散馆，经派出阅卷大臣尚书朱凤标等，将各试卷公同阅看，拟定等第名次，开单进呈。于各卷考列前后，尚属公允，惟万青藜所阅拟取一等一名严辰一卷，诗赋文理，尚属明顺。而其赋体，全篇牵引本朝故实，作意铺张，词意多未著题，甚至过事颂扬，有女中尧舜等句。国家取士，本明试以言之义，总宜崇实黜华，用觇品学。翰林散馆，将以选授清华之职，试用诗赋，尤应切当敷陈。若如严辰所作，不条实际，专事揄扬，于人品学术，颇有关系，此风断不可长。严辰著改为一等末名，即将原拟一等二名之王珊，作为一等一名，其余以次递推。嗣后各项考试，派出考官及阅卷大臣等，务当悉心考校，讲求切实，毋事虚浮，以期选取真才，用副敦崇实学之至意。（同治元年（1862）四月）

西太后用人没有存在满汉的偏见，因此，她的政权才得以根深蒂固而不动摇，进而得到国民的拥戴，在用人方面确实比较公平，有以致之，这就是西太后成功的秘诀。但凡天下官员，不论满族和汉族，西太后都同等对待，从来没有偏向满族人员。西太后清楚地认识到，汉族人的聪明才智，本来就在满族人之上，要想保存满族人的权势，必须要赢取汉族人的心。满族人犯法，还有庚子年间的拳民，尽管有宗室的亲戚，都要施加公平的刑罚，无所顾恤。假如满族人有违背公论而不满意的，绝不会纵容。这一点可以从下面一件事看出来。1863 年，有一位西太后非常宠信的将领名字叫胜保，因为在英法联军作战中，曾经临阵抗击，阻击联军入侵热河，立下大功，西太后非常宠信，赏赐胜保极高的荣誉。后来，西太后竟然发现此人有飞扬跋扈的作为，是汉族将领中少见的人，他竟然极力争取给一位降将俘虏以重要职位。西太后很清楚这件事的危害性，没有答应胜保的请求，还下达谕旨绝对不许可。可是，胜保竟然敢私自压下西太后的谕旨，依然给那个降将俘虏重要职位。后来，那个降将俘虏竟然像西太后预料的那样，遇到机会后再次叛变投敌，杀害上级并致城池沦陷，酿成巨大灾祸。西太后下令将胜保缉拿到北京，交给刑部审问。在所列举的罪状里边，胜保自己承认在军营携带妇女，此举在中国法律中是重大犯罪。不过，胜保拒不承认其他罪行，并且态度蛮横，请求找人对质。西太后为此下达谕旨，宣布胜保的罪行，本来准备给予胜保斩立决，念其之前的战功，决定从宽处置，特赐胜保自尽。从中可以看出西太后执法的公平。

之前已经有所叙述，西太后非常迷信，如果从中世纪巫术时代来看，西太后如此性情也不值得大惊小怪。这样的迷信，西太后从小就深受熏陶，很难清除，可是，对于西太后非常厌恶的异教，却都非常宽容。平常时候，西太后喜欢按照占卜士的话去做事。掌控大权的第一年，西太后用皇帝的名义下达谕旨，仔细看看，或许其中有巴比伦时期的思想。其内容是：

> 七月十五夜，众星向西南而流。十月以后，彗星两见于西北方。京中上月以来，疫病盛行，灾异叠见，恐惧殊深。奉母后皇太后、圣母皇太后懿旨，上天示异，皆因政事有阙，冤抑未伸之故。内外臣工，其各进直言，指陈阙失，儆戒修省，以挽天意……

笔者在前面已经有所记述，西太后从西安回京城的时候，命令钦天监认真择选良辰吉日抵达京城。西太后如此迷信，有点像拿破仑的性情。在无形之中沉迷，会有一种巨大的力量，超乎人类的智慧，必须按照这种法则来行事。在形势危急的时候，那就会越发敬重神灵。时时刻刻默默祷念列祖列宗，祝愿祖宗的威灵在天上昭鉴。可是，西太后在事关自己权势方面的时刻就会不顾得罪神灵，坦然处之，到了事后就非常恭敬地祭祀，请求神灵的赦免。其中最为显著的一件事，就是在同治皇帝驾崩的事后，西太后不顾祖宗的家法，决然立光绪皇帝。西太后内心很清楚，如此的错误肯定是冒天下之大不韪。

对于选择百年之后的陵寝，西太后也非常慎重。在工程正在进行之时，西太后时时刻刻将迷信的观点掺和进来。1873 年，同治皇帝恭送两宫皇太后去东陵，择选了两块吉祥地方，都是山水环绕，地势非常好。选定之后，还要去除一些邪恶，前后的礼仪非常繁重。另外，在动土时辰上还非常谨慎。后来，在工程进行之时，西太后时时刻刻关注工程装饰，一直到她本人去世才结束。其陵寝建筑上的一些事，都必须符合西太后的年庚。所以，此事关系重大，这才让荣禄负责。荣禄能得到这个职责，让满族人非常羡慕，因为修筑陵寝的工程可以发大财，向来是一项肥差。陵寝周边的形势，很难详尽叙述。慈安太后的陵寝，向北移动 15 尺 2 寸，向西移动 4 尺半寸。西太后的陵寝向北移动 7 尺 4 寸，向东移动 8 寸，这是两个陵寝的方位。

西太后自信力非常强，不管何种场合从不畏惧，临驭臣下，激励规劝各种手段交替使用。1862 年，西太后年龄刚好 27 岁，当时西太后就开始下达谕旨，并训诫军机大臣，妄图铲除旧弊，勉励自强。那道谕旨上说："为人臣者，也应该招揽人才，但不可培植党羽。"

后来，西太后曾经向言官示意参劾恭邸的时候，再次下达谕旨，还引用孔子言论“居之无倦，行之以忠，所宜服膺无失”，等等。西太后的这类谕旨，文笔非常好，时常用训诫的言辞引导群臣。另外，在外交方面，西太后非常重视联络各位大使夫人的感情，为此不惜降低自己尊贵的身份以达到欢欣的程度，起到了显著的效果。

西太后赢得了国民的拥戴，声望越来越高，这种情况在京畿重地的表现尤其显著。每当人们说起西太后的时候，都显得非常恭敬地去赞颂她，犹如英国人赞美维多利亚女王那样。尽管人们心中都明白，庚子国变的真正推动者就是西太后，可他们并不埋怨这位君王，即便有人说也是少数。西太后以国家为赌注，致力于发动庚子国变，这次事件尽管不明智，但勇气可嘉。因此，从这个角度说，有些老百姓在谈及此事的时候，都赞颂西太后驱逐洋人的心意是正确的，真不愧是国家的君王。至于最终的结果是失败了，都感觉实属天意，今后有朝一日肯定有胜利的那一天，以此彰显西太后行为的壮烈。不过，对西太后不满意的地方都集中在，西太后回到京城之后对洋人特别尊重，并为此不惜降低自己尊贵的身份，但人们并不因此改变对西太后的拥戴之情。

中国的老百姓尽管都没有看到过西太后，但内心都感觉她是一位善良而坚毅的君王。假如西太后忽然动了怒气，也会认为属于情理之中的事情。人们都清楚，怒气不从心里发泄出来是伤身体的。北方的老百姓，都不认为西太后暴烈，他们都感觉西太后非常慈善。这样的观点很正常，原因是中国的老百姓距离君王非常远，他们日常生活中看到的，都是残暴的官吏和暴虐的刑罚，司空见惯，因此对于西太后的所作所为都不会放在心里。笔者曾经亲眼见过西太后，当时这位女君主坐着轿子去东陵，他们一行人首先在齐化门外的东岳庙里用完早饭，然后坐着轿子赶往通州。当时，很多的老百姓都在路两旁跪着，轿子门帘被北风吹开，众人看到了正在轿子里沉睡的西太后，都非常兴奋，议论说："西太后平时如此辛苦，现在能抽时间歇息一下很好。她就是一位真正的君王。我们真是有福气，竟然能看到龙颜。"老百姓心目中的西太后完全可以超越舆论和法律的限制，因为法律是用来管束属下的。西太后曾经下达谕旨禁止采用非刑，可在一周之后，居然将维新党人记者沈荩杖责致死。

后来，西太后在准备庆祝七十大寿时，就下达谕旨不受徽号。谕旨内容是：

> 值此时事多艰，日俄两国兵事未定，我东三省境内人民，方在流离颠沛之中。广西叛匪披猖，生灵屡遭荼毒。其余完善各省，亦复疲于捐派，民为难堪，满目疮痍。深宫无日不为引疚，岂尚忍以百姓之脂膏，供一人之逸豫。

西太后用非常狠毒的手段进行报复，这一点在《景善日记》里有记录。即便是她平时最为信任的奴仆，在她暴怒的时候也不敢接近，能躲多远就躲多远。假如实在找不到地方躲闪，也只能战战兢兢，非常担心自己触犯了这位女君王。一旦触犯了她，马上就要倒大霉。不过，对自己忠心耿耿且尽职尽责的人，西太后会永远铭记在心。背后诽谤西太后的人，很多都是南方的新党，那个党派充满了排斥满族人的情绪。在甲午战争之后，这种情绪不断增长，以至于到戊戌变法之后更加膨胀，尤其是广东人，这一点非常明显。维新派的人，对西太后的诽谤无所不用，以至于将西太后说成极其野蛮的怪物。这类人因为偏见显得阴险浮躁，口无遮拦，诸如此类近似狂吠的言论，大抵不可重视。世界各地都会出现此类人，因此不足为怪。中国广东有此类人，南方的一些省份也出现一些走极端的人群，到处宣传满清政府即将完蛋了。一些广东人将不着边际的东西在街头巷尾到处散播，内容涉及满清朝廷内部的隐秘事情，但这就是一个地方的风气而已，随着时间的推移很快就会烟消云散。上海的一些报纸也充斥了不少的排斥满族的情分，主要包括一些青年学生，他们言辞非常激烈，可是收效似乎不显著。

不过，国内的一些士绅对西太后非常尊敬，时常赞颂西太后聪慧明智，遇到危机的大事很有主见。在国家政权处于危机时刻，西太后能够果断出手镇压。太平天国运动时期，曾国藩是在西太后的信任下才得以大显身手征战，最终平息；戊戌政变，也正是西太后审时度势处理得当，最终才使得国家没有陷入异常激进而危险的变革中；同治初年，载垣一些人试图谋逆，假如没有西太后果断处置，朝廷将会陷入混乱的状态；如今，假如没有西太后坐镇，恐怕国家会更加危险。

在卡尔女士的绘画作品里非常清楚地展示了西太后在宫里日常生活的景象，作品对中国宫廷的礼制以及游乐情景，都进行了趣味性展示，可以说是宫廷生活的首次披露。西太后每天在忧国忧民，尽心尽力。偶尔得到闲暇的时间，西太后还喜欢研究文学、书画等艺术，她本人喜欢游乐，尤其喜欢看戏，为此还时常参与到修改戏剧的活动中。曾经有言官上奏本说这样做不好，西太后置之不理，即便到了西安，西太后看戏的兴致依然没有减退。

修筑颐和园之前，对于西太后复杂多变的情绪还不曾有多深的了解。中年之后，西太后的心胸渐渐开阔起来，她奉行享乐主义，居住的地方比较固定，嗜好也比较简单。西太后非常喜欢颐和园，园里的花草树木及山湖，非常怡人，没到万不得已的时刻，西太后不进城，相比宫廷内部的严格礼制，她更加喜欢颐和园疏放的气氛。西太后时常带领喜欢的福晋、宫妃在颐和园划船玩乐，尤其喜欢荣禄的夫人和几位闲散的福晋。西太后对文学和历史都有一定的研究，因此也赢得了国内士绅的敬重。读书重要的是要领会大意，并不需要拘泥于文字，西太后每天要求宦官诵读几个小时的古今书籍。

西太后尽管喜欢守旧而厌恶新学，可依然能做到重视教育。到晚年时，形势已经发生了很大变化，西太后的思想也有所改变。庚子国变之后与戊戌政变行径截然相反，也可以从中看出，当初西太后之所以反对皇帝变法，原因就在于康党的阴谋，激化了双方的矛盾。即便西太后在 1900 年听信拳民剿杀洋人，也是出于内心的私愤，并非都是出于本意。1876 年，北京开设了一家同文馆，里边教授西方学问，有一位言官上了奏本，西太后下达谕旨大肆斥责。内容大意是：

> 朝廷开设同文馆，让学子学习天文学和数学，并非将这些学问看作技艺。假如能努力学习，这些学问的作用也很大，但必须要以经术为本。因此，兼学西方学术的人，以西洋技术更加精密，为何背弃圣人之学问，就如御史所考虑之。

当初，西太后刚刚垂帘听政的时候，因为超越法制滥加浪费的事情，言官多次上奏本劝谏，指出宦官的罪行和势力的昌盛，尤其在 1862 至 1869 年提及此事的非常多。或许，当时宦官行为非常放肆，以至于让国库开支不足，导致向各个省份索取。西太后尽管无法采纳此人的提议，但依然下达谕旨予以嘉奖，还说朝廷也有这样的意思，以此对外界的言论实施打压。同治皇帝在 1869 年大婚时，军机处以各省历经大动乱、地方官员大幅度调整、正常生活秩序尚未恢复的理由，恳请宫廷免增费用。西太后就下达谕旨“每念我民疾苦，深为悯恻，寝食难安”一些言辞。应该清楚，宫廷的费用，包括修筑陵寝的开支，一多半都让宦官和官员搜刮了，可不管军机处如何陈述其中的厉害，这种管理已经根深蒂固，众人都感觉这是理所当然的事情。西太后内心也清楚其中内情，可也听之任之，并且她也可以从中获取不少利润。西太后接见各位大使夫人，时常问询某些物品的市场价格，随后告诉李莲英，从中可以了解到他们的“虚值”。西太后尽管奢华，可在某种程度上也崇尚节俭，到了年迈的时候也非常谨慎和吝啬。中国宫廷的费用，每年没有固定的数目，或许按照年份的丰收和灾荒程度而有所差异，都由各个省份进贡。西太后喜爱积蓄，于是就在宫廷内埋藏了大量的金银财宝，其他的物品也积攒了很多。外界有传闻说，庚子年间，西太后和皇帝一路向西巡幸，宁寿宫私藏的金银（这笔财产是从 1861 年查抄肃顺家产获得），大约 60 兆两白银。他们一行人在太原、西安收取各省的贡品，应该比这个数目更多。

西太后年迈之后神色不显衰老，面容没有褶皱，如年轻人一般，她也像年轻妇女那样喜欢装饰自己，每天需要在梳妆台上浪费不少时间，并且对自己的头发非常珍惜。庚子年间出逃之时，被迫改穿汉族服装。每次说到这件事的时候，西太后都非常痛恨。西太后体质非常康健，兴致很高，和一般人大不一样，她说是因为每天早起、作息有规律节制、经常喝牛奶的结果。西太后吃的牛奶是凝结成酪的制品，饮食种类和量非常有节度。她在晚年吸食鸦片，一般都在处理政事完毕之后，将这作为消遣。每天下午必须要小睡，时间一小时左右。西太后了解吸食鸦片的害处，非常想戒除，可是在1906年11月下发的禁烟谕旨里却这样说："对于超过60岁的吸食鸦片者，可以宽恕。"或许，她这样说是考虑到了自己。她感觉鸦片可以作为老年人的消遣娱乐的东西，并且能提精神。

综上所述，可以对西太后的为人及一生的事业有大略的认知。她是一位不同凡响的太后，能够和其他英明的君王一起在世界历史上占据重要位置。她一生中获得过很多的胜利，能得到臣民的拥戴，不可以用一般的分析比较的方法来对其定论。究其原因，或许是因为西太后独到的天赋，好像其本身有一种难以理解的天分，让人看到就会为之倾倒；好像是一种魔幻力量，这种力量属于道德文明之外的范畴，并且具备超乎寻常的势力，可以让很多人臣服在其下面，难以违抗。西太后具备天授的姿态，还具有善良活泼等美德，因此得到下属的敬重，即便是坚持道德正论的人，也会信服西太后的为人。这是一种奇异的力量，能够让人具备磁铁一般的吸引力，这就是自古以来能够掌控大权、驾驭使节的秘密所在。西太后能够凭借这种力量获得至高无上的权力，统领世界上三分之一的人种达半个世纪之久，她的功德好坏各半，功罪不用遮掩，也因此得到了中国卓越的人才为其所用。她去世之后，人民对其念念不忘，至今其名已经成为世界级卓越人物，都感觉她具备超乎一般人的智慧。

欧洲人采用西方人的道德水准来评定西太后一生难以测度的事迹，都会用残暴加以嘲讽。笔者并没有说这种定论的错误，也没有削减西太后罪过的想法，只不过感觉西太后的为人不可以用一般的道德来定论。假如这样判定，那难以获得真正意义上的评论。细看西太后同时期的人物，用中国民众的公论来看，那西太后就不是残暴的君王。不仅如此，英国近代在国家政权争执方面，其手段也很难称得上仁义。在伊丽莎白（即玛丽·斯图尔特，16 世纪的苏格兰女王）时期，在保持皇家威严方面、在拥护基督教方面，都是采用不惜断人肢体的手段达到目的。诸如伊丽莎白，难道不是人们意识中善良温柔的人吗？在她掌控大权时，尚且如此，而对于西太后则又何尝不可呢？西太后得病之后，性情像平时那样，时常兴奋，难耐疾病的纠缠。得病根由，大约是在回京的初期，长时间没有痊愈，而西太后的心境没有丝毫的倦怠。一直到去世，她依然幻想着国家的兴旺发达，新政策的昌明，对她本人身世，国家的未来，都希冀焕然一新。临终之时，在冥幽中，西太后似乎也存有威严绚烂的世界，像健在一样；对待死亡，犹如在昆明湖里游乐一样。弥留之际才被迫与世间永别，镇定地撒手人寰，与英国人的见解截然不同。这就是非同凡响的西太后，能够结束自己坚毅伟大的人生，对自己的命运时刻充满自信。